근대 중국과 일본

- 타산지석의 역사

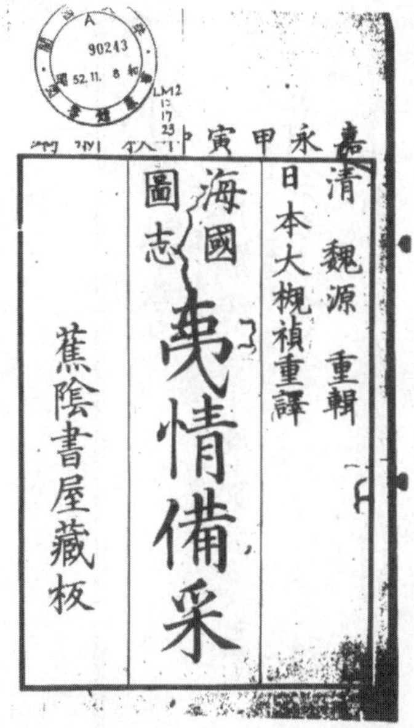

일본에서 번역 출판된『海國圖志夷情備采』,
일본 關西大學圖書館 장서(39쪽).

위원의 『海國圖志』, 100卷本,
北京大學圖書館 장서(38쪽).

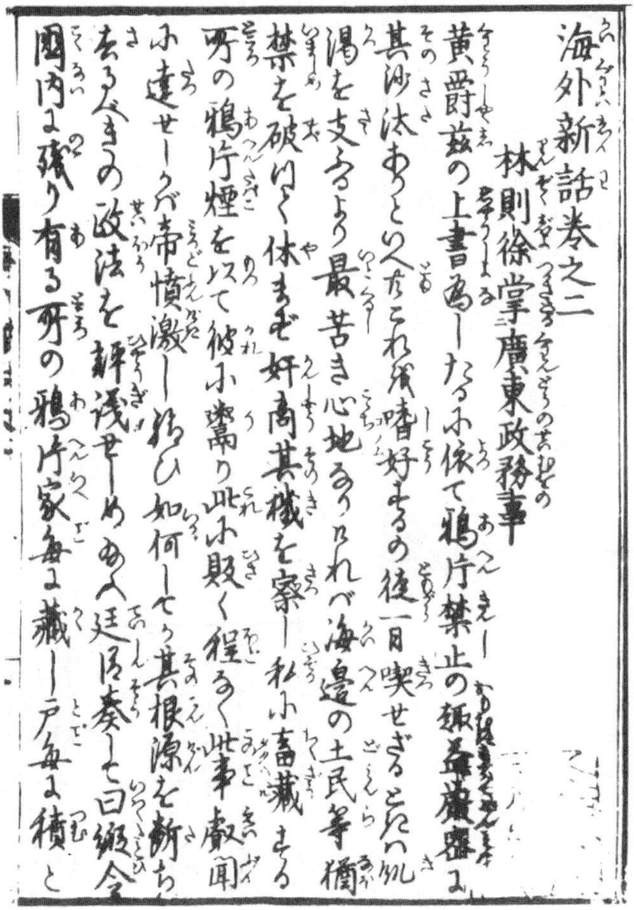

海外新話巻之二

林則徐掌廣東政務事

黄爵滋の上書爲しなるに依て鴉片禁止の觸益嚴密に
其沙汰あるといへどもこれを嗜好するの徒一日も喫せざるときは飢
渇を支ふるより最苦き心地なりけれバ海邊の土民等猶
禁を破りて休まず奸商其機を察し私に畜藏する
所の鴉片煙を以て彼に鬻り此に販く程なく世事叡聞
に達せしかバ帝憤激し給ひ如何にもして其根源を断ち
去るべきの政法を詳議せしめあへ廷臣奏して曰總令
國内に殘り有る所の鴉片家毎に藏し戸毎に積と

『海外新話』, 北京大學圖書館 장서(17쪽).

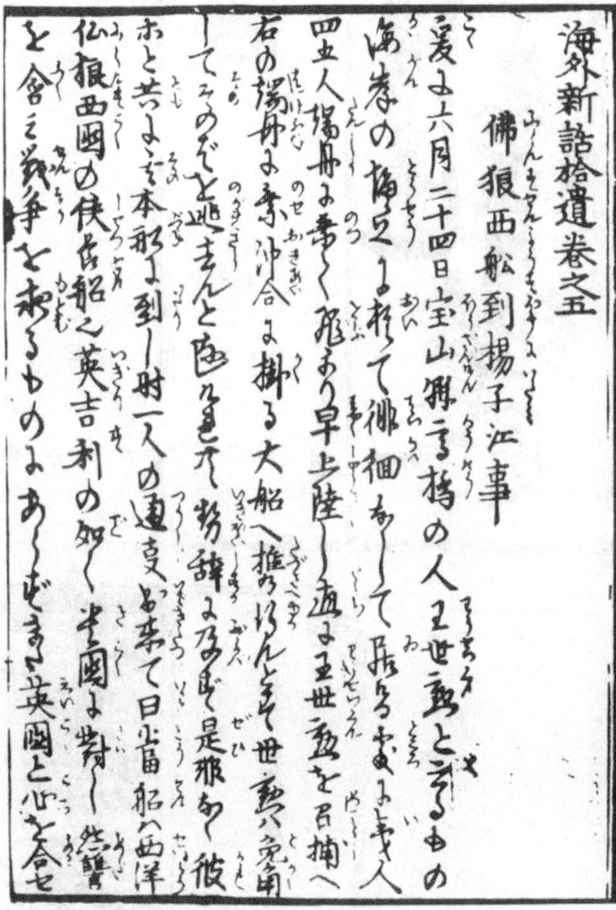
海外新話拾遺巻之五

佛狼西船到揚子江事

『海外新話拾遺』, 北京大學圖書館 장서(19쪽).

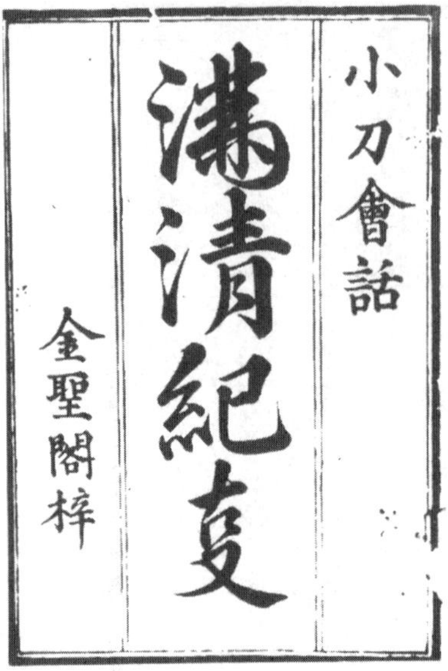

『滿淸紀事』, 北京太平天國史 研究會 장서(74쪽).

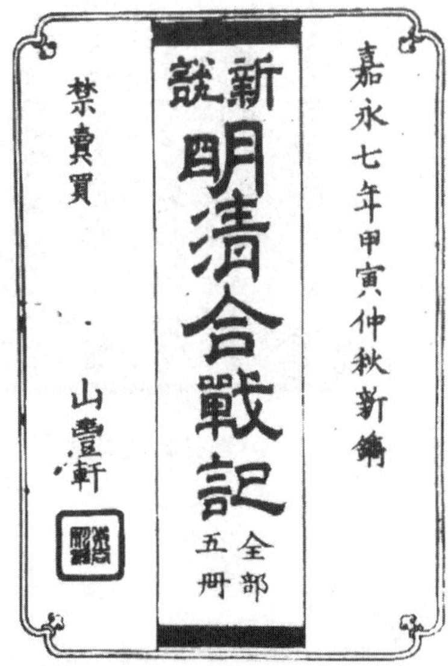

『新說明淸合戰記』, 北京太平天國史 研究會 장서(81쪽).

황준헌의 『日本國志』, 北京大學圖書館 장서(110쪽).

황경징의 『東遊日記』, 北京大學圖書館 장서(115쪽).

강유위의 『日本變政考』, 北京古宮博物院 장서(123쪽, 127쪽).

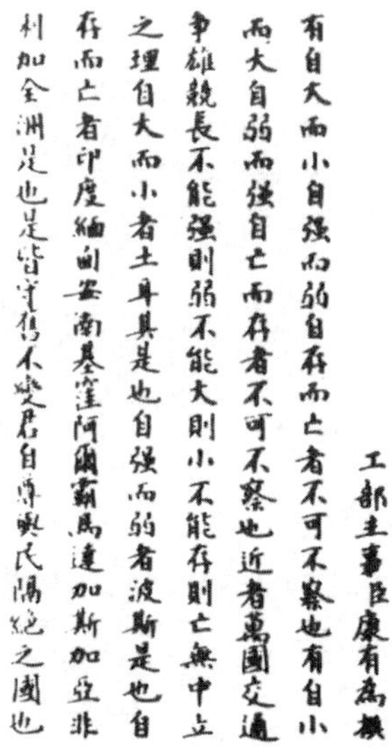
日本變政考序

工部主事臣康有為撰

有自大而小自強而弱自存而亡者不可不察也有自小而大自弱而強自亡而存者不可不察也近者萬國交通爭雄競長不能強則弱不能大則小不能存則亡無中立之理自大而小者土耳其是也自強而弱者波斯是也自存而亡者印度緬甸安南基窪阿爾霸馬達加斯加亞非利加全洲是也是皆守舊不變君自尊與民隔絕之國也

『日本變政考』「序文」(121쪽)

중국학총서 • 25

근대 중국과 일본

– 타산지석의 역사

王曉秋 지음
신승하 옮김

高麗大學校 出版部

한국어판 서문

졸저는 1987년에 중국 대륙에 있는 북경출판사에서 처음으로 간체자로 출판한 『근대중일계시록(近代中日啓示錄)』이다. 1991년에 일본 동경대학의 고지마진지(小島晉治) 교수가 중심이 되어 일본어로 번역되어 일본 동방서점(東方書店)에서 출판되었는데, 서명을 『아편전쟁부터 신해혁명까지 — 일본인의 중국관과 중국인의 일본관』으로 고쳤다. 그리고 1995년에 다시 대만 굉관문화공사(宏觀文化公司)에서 번체자로 출판하였는데, 서명을 『동아풍운(東亞風雲)』이라 하였다.

본인은 1996년에 한 학기 동안 한국 고려대학교 동양사학과의 초청을 받아 강의하게 되었는데, 대학원에 개설된 '근대중일관계사 연구'에서 이를 교재로 사용하였다. 강의는 신승하 교수와 함께 대학원 학생들과 토론 형식으로 학생들의 문제 제기에 답하는 방법으로 이루어져 유익한 한 학기를 보낼 수 있었다.

19세기의 동아시아 역사는 풍운과 같이 변화무쌍하고 복잡하다. 본서는 근대 중국과 일본의 중대한 역사 사건 사이에 서로 관계를 맺고 있고 영향을 끼쳤다는 데 관심을 두고 쓰게 된 것이다. 물론 동아시아 역사는 중·일·한 3국의 관계를 논하여야 하나 본서에서는 한국에 관련된 것은 얼마 되지 않는데, 지금부터라도 중·한 관계사를 전문으로 연구하여 보충할 수밖에 없다.

고려대학교 신승하 교수의 후의로 졸저를 한국어로 번역해 한국 독자들에게 소개하게 되었다. 이 기회를 통하여 신승하 교수와 강의를 들어준 고려대학교 대학원 사학과 학생들에게 감사를 표하며 아울러 졸저를 중국학총서에 넣어준 고려대학교 중국학연구소와 출판을 맡아 준 고려대학교 출판부에 감사한다.

왕효추

2002년 가을

북경대학에서

역자 서문

고려대학교 동양사학과에서는 중국과 정식으로 국교를 체결하기 전인 1992년 봄 학기부터 북경대학교 사학과 교수를 객원교수로 초청하여 중국사 특강을 비롯하여 전공과 관련 있는 분야의 강좌를 맡도록 하였다. 학부 강의는 대학원생을 통역 조교로 강의실에 함께 들어가게 하여 언어 상의 문제를 도와주고 있으며, 대학원생의 경우 대부분 객원 교수의 연구서를 중심으로 주제를 택하여 학생들의 주제에 대한 질문과 토론을 중심으로 강의를 진행해왔다. 현재는 봄 학기에는 북경대학에서, 가을 학기에는 상해 복단대학의 교수를 초청하여 강의를 맡도록 하고 있는데, 본서는 왕효추 교수가 대학원 강의 교재로 사용하였던 그의 저서를 번역한 것이다.

처음 강의를 시작하면서 강의에 참가한 학생들에게 교재의 정독을 위하여 번역을 과제로 부과하였으나 시간이 필요하다고 하여 강의 종료 후에 번역문을 받게 되었다. 그런데 제출된 번역문을 보고 그대로 활자화할 수 없다는 사실을 알고 조금은 당황스러웠다. 더더욱 초고를 검토한 또 다른 사람의 의견도 활자화에 문제가 있다는 의견을 주었다. 그렇다고 본인이 많은 시간을 할애하여 처음부터 다시 할 수도 없는 형편이고, 다른 사람에게 하라고 권하기도 어려워 고민스러웠다. 이미 저자에게는 번역할 것이라는 뜻을 보냈고 흔쾌하게 동의를 해주었는데, 바로 활자화할 수 없어 심리적 압박을 주었다. 이에 틈틈이 첫 페이지부터 대조해나가며 수정해나가다

보니 일부 원고는 새롭게 하는 것과 같았다. 처음에 구상하였던 감수 정도의 범위를 벗어나 결국 본인이 번역의 책임을 지게 되었다. 그러나 당시 강의에 참가하였던 학생(고대의 이영옥, 김선민, 정안숙, 숙대의 박준영, 권희진) 등의 수고를 간과할 수 없다.

역자가 그의 저서를 번역 소개하여야 하겠다는 본래의 뜻은 왕효추 교수와의 개인적 관계 때문만은 아니다. 책의 내용이었다. 19세기 서구의 충격에 중국과 일본이 대응해나가는 과정과, 일본이 근대화에 성공할 수 있었던 배경과 중국이 실패한 원인을 독자들이 스스로 찾아 볼 수 있는 사례를 제시해주고 있기 때문이다.

일반적으로 동아시아 근대화 과정에서 중요한 몫을 차지하고 있는 아편전쟁, 태평천국, 무술변법 등 중국에서 일어나고 있었던 사실을 일본은 어떻게 이해하고 있었는가, 그리고 중국의 근대화 운동이라 할 수 있는 양무운동과 일본의 근대화 기점인 메이지유신, 하나는 성과가 미흡하여 결국 중국을 반식민지 국가로 전락시키고, 다른 하나는 성공하여 제국주의 국가로 발전시켜 아시아에 군림하게 된 이유를 쉽게 발견할 수 있다.

21세기는 19세기와 크게 차이가 있다. 그러나 두 나라를 중심으로 한 지정학적인 위치는 그때나 지금이나 같기 때문에 19세기 후반에 근대국가로 성공했던 일본과 실패했던 중국의 과거역사는 우리에게 시사해주는 의미가 별다르다고 본다.

본 역서를 꾸밈에 있어 원서에는 색인이 없으나 역서에는 색인을 넣고 중국인명과 지명에는 로마자로 병음을 표기하고, 일본인명과 지명은 한글로 표기하였다. 그러나 일본인의 발음을 찾지 못한 경우 그대로 두었으며 독자의 이해를 위해 필요한 경우 (　)속에 작은 활자로 표시하였다.

역자

2002년 10월

목 차

제1장

아편전쟁과 일본

19세기 중엽은 동아시아의 역사 속에서 중요한 전환기였다. 서양 열강들이 대포를 탑재한 함대를 이끌고 오랜 시간 항해한 끝에 동쪽으로 와, 일찍이 세계 시장에 편입된 적이 없었던, 역사가 오래된 나라를 맹렬하게 공격했다. 1840년에 영국이 일으킨 아편전쟁은 결국 닫혀 있던 중화제국의 빗장을 열게 만들었다. 그 뒤 열강들은 청 정부(淸政府)를 위협하여 일련의 불평등조약을 체결함으로써 수많은 특권을 손에 넣을 수 있었다. 이로써 아편전쟁은 중국근대사의 시작으로 역사서에 기록되게 되었다.

아편전쟁이 끝나고 얼마 안 되어 서양의 군함은 다시 중국과 바다를 사이에 둔 일본으로 향했다. 1854년 미국 함대가 무력으로 일본을 개국시킴으로써 덕천막부(德川幕府)의 통치 아래 200여 년 동안 지속되었던 쇄국체제도 무너졌다.

곧이어 다시 영·프 연합군이 중국을 침략한 제2차 아편전쟁이 일어났다. 이와 동시에 일본도 『안정(安政)조약』을 체결하지 않을 수 없었다. 결국, 중·일 양국은 문호가 모두 개방되면서 바야흐로 자본주의 세계 시장에 편입되게 되었다. 양국의 개국 과정에 대해서 역사 학자들은 이미 적지 않은 연구를 내놓았지만, 이를 바탕으로 양국의 개국 사이에 나타난 상호 연관성과 영향을 좀더 살펴보기로 하자.

1. 무독유우(無獨有偶 못된 일은 짝지어져 있다)
—아편전쟁 전의 중국과 일본 : 폐관(閉關)과 쇄국(鎖國)

중국과 일본은 모두 아시아의 동부에 위치하고 있다. 양국은 바다를 사이에 두고 있기 때문에 마치 '좁은 냇물을 사이에 두고 있어(일의대수, 一衣帶水)', '작은 배로도 서로 오갈 수 있을(일위가항, 一葦可航)' 정도로 이웃한 나라이다. 중・일 양국은 각기 유구한 역사와 찬란한 문화를 지니고 있다. 그런데 19세기 전반기에 중국과 일본은 서양 식민주의자들이 호시탐탐 기회를 엿보면서 소란을 피우는 상황에 직면했다. 대외 관계에서 양국 정부는 약속이나 한 듯이 쇄국정책을 시행하였다.

1603년에 덕천가강(德川家康)은 「정이대장군(征夷大將軍)」에 취임하여 강호(江戶 : 지금의 도쿄)에 덕천막부(德川幕府, 德川政府의 통치시기를 강호 시대(江戶時代)라고도 함)를 건립했다. 막부가 일본의 통치 실권을 장악하면서 천황(天皇)은 꼭두각시에 불과하게 되었다. 1633~1641년 사이에 덕천막부(德川幕府)는 여러 차례 「쇄국령(鎖國令)」을 반포하여 갈수록 엄격한 쇄국 체제를 형성시켰다.

일본이 쇄국 정책을 시작한 바로 그 때 중국에서는 왕조가 바뀌었다. 1644년에 청군(淸軍)이 동북으로부터 입관(入關)하여 북경(北京)을 점령하고 건립한 청조(淸朝)가 중국을 통치하게 되었다. 청초(淸初)에 청 정부는 엄격한 「해금정책(海禁政策)」을 시행했다. 1757년에 다시 강소(江蘇)・절강(浙江)・복건(福建) 등 3곳의 해관(海關)을 봉쇄하고, 광동성(廣東省)의 광주(廣州)만을 대외무역을 위해 남겨 두었고, 차츰 구체적인 '폐관(閉關)'정책을 수립했다.

중・일 양국의 「폐관」・「쇄국」정책에 대해 구체적으로 비교해 보자. 일본의 덕천막부가 1633년(일본 관영 10년)에 반포한 쇄국령의 규정에 '특허를 갖고 있는 선박이외의 어떤 선박도 바다 밖 외국으로 갈 수 없다'고 하였으며 또한 특허를 받은 선박이외에 일본인을 다른 나라로 보낼 수 없다. 만일 몰래 나가는 경우 사형에 처한다. 또한 몰래 가는 배와 그 선주는 모두 억류한다고 하였다. 심지어 해외에 거주하고 있는 일본이 '만일 일본으로 귀국하게 되면 사형에 처한다.'고 하였다.[1] 이밖에도 내용 가운데는 일본에서의 크리스트교의 만연을 금지시키고, 장기(長崎) 부두에서 외국의 물품을 직접 구입하는 것도 금지시키는 규정이 포함되었다. 1643년(관영 11년)에 장기 항구에는 다음과 같은 포고문이 붙었다.

1. 크리스트교 선교사의 일본 진입을 금지한다.
2. 일본의 무기를 외국으로 운반하지 못한다.
3. 특허를 받은 선박을 제외하고 어떠한 일본 선박이나 일본인은 외국으로 나갈 수 없다.[2]

1639년(관영 16년)에 반포한 막부의 금지령에는 특별 허가를 받지 않으면 일본 선박이나 일본인이 외국에 나갈 수 없다고 하였다. 1639년(관영 16년)에 다시 포르투갈 선박의 일본 왕래를 금지시켰다. 1641년(관영 18년)에 반포한 「쇄국령」에서는 네덜란드의 상관을 평호(平戶)에서 출도(出島)로 옮기도록 하였으며, 또한 해로운 양서(洋書)의 수입을 금지시켰다. 심지어 해상에서 조난당하여 다른 나라로 표류한 일본인의 귀국도 허락하지 않았다.

덕천막부는 일반적인 외교 활동과 대외 무역을 금지시키는 동시에 중국, 네덜란드, 조선, 유구 네 나라와의 무역은 여전히 존속시켰다. 조선과 유구와의 무역은 대마번(對馬藩)과 살마(薩摩)번을 통하여 교역하도록 하였다. 그리고 중국과 네덜란드의 상인들은 단지 장기의 한 항구에서만 무역하도록 하고, 장기의 당관(唐館)과 출도(出島)의 네덜란드 상관(商館)에서만 활동하도록 하였으며, 수입 상선의 수와 무역액도 구체적으로 규정하였다.

중국의 폐관 정책도 한 걸음 한 걸음씩 형성되었다. 1672년(강희 11년)에 청 정부는 해금정책을 실행하면서, '편판선의 바다 항해를 금지시키며', '모

1) 張蔭桐選譯, 『1600-1914年的日本』, 三聯書店, 1957, pp.10-11.
2) 張蔭桐選譯, 『1600-1914年的日本』, 三聯書店, 1957, pp.10-11.

든 관리와 군대 백성은 개인적으로 무역하거나, 바다 밖의 섬으로 이주하여 집을 짓고 농사를 지을 수가 없으며 그렇게 하는 자는 모두 나포하여 죄를 다스릴 것'이라 하였다.[3] 1683년(강희 22년)에 해금을 폐지한다는 명령을 내리고, 외국 상인이 광동의 광주(廣州), 복건의 장주(漳州), 절강의 영파(寧波), 강소의 운대산(雲臺山) 등 네 항구에서 무역하도록 허락하였으나 1757년(건륭 22년)에 다시 장주, 영파, 운대산의 세 항구의 해관을 폐쇄하고, 광주 한 항구에서만 무역하도록 허가하였다.

청 정부에서는 광주(廣州)에 공행제도(公行制度)를 정하여 외국 상인이 중국과 무역하려면 반드시 정부가 특허를 내준 공행에서 무역하도록 하였다. 또한 「중국인과 외국인과의 교역 장정(民夷交易章程)」, 「외국인의 방범장정(防犯夷人章程)」 등 규정을 차례로 만들어 외국 상인들이 중국에서 활동하려는 것에 갖가지의 제한을 가했다. 외국 상인은 광주에서 반드시 지정된 이관(夷館) 안에서 행상의 책임아래 활동을 제약받았다. 외국 상인은 무기를 몰래 들여올 수 없으며, 개인적으로 무역을 위하여 매판을 고용할 수 없으며, 심지어 외국 상인은 가마를 타거나 광주에서 겨울을 지낼 수 없도록 하였다. 이밖에도 청 정부는 식량, 철물, 초황(硝磺), 지도 등 물품의 수출을 금지시켰으며, 중국인은 바다 밖으로 나갈 수 있는 선박의 제조와 해외 무역을 엄격하게 통제하였다.

중국과 일본에서 실시한 폐관정책과 쇄국정책의 내용을 볼 때 본국인의 해외 항해를 금지시키고, 본국 안에서 외국 상인의 무역과 활동을 제한하였으며, 정부가 대외 무역을 독점하고 통제하는 면에서 양국의 조치는 대체적으로 비슷하였다. 다른 점이 있다면 중국은 비록 「폐관」 정책을 펴왔지만 각 국과의 왕래를 거절하지는 않았다. 단지 상대방 국가들이 중화제국을 '천조 상국'으로 받들어야 하였고, 명의 상 번속, 조공 관계를 따라야 하고 명분과 예의 등 시시콜콜한 것을 중시 여겼다. 그러나 일본은 왕래와 무역할 수 있는 나라를 나라별로 엄격하게 제한하였다. 통신(국서와 사신의

3) 『光緒大淸會典事例』, 卷120

왕래)은 조선과 유구에 한하였고, 통상(단순 무역)은 중국, 네덜란드에게만 허락하고 그 밖의 나라에게는 일체 허락하지 않는 쇄국정책을 취하였다. 동시에 일본 정부는 특별히 천주교의 전래를 엄격하게 금지시켰다.

폐관과 쇄국정책의 목표와 원인을 볼 때, 중국과 일본 양국의 통치자는 서양 식민 국가의 해적과 소요 행위를 막는 것 이외에도 본국 백성들이 외래 세력과 접촉하여 자신들의 통치에 위험을 가져오지 않을까 염려했던 것이다. 청 정부와 덕천막부는 폐관정책이란 장벽과 쇄국의 철책을 만들어 있는 힘을 다해 본국 백성과 외부 세계를 격리시키려 하였다.

청 정부가 해금정책을 처음으로 채택한 것은 대만을 기지로 삼으려는 정성공(鄭成功)의 반청 세력을 진압하기 위해서였다. 일본 덕천막부가 쇄국정책을 취하게 된 동기의 하나도 국내 천주교도의 반항을 막기 위한 것이었다. 특히 1637년(관영 14년)에 천주교도들이 도원(島原)과 천초(天草)에서 큰 반란을 일으킨 다음에 덕천막부는 쇄국정책을 완성하고 더욱 이를 강력하게 추진하게 되었다. 막부는 천주교도의 전입을 금지시켰을 뿐만 아니라 천주교 국가인 포르투갈, 에스파냐와의 통상 무역도 금지시켰다. 뿐만 아니라 천주교와 관련 있는 서적도 수입을 금지시켰고, 한 걸음 더 나아가 장기(長崎)에 온 외국 상인들에게는 반드시 성모 마리아를 그려놓은 동판 그림을 발로 밟도록 하여(답회(踏繪)라 함) 그들이 천주교도인가를 시험해 보는 규정까지 정해 놓았다. 이 밖에도 덕천막부는 쇄국정책 안에 '강본약말(强本弱末)'의 의도를 포함시키고 있었다. 즉, 중앙 막부의 실력을 강화시키려고 대외 무역과 외국의 정보를 독점하여 지방으로 하여금 외국과의 무역은 물론 왕래와 밀무역을 통하여 무기를 구입, 실력이 강해지는 것을 막으려 하였다.

17세기부터 19세기까지 중·일 양국이 폐관과 쇄국정책을 실시하게 된 것은 물질적, 사상적인 기초가 있었기 때문이다. 즉, 자급자족의 자연 경제가 그 기초였다. 중국 청조의 통치자들 눈에 대외무역은 외국인들에게 베푸는 하나의 은사(恩賜)로 여겼다. 그 가장 전형적인 표현은 건륭 황제가 1793년(건륭 58년)에 영국 조지(George) 3세에게 준 칙서이다.

건륭제는 그 칙서에서 '천조는 물산이 풍부하여 없는 것이 없으므로 외국 상인의 화물이 필요 없다. 그런데 천조 중국에서 생산되는 차와 도자기, 비단들은 서양 각 국과 너의 나라에서는 없어서는 안 될 것이므로 은혜를 내려 보살피려는 것이므로 마카오에 양행(洋行)을 개설하여 일용품을 얻고 또한 이윤을 얻으라'고 하였다.[4] 이와 마찬가지로 자연 경제가 중심이었던 일본도 이와 비슷한 생각을 가졌다.

일찍이 1663년(관문 3년)에 산녹소행(山鹿素行)은 '우리나라(일본)는 천하의 부유함과 넓은 토지가 있어 외국 오랑캐의 물자가 없어도 스스로 족하다'고 말했다.[5] 그리고 1859년(안정 6년)에 이르기까지 일본의 막부에서 외국과의 교섭사무를 맡고 있던 관리가 영국 주일공사 알콕크(Alcock, 阿禮國)에게 말하기를 '몇 년이래 우리와 외부 세계는 왕래하지 않았으며 우리가 필요한 모든 물건을 우리 스스로 만들 수 있다'고 하였다.[6] 물론 지대물박(地大物博)의 중국으로 본다면 일본은 외국으로부터 물품이 중국보다는 더 필요하였다. 그러므로 덕천막부는 부득불 중국과 네덜란드와 무역 하는 통로를 남겨놓을 수밖에 없었다.

중・일 양국 통치자들의 자존망대한 심리는 폐관 쇄국정책의 사상적 기초였다. 오랜 기간 청 정부는 중국을 「천조상국」이라 여겨왔고, 다른 국가들은 모두 「이적만백(夷狄蠻貊 : 오랑캐)」이어서 중국에 대하여 조공해왔다고 여겨왔다. 건륭 황제가 영국 왕에게 준 칙서에서도 '천조가 만국을 이끌어오면서 동등하게 대우하여 왔다'고 하였다. 그리고 중국에 온 영국 사신을 조공으로 간주하면서, '짐은 조공해오는 여러 나라에 대하여 성심으로 해오는 자에게는 은혜를 최대한으로 베풀어 회유한다'고 하였다.[7] 청 건륭연간에 편찬한 『황조문헌통고(皇朝文獻通考)』에서도 세계에 대한 묘사를 '중국은 세계 대지 안의 중심으로 주변은 바다로 둘러 싸여있다. 바닷가에

---

4) 『大淸高宗純皇帝實錄』, 卷1435
5) 山鹿素行, 『山鹿語類』
6) 阿禮國, 『大君之道・幕末日本旅居記』, 上冊, 岩波文庫, p.412.
7) 『大淸高宗純皇帝實錄』, 卷1435

살고 있는 자들을 예(裔)라 부르며 해외의 여러 나라들도 역시 예(裔)라고 부른다. 예(裔)란 변두리를 말하는 것이다'라 하였다.[8] 건륭과 가경 연간에 편찬된 두 부의 『대청회전(大清會典)』 가운데에서도 영국, 네덜란드, 이탈리아, 포르투갈을 포함하여 서양 여러 나라들을 모두 중국의 '조공국'으로 간주하는 일종의 '화이질서(華夷秩序)' 관념이 있었다.

일본 통치자들도 이와 비슷한 사상을 갖고 있었다. 산녹소행(山鹿素行)은 바로 일본을 가리켜 '중앙의 나라'라 하였으며, '본 왕조는 세계의 정도(正道)에 해당하며, 땅은 세계의 중추에 있다'라 하였다. 심지어 그는 '비록 세상에 많은 국가들이 있으나 일본과 비교될 만한 국토는 없다. 중국도 우리나라처럼 완미(完美)하지 못하다'고 말했다.[9] 수호번(水戶藩)의 번사(藩士 : 다이묘의 신하)였던 회택정재(會澤正齋)도 1825년에 말하기를 '신주(神州 : 일본을 지칭)는 해뜨는 곳이며 원기(元氣)가 시작되는 지방이다. 하늘의 후예가 대를 이어 군림하고 있으며 만고(萬古)에 변하지 않고 있다. 정말로 대지 안의 우두머리이며 만국의 기강(紀綱)'이라고 하였다.[10] 이는 바로 일본을 중심으로 하는 일종의 '화이질서(華夷秩序)'의 관념이었다.

일본의 통치자들은 일본이 바다로 둘러싸여 있는 섬나라이기 때문에 쇄국정책을 실행할 수 있는 좋은 조건을 갖추었다고 보았다. 이 때문에 일본은 고대로부터 외족의 침략을 거의 받은 일이 없었고 오직 한차례 원(元)나라 군이 대대적으로 침략해 왔으나 폭풍을 만나 전군이 무너지고 말았던 일이 있었기 때문에 일본 통치자들은 더욱 쇄국하면서 자신을 지키려는 신심(信心)이 높아졌다. 그러므로 산녹소행(山鹿素行)은 자만해 말하기를 '중국처럼 주변 사방이 연결되어있는 지리적인 환경이 아니라 중앙에 있는 나라(일본을 지칭)로서 큰 바다가 둘려 싸여 국토가 하늘이 준 험난함 때문에 신성(神聖)천황이 등극한 이래로 주변의 오랑캐들은 우리를 엿보지 못했다. 이에 황통(皇統)은 끊어지지 않고 하늘과 대지와 함께 무궁(無窮)하다'고 하

8) 『皇朝文獻通考』, 卷293, 四裔考 1
9) 信夫清三郎, 『日本政治史』, 第1卷, 南窗社, 1976, pp.51, 165-6, 178.
10) 會澤正齋, 『新論』(『日本思想大系』, 53, 岩波書店), p.50.

였다.[11]

폐관과 쇄국은 중국과 일본이 취한 소극적이고 보수적인 대외 정책으로 그것으로 자기 나라를 스스로 막아버려 세계 각 국과 왕래를 막으려 하였던 것이다. 폐관과 쇄국은 중국과 일본 두 나라의 대외 무역과 각 국과의 경제 문화 교류를 가로막았으며, 항해 사업과 상품 경제의 발전을 저해시키고 세계의 변화되는 모습을 관찰할 수 없도록 하였으며, 각 국의 선진 과학 기술을 배울 수 있는 길을 막아버렸고, 중국과 일본인들의 시야와 사상을 굳게 닫아버렸으며, 백성의 창조력과 진취성을 죽여 버렸다. 그 결과, 17세기부터 19세기 중엽에 이르기까지 약 200년 동안 경제, 문화, 과학 기술의 발전상 동아시아가 정체되고 낙후되게 되었다. 그리고 산업혁명으로 비약적인 발전을 가져온 서양 각 국과 비교하여 그 차이가 갈수록 넓어졌다.

물론 서양 식민주의자들은 중국과 일본에 대하여 밀무역과 충돌 활동이 갈수록 자주 일으켰다. 폐관과 쇄국정책은 서양 상인의 불법, 해적 행위에 대하여 두 나라 정부가 취한 하나의 자위 수단이 되었다. 그러나 해상 교통과 군사 기술이 날로 진보되는 시대여서 성벽을 쌓고 큰 바다를 갖고 사해를 횡행하는 대포를 장착한 군함이나 창과 검을 갖고 광풍처럼 시장과 식민지를 획득하려는 서양 침략자를 막아내는 일이 어렵게 되었다.

일본은 원래 사방이 바다로 둘러싸여 있어 지리적으로 우세하였으나 이제 그것도 큰 역할을 하지 못했으며 오히려 불리한 요인이 되었다. 18세기 말에 일본의 선대(仙台) 번의번사(藩士) 임자평(林子平)은 그가 쓴 『해국병담(海國兵談)』에서 바로 이 점을 지적하였다. 그는 '자세히 생각해보니 강호(江戶)의 일본교(日本橋)에서 중국, 네덜란드까지 경계선으로 삼을 만한 수로(水路)도 없다.' '바다에 있는 나라여서 본래 일본으로 오지 않으려 했던 선박도 배에 탑승하고 있는 사람이 한 번 마음만 먹으면 손쉽게 올 수 있다'고 하였다.[12]

---

11) 信夫淸三郎, 『日本政治史』, 第1卷, 南窗社, 1976, pp.51, 165-166, 178.
12) 林子平, 『海國兵談』(信夫淸三郎, 『日本政治史』, 第1卷, p.76에서 재인용)

막말의 유명한 유신파 인물 길전송음(吉田松陰)도 쇄국의 위험과 무용론을 예리하게 설명하였다. 그는 쇄국은 마치 한사람에게 포위되어 있는 것과 같다. 반드시 앞과 뒤를 살펴야 하고 좌우를 주시하여야 하며, 밤과 낮으로 편안하게 잠을 잘 수 없기 때문에 마침내 기력이 쇠퇴하고 포로로 잡힐 수밖에 없다, 쇄국은 한때의 전략으로 대응되는 방법이라고 할 수 있지만 멀리 앞을 내다보는 입장이라면 모든 재력을 동원하여 해안의 방어와 수비를 하는 것과 같아 나라는 갈수록 약해지고 백성은 빈곤해질 뿐이다. 큰 적이 침범해왔을 때 그 결과는 역시 한사람에게 포위되어 있는 것과 같다'고 하였다.[13)]

폐관과 쇄국정책은 중국과 일본의 통치자들에게 영원히 튼튼한 통치 기반을 만들어주지 못했다. 근세 사회의 말기에 처한 중국과 일본은 이미 안정된 위치에 있지 않았다. 밖으로 외환의 위험에 처해있었을 뿐만 아니라 국내에서도 사회적으로 위기에 처해있었다. 광대한 중화제국은 강희, 옹정, 건륭 3대의 전성기를 거치고 가경, 도광 시대부터 쇠퇴의 길로 들어갔다. 정치가 부패하고 군기가 해이되고, 각지에서 민변(民變)이 구름처럼 일어났다. 1813년(가경 18년)에 천리교 기의군은 황궁의 금원까지 들이닥쳤다. 이처럼 청조가 날로 쇠퇴해갈 때 서양 세력은 이러한 허점을 타고 들어왔다.

19세기 상반기에 일본도 심각한 사회적 혼란과 위기에 빠져 전통 사회 경제 구조가 점차적으로 와해되어 갔다. 농민과 도시 빈민의 반란이 일어나 막부 통치력도 갈수록 약화되었다. 지방의 제후(다이묘)는 이미 중앙에서 벗어나 스스로 세력을 증강시키고 있었으며 다이묘의 무사들의 불만 분위기가 날로 높아져 막번(幕藩) 체제는 붕괴직전에 이르렀다.

중·일 양국의 개항은 바로 이러한 역사적 배경아래 일어난 것이다. 영국이 중국을 침략한 아편전쟁은 중국이 굳게 닫아 놓았던 폐관정책의 문을 열어놓게 하였으며, 또한 쇄국정책으로 깊이 잠들어있었던 일본에게도 경종을 울려주어 커다란 태풍을 불러일으켰다.

---

13) 「續愚論」『吉田松陰全集』, 第4卷, 岩波書店, p.117.

2. 아편풍설(阿片風說 아편 정보)

—일본인의 아편전쟁에 관한 정보

중국에서 일어난 아편전쟁의 소식은 어떻게 일본에 전해졌을까? 덕천막부 시대에는 쇄국정책을 폈기 때문에 외국인이 일본에 오는 것이 금지되었고, 일본인이 바다 밖으로 나가 무역하는 것도 금지되어 있었다. 단지 중국과 네덜란드의 상선만이 장기(長崎) 항에 들어와 제한된 무역을 할 수 있었다. 그러므로 장기는 일본인들이 외국의 사정을 이해할 수 있는 유일한 창구였다.

막부 규정에는 장기(長崎)에 입항한 중국과 네덜란드 상인은 반드시 외국 무역 사무를 관리하는 장기봉행(長崎奉行 : 지방의 최고 관리)에게 외국의 사정을 보고하여야 하였다. 이들의 보고서를 모두 풍설서라 불렀다(일본어의 풍설이란 즉 전문(傳聞), 전설(傳說)의 뜻). 그 가운데 중국 상인의 보고서는 「당풍설서(唐風說書), 또는 청상구단(淸商口單)」이라 하였고, 네덜란드 상인의 보고는 「화란풍설서(和蘭風說書)」이라 불렀다. 이밖에 통역을 맡고 있는 통사들이 외국 상인들로부터 듣거나 외국의 신문을 번역하여 편집한 「별단풍설서」(즉 특별풍설서)가 있다. 중국 아편전쟁의 소식이 처음으로 일본에 전해진 것은 이들 풍설서에 의하여서였다. 일본인들은 아편(鴉片)을 아편(阿片)이라 불렀기 때문에 아편전쟁의 정보도 「아편(阿片)풍설서」이라고 불렀다.

현재까지 알려진 것으로 중국이 아편 금지운동을 전개한 소식을 가정 먼저 전한 것은 1839년(일본 천보 10년)의 화란풍설서이다. 여기에는 '광동에서 영국(英咭唎) 등 외국인의 아편밀수를 금지하고 관청에서는 아편을 숨기고 있었던 기지를 찾아냈으며 동시에 중국에서 아편 흡연자는 중형에 처한다' 고 기술하고 있다.[14] 1840년 이후 네덜란드 상인의 보고 가운데 항상 아편전쟁에 관한 소식이 포함되었다. 당시 장기 지방의 관원이었던 고도추

---

14) 森睦彦, 「作爲阿片戰爭情報的唐風說書」『法政史學』, 第20號

범(高島秋帆)은 막부에 보고한 내용 가운데 '중국의 광동 지방을 소란스럽게 한 영국인에 관하여 설명한 홍모선(紅毛船: 즉 네덜란드 선박)의 풍설과 장기에 잠시 머무르고 있던 중국 상인에게서 얻은 소식과 일치한다고 하였다.

당시 아편전쟁에 관한 정보로 더욱 중요한 것은 역시 중국에서 일본으로 간 상인들이 제공한 「당풍설서(唐風說書)」였다. 일본학자 삼목언(森睦彦)의 조사 통계에 따르면 1840년부터 1844년까지 각종 서적에서 보이는 아편전쟁에 관한 풍설서는 모두 19건이라고 하였다. 그 가운데 1840년(일본 천보 11년) 여름에 2건, 겨울에 5건, 1841년(천보 12년) 여름에 2건, 겨울에 4건, 1843년(천보 14년)의 여름에 2건, 겨울에 1건, 1844년(홍화 원년) 겨울에 1건이었다.[15)]

당시 중국에서 장기(長崎)로 가 무역을 하던 상선은 매년 여름과 겨울에 한차례씩 입항하였다. 그들은 반드시 일본 막부로부터 신패(信牌)를 받아야 비로소 한정된 무역을 할 수 있었다. 입항한 중국 상선은 모두 번호가 매겨져 어느 해 몇 번째 선박이라는 표시를 했다. 장기 봉행에게 받치는 풍설서는 어느 선박의 선주가 혼자서 제출하는 경우도 있고, 몇 척의 선박의 선주들이 연명으로 제공되는 경우도 있었다. 이밖에 별도로 당통사(唐通事: 중국어 통역)가 중국 상인들에게 물어서 정리한 별단 풍설서가 있다. 이들 아편풍설서는 일본인들에게 아편전쟁에 관한 많은 정보를 제공하게 되었다.

일찍이 1840년 7월에 중국의 5호 선주인 주애정(周藹亭)은 한 통의 풍설서를 제출하였는데, 제목을 「몽문금위아편일건(蒙問今爲阿片一件)」이라 하였다. 그 내용은 일본 관청에서 물어본 것에 따라 대답한 것을 기록한 것이다.

풍설서에서 '영국인들이 중국에 아편을 판매하였기 때문에 엄중한 해를 가져오게 되었으며 이로 인하여 황제가 임칙서(林則徐)를 광주에 파견하여 금연조치를 취하였다고 하였다. 임칙서는 광주에 도착하여 외국의 아편 판

---

15) 森睦彦, 「作爲阿片戰爭情報的唐風說書」『法政史學』, 第20號

매업자들에게 3일 이내에 아편을 제출하라고 명령하고 그렇게 따르면 대황, 차를 갖고 보상한다고 하였으며, 만일 숨겨놓고 제출하지 않으면 사형에 처한다고 하였다. 영국 상인들은 모두 2만 36상자를 제출하였다. 1839년(도광 19년) 9월에 중국과 영국 군함은 교전하였고, 광동에 있던 외국인은 하나 둘씩 귀국하였다'고 하였다.[16]

이 보고서의 내용은 중국과 영국 사이에 일어났던 금연교섭에서 무력충돌에 이르기까지의 경과를 기술하였는데, 대체로 사실과 부합하였고, 임칙서가 접수한 아편의 상자 수도 실제 수와 비슷하였다.[17] 1839년 9월에 임칙서는 중국 수군을 지휘하여 영국군함과 구룡만에서 격전을 벌렸으며 이는 아편전쟁의 전초전이었다.

1840년 8월에 장기의 당관(唐館)에 머무르고 있던 중국 상인들이 제공한 풍설서에는 금연운동의 경과이외에 홍려시경(鴻臚寺卿) 황작자(黃爵滋)가 아편을 엄격하게 금하여야 한다고 상소한 유명한 주절(즉 은의 유출을 막아 국가의 힘을 배로 하여야 한다는 상소문)을 소개하고 있다. 그리고 말미에 일본 측에서 제출한 구체적인 문제 제기에 대하여 답하고 있다. 예를 들면 광주에서 마카오까지의 거리, 광주 무역을 하고 있는 서양 13개 국가의 이름, 중국의 흠차대신의 이름, 아편 1상자의 무게와 광주에서 중국 연해 각지까지의 거리 등등이 포함되어 있어 당시 일본 막부 관원들이 중국의 사정을 알려고 하였던 정도와 세밀함을 반영하고 있다.

1840년 12월에 중국 1, 2, 3호 선의 선주 심운곡(沈耘谷) 등 13명이 연명으로 제출한 풍설서에서는 절강 연해의 전황에 대하여 소개하고 있다. 그 가운데 영국함대가 정해현(定海縣)을 습격하여 청군의 수비대장이 전사하고 지현이 자살하여 정해가 함락되었으며, 영국군이 영파(寧波), 사포(乍浦), 여요(餘姚) 등지를 공격한 사실도 설명하고 있다. 당시 중국에서 일본으로 가는 무역선들의 중요한 기지가 바로 절강 사포였기 때문에 적지 않은 선

---

16) 鹽谷宕陰編, 『阿夫蓉彙聞』

17) 실제로 접수된 아편은 19, 187상자 또는 2119포대였다. 『林則徐集, 奏稿』, 中冊, 中華書局, 1965, p.638.

박들이 바로 이 항구에서 출발하여 그들은 절강 연해의 전쟁에 대하여 비교적 구체적으로 알고 있었다. 그렇지만 이 풍설서에서 설명하고 있는 여요(餘姚)의 군과 백성들이 영국 군함 한 척을 격침시키고 영국왕의 세 공주를 포로로 잡았다는 것은 잘못 전해진 내용이었다. 실제로 사로잡은 것은 영국군의 수송선 연호(鳶號) 선장의 부인 낙포이(諾布爾)였으며 그녀가 영국 왕의 딸이거나 또는 동생으로 알려졌다. 그러나 일본인들은 비록 잘못 전해진 정보이긴 하지만 흥미를 갖고 아편전쟁을 묘사한 문학작품 가운데 대서특필 하거나 과장된 표현들을 능사로 여겼다.

1841년 6월에 중국 2, 3, 4호 선주 심운곡(沈耘谷), 고자영(顧子英), 왕운범(王雲帆), 주애정(周藹亭) 등 4명은 「영이입구거정취광풍문(英夷入寇去定就廣風聞 : 영군 침략군 정해에서 광주로 간 풍문)」의 풍설서를 제출하였다. 그 가운데 영국군이 정해를 떠나 광주로 가 광주 전투가 재개되었으며 중국이 호문(虎門)을 빼앗겼다는 사실이 기록되어 있고, 또한 기선(琦善), 이리포(伊里布)가 면직되고 도광 황제가 동생에게 대군을 인솔하여 광주 작전에 갔다는 소식도 전하고 있다. 이는 아편전쟁이 일어난 다음해의 새로운 사실이어서 일본측의 주목을 받았다. 같은 해 고자영(顧子英) 등은 다시 정역장군(靖逆將軍) 혁산(奕山)이 광동으로 가고, 양위장군(揚威將軍) 혁경(奕經)이 절강으로 가 군대를 집결시켜 영국군과 결전을 준비하는 더욱 구체적이고 확실한 정보를 제출하였다.

또한 1841년 1월에 장기에 도착한 1, 2호 선의 선주 장춘주(蔣春洲) 등의 보고가 있었다. 그들은 광동의 견문을 근거로 중국은 영국군의 침략을 방비하기 위하여 광동, 대만에 600여 문의 대포를 준비하여야 하므로 많은 구리가 필요하기 때문에 중국에서 일본으로부터 구리의 구매가 증가될 것이라고 예견하였다.[18]

1842년 12월에 중국선주 고자영(顧子英) 등 8명은 연명으로 「영이침범해강만연사재(英夷侵犯海疆蔓延四載 : 영국 오랑캐 침범 4년)」란 풍설서를 제출

---

18) 森睦彦, 「作爲阿片戰爭情報的唐風說書」『法政史學』, 第20號

하였는데, 그 내용은 아편전쟁의 마지막 단계부터 강화의 경과 내용을 설명하고 있다. 그 가운데 4월 8일에 영국군함이 사포를 공격하여 대부분의 관청과 민간의 집이 불타고 일본과 무역하는 상선으로 일신호(日新號), 전승호(全勝號)와 세척의 화물선이 모두 불탔다고 하였다. 태평호(太平號)는 해상에서 영국 군함의 추격을 받았으나 다행히 위험에서 벗어났다고 하였다. 또 다른 일본과의 무역선 원보호(源寶號)는 주산(舟山)에서 영국군에게 억류되었다고 하였다.

풍설서에서는 영국이 상해(上海)와 장강 유역을 공격하는 전황을 설명하고 있고, 강남제독 진화성(陳化成)이 전사하고 흠차대신 기영(耆英), 이리포(伊里布)가 영국 군함에 올라 화의를 바라고 남경조약을 체결한 사건을 서술하고 있다. 고자영(顧子英) 등은 영국군이 중국 지리를 잘 알지 못하여 해로로만 다니고, 대포에만 의존하였으며, 수송선이 내해로 들어가다 하구가 얕아 조난당한 내용도 포함하고 있다. 만일 청정부가 계속 군대를 동원해 항전하였다면 영국군은 승리할 수 없었을 것이라고 지적하였다.[19)]

1843년 7월에 중국 1, 2호 선주 주애정 등 5명이 제출한 풍설서에는 '중국이 아편전쟁에서 실패한 원인을 청군에 용맹하게 싸울 지모가 있는 장군이 부족했기 때문이라 하였다. 이 풍설서는 청정부의 입장에서 썼던 것이며, 조약을 체결한 이후 홍콩, 하문, 정해 일대의 영국인이 청나라 황제의 인덕(仁德)에 감사하였다'고 하였다.[20)]

1844년 12월에 주애정(周藹亭) 등은 장기봉행(長崎奉行)에게 아편전쟁에 관한 비교적 상세한 보고를 제출하였다. 이를 베낀 것이 훗날 단행본으로 나왔는데 서명을 『영국침범사략(英國侵犯事略)』이라 하였다. 여기에서는 아편전쟁의 시작부터 끝날 때까지의 전 과정을 개략적으로 설명하고 「남경조약(南京條約)」의 조약문과 아라비아 숫자와 간단한 영어 단어를 첨부하고 있다.

---

19) 「阿夫蓉彙聞序」『宕陰存稿』, 卷4
20) 「阿夫蓉彙聞序」『宕陰存稿』, 卷4

「당풍설서」와 「화란풍설서」는 일본에서 비밀문서에 속하는 것이어서 장기봉행이 막부로 보내 보관하게 하고 막부의 요직에 있는 사람만이 이를 열람할 수 있었다. 이들 풍설서들이 민간에 전파될 수 있었던 것은 주로 통역을 담당하였던 통사와 막부의 담당자들이 이를 베껴 논 것들이다. 예를 들면 유명한 학자 염곡탕음(鹽谷宕陰)은 노중(老中)[21]이었던 수야충방(水野忠邦) 옆에서 일하고 있던 기회를 이용하여 아편전쟁에 관한 각종 풍설서를 수집하여 이를 베껴놓았다.

1847년(홍화(弘化) 4년)에 이루어진 『아부용휘문(阿夫蓉彙聞)』(중국과 일본의 민간에서는 아편을 아부용이라 불렀는데 이는 아랍어의 음역에서 나온 말이다)이란 책을 하나 펴내 당시 일본 각계 인사들로부터 중시 받았으며, 중국 아편전쟁에 관한 가장 좋은 자료집이라고 인정받아 서로 다투어 간행하였기 때문에 널리 전파되었다. 염곡탕음은 이 책의 서문에서 '책 내용 중에는 청국 상인(중국 상인) 난객(蘭客 : 네덜란드 상인)의 간단한 보고 즉 풍설서에서 자료를 취하였다 하였고, ···제목을 아부용휘문이라 하였다'고 하였다.[22]

일본학자 증전섭(增田涉)이 소장하고 있는 『아편풍설서(阿片風說書)』 사본(寫本) 3책도 아편전쟁에 관한 풍설서를 수집하여 편역해 이루어진 것이다. 번역자의 서명은 중산작삼랑(中山作三郎)과 석교조십랑(石橋助十郎)으로 되었다.

이밖에도 아편전쟁풍설서를 수록한 일본 서적으로는 『아편유집(阿片類集)』, 『청영아편일건풍설서(淸英阿片一件風說書)』, 『청란아편단보(淸蘭阿片單報)』, 『청상풍설서(淸商風說書)』, 『당인공풍설서(唐人共風說書)』, 『당풍설서집(唐風說書集)』, 『서변기문(西變紀聞)』, 『천보잡기(天保雜記)』 등이 있다.

일본인들이 획득한 아편전쟁의 소식으로 또 다른 통로는 일본에 전해진 중국 서적과 자료이다. 『이비범경문견록(夷匪犯境聞見錄)』이란 이름의 책

21) 老中은 막부 장군 아래의 최고위 관리로 4-5명으로 정해져 있다. 25,000석이상의 譜代大名, 즉 關ケ原戰이전에 德川집안에 臣屬되었던 제후로 임명하였다.
22) 「阿夫蓉彙聞序」『宕陰存稿』, 卷4

은 편자가 불명하지만 일본에서는 2책부터 5책까지의 초본이 여러 종류 널리 유행되었다. 그리고 1857년(안정, 安政 4년)에 명륜당(明倫堂)의 6권 각본(刻本)이 있다. 그 내용은 아편전쟁 중 각종의 상유(上諭), 주절(奏折), 포고(布告), 격문(檄文), 쌍방의 조회, 조약 등 원시 자료가 수록되었다. 권 1의 제1편 자료는 1840년 7월 영군이 정해(定海)를 공격하였을 때 영국 해군사령관 백맥(伯麥, Bremer, James Gordon)이 정해 현 현령에게 항복을 권하는 글이 들어가 있다. 권 5의 마지막 두 편의 자료는 1842년 8월 남경조약의 조문과 혁산(奕山)과 혁경(奕經)을 응징하는 상유(上諭)가 있어 그 내용이 상당히 풍부하다. 여기에 수록된 것은 대부분이 정식 문서로 비교적 확실하고 믿을 만한 것이었다. 당시 일본에서는 널리 전파되었던 것으로 일본에서 나온 대부분의 아편전쟁에 관한 묘사가 여기에 근거를 두고 있다.

또 다른 『사포집영(乍浦集咏)』이란 책은 절강 사포 심균(沈筠)이 편집한 당시 문인의 시집이었다. 모두 16권 4책으로 꾸며진 것으로 모두 500여 명의 시가 수록되었다. 그 가운데 적지 않은 시가 아편전쟁 중에 사포에서 죽음을 당한 열사를 기념하는 것과 영국군의 폭행을 견책하는 내용으로 되었다. 이 책은 1846년(도광(道光) 26년, 홍화(弘化) 3년)에 출판되었다. 사포가 바로 중국에서 일본으로 가는 무역선의 출항지여서 책이 출판된 바로 그해에 중국 4호선이 24부를 갖고 일본으로 갔다.

이들 책은 일본 관방의 어문고(御文庫), 학문소(學問所)와 이세수 (伊勢守) 아부(阿部), 비전수(肥前守) 목야(牧野) 등 관리들이 사들였다. 그리고 1849년 11월에 『사포집영초(乍浦集咏鈔)』가 4권 2책으로 일본에서 간행되었는데, 이것은 일본학자 소야호산(小夜湖山)이 초록(抄錄)한 것이다.[23] 또 다른 한 부의 책이 중국에서 출판된 다음 얼마 안 있어 일본으로 들어가 일본에서 출판(화각본(和刻本)이라 칭함)되었다. 시간적으로 보아 확실히 사람들이 놀랄 만큼 빨랐는데 이는 당시 일본 지식인들이 중국의 아편전쟁을 얼마나 중요시하였는가를 설명해주고 있다.

---

23) 大庭修, 『江戸時代の中日秘話』, 東方書店, 1980, pp.243, 247.

이들 중국 아편전쟁에 관한 소식의 보도인 아편풍설서나 중국 서적은 일본인들을 위하여 아편전쟁을 묘사한 작품을 펴내는 데 중요한 자료를 제공하였으며, 또한 일본 각계 인사들이 중국 아편전쟁의 경험과 교훈을 받아들이는 데 자료로 제공되었다.

3. 해외신화(海外新話 해외의 새로운 이야기)
—일본인의 아편전쟁에 관한 서술

아편전쟁의 소식이 일본에 전해진 후 당시 일본의 작가와 학자들은 바로 이들 소식을 근거로 적지 않은 아편전쟁에 관한 작품을 내놓아 놀랄 만큼 그 반응이 대단히 빨랐다. 필자는 북경대학 도서관에서 강호(江戶)시대에 아편전쟁을 묘사한 대단히 진귀한 작품을 두 부 발견하였다. 한 부는 『해외신화』로 모두 5권으로 되었으며 1849년(영가(嘉永) 2년)에 출판된 것으로 저자는 풍강조인(楓江釣人)으로 되었는데 바로 풍강영전(楓江嶺田)의 필명이다. 본문 앞에 저자의 서문으로 써 논 시에 '큰 대포가 하늘을 놀라게 하고 견고한 성벽을 깨뜨리고 오랑캐 선박이 항구로 들어오니 청군은 도망하고 — 슬프도다 백만금으로 화의를 하니, 돈 받은 오랑캐의 우두머리는 아침이면 조소하는구나. 오직 우리 일본만이 동해에 우뚝 서 주변에 높은 파도를 맞고 있구나'라 하였다. 시의 마지막에 영전풍강은 이 책을 쓰게 된 본래의 뜻을 '우리보다 먼저 하늘이 내린 일은 뜻이 없는 것이 아니니 노파심이지만 사실의 기록이 자세하구나. 오호라 섬나라 우리는 힘써 저들을 알아 앞으로 다가올 일을 준비하여야 하겠네'라고 한 것으로 보아 이 책을 쓰게 된 목적은 일본 정부와 일본인들이 아편전쟁의 교훈을 받아들여 해방(海防)을 강화하고 외래 침략자를 막아내야 한다는 것이었다.

『해외신화』의 범례 설명에 따르면 작자는 이 책을 쓰는데 『이비범경록』을 참고로 삼고 '남북 여러 성의 장군과 사대부들의 주의(奏議) 책론과 전투 목격기를 잡다하게 수집하여 이를 연월일 순, 순서대로 편집한 것이다.

그런 다음 다시 『침범사략』에 따라 오류가 있는 부분을 바로 잡아 놓았다. 이밖에도 『경세문편(經世文編)』, 『은우록(隱憂錄)』, 『사포집영(乍浦集咏)』, 『성무기(聖武記)』 등을 인용하여 자료 여러 편을 첨가하고 빠진 부분과 잘못된 부분을 바로 잡았다.'고 한 것으로 보아 영전풍강은 확실히 이 책을 쓰기 위하여 많은 공을 드린 것이 분명하며, 비교적 풍부한 자료를 갖추고 있다. 그리고 일본 각 계층 독자의 구미에 맞도록 작자는 당시 일본 민간사회에서 유행되고 있던 군담(軍談)소설(전쟁을 묘사한 장편 연재소설)의 체제를 따랐고, 사용된 문체도 될 수 있는 대로 통속적으로 쉽게 이해할 수 있도록 하였다. 작자는 말하기를 '문장의 체제는 『성쇠기(盛衰記)』, 『태평기(太平記)』 등과 같이 일본 고래로부터 내려온 전쟁 서적의 말투를 운용하여 어린이나 많이 배우지 않은 무사도 한 번 읽으면 이해할 수 있도록 하였다'고 하였다.

『해외신화』의 첫머리에 「영길이기략(英吉利記略)」이 있어 영국의 지리, 역사, 현상을 소개하였는데, 그 가운데 영국은 여전히 세계의 강국이라고 지적하고, '해방(海防)에 뜻을 두고 있는 사람은 서양의 변두리에 있는 오랑캐를 멸시해서는 안 된다'고 하였다. 그 다음에 「곤여약도(坤輿略圖)」 즉 세계 지도가 있는데 지도 위에 영국의 속지는 모두 붉은 색으로 표시하였고, 또한 『청국연해약도(淸國沿海略圖)』가 있어 역시 붉은 색으로 영국군이 침범하였던 중국의 부현(府縣)을 표시하였다.

이밖에도 「영장융장도(英將戎裝圖)」, 「보졸융장도(步卒戎裝圖)」, 「영국군함도(英國軍艦圖)」, 「증기선도(蒸氣船圖)」 등을 수록하였다. 책 안에는 또한 호문소연(虎門銷煙), 정해혈전(定海血戰), 진화성전사사(陳化成戰死事), 남경의화(南京議和) 등을 주제로 한 그림이 포함되어 있다. 본문의 제1권은 「아편연독부황작자상서사(阿片煙毒附黃爵滋上書事)」를 시작으로 마지막 다섯째 권에 양군화목사부화약조목(兩軍和睦事附和約條目)」을 끝으로 넣었다. 특히 주목할 만한 것은 임칙서의 광동금연 경과와 광동, 정해, 진해, 사포(乍浦), 오송(吳淞), 진강(鎭江) 등지의 항전 장면을 비교적 상세하게 묘사하고 있다. 특별히 강남제독이었으며 노장 진화성이 오송을 지켰던 것을 찬양하는 「풍상지경초(風霜知勁草)」 부분이다. 작자는 진화성이 병사들보다 먼저 비 오듯이 쏟아지는 적탄의 앞에서 분전하다가 마지막에 나라를 위하여 장렬하게 희생되는 모습을 마치 살아 움직이는 모습처럼 묘사하고 있다.

『해외신화』는 중국의 아편전쟁을 묘사한 작품이기 때문에 막부의 허가를 얻지 못하고 사사로이 출판되었다가 마침내 막부에 의하여 판본이 훼손되고 금서가 되었다. 작자인 풍강영전(楓江嶺田)도 박해를 받고 금고의 형을 받아 2년을 감옥에 있다가 출옥하였으나 다시 3년 동안 강호(江戶), 경도(京都), 대판(大阪) 세 지역에서 거주할 수 없도록 처벌받았다. 심지어 『해외신화』의 삽화를 그렸던 화가도 이에 연루되어 체포되었으며 감옥에서 사망했다.

북경대학 도서관에서 소장된 또 하나의 책은 『해외신화습유(海外新話拾遺)』이다. 이는 이미 널리 알려진 『해외신화』를 보충한 것이다. 또한 1849년(가영 2년)에 출판된 것으로 작자는 종채옹(種菜翁)으로 되었으나 실제 이름은 모른다. 이 책도 5권 5책으로 되었다. 작자는 범례에서 '풍강영전(楓江嶺田)씨가 지은 『해외신화』의 기사는 모두 『이범경록』, 『침범사략』에 의존하고 있기 때문에 대소 사건들이 빠진 것이 많아 이를 모아 편하게 되었다'고 하였다. '체제는 신화와 같으나 신화에 기록된 사건으로 중복되거나 뇌동한 부분은 생략하였다'고 하였다.

『해외신화습유』의 책머리에는 「정해현전도」와 각종 크고 작은 대포의 그림 설명이 부록으로 되었다. 책의 제1권은 「영장의률규청국정세사(英將義律窺淸國情勢事)」를 시작으로 제5권의 「오소교역관지사(五所交易館之事 : 즉 5항구 개항)」으로 끝을 맺었다. 이것과 『해외신화』와 비교해보면 「달홍아가 대만에서 항영한 일」, 「광동 90여 향촌민이 분연히 일어나 기병한 일(즉, 삼원리 항영운동)」 등의 내용과 삼원리 인민의 항영 게첩(揭帖)을 수록하고 있다. 책 가운데는 풍설서에서 잘못 전해진 영국왕의 딸이 포로가 되었다는 일도 더욱 실감나게 설명하고 있으며, 영국군 가운데 한 여장군이 용맹하게 싸웠던 모습을 '신비롭게도 여러 가지 모습으로 변하고 있는데 마치 나비들이 지나가면 꽃이 피고 바람이 단풍을 날리고 있는 것과 같다'

고 묘사하였다. 훗날 여요현에서 포로가 된 그녀는 바로 영국 왕의 셋째 공주이며 영국 여왕의 동생이라고 하였다.

이 고사는 아편전쟁을 소재로 한 일본소설 가운데도 나오고 있다. 취몽치인(醉夢痴人)이 쓴 『해외여화(海外餘話)』도 5권으로 1851년(가영 4년)에 간행하였다. 1858년(안정 2년)에 다시 그림을 추가하여 다시 간행하였는데, 책이름을 『해외실록(海外實錄)』이라 고쳤다. 여기에서도 영국의 여장군은 영국군 총사령관이라 설명하고 있다. 그녀는 자칭 '나는 대서양 영길리(영국) 국왕의 둘째 딸 아대(阿岱)로 이번에 명을 받고 광동을 토벌하러 왔다'고 하였는데, 이러한 묘사는 더욱 이상하게 되었다. 책의 마지막에는 아대(阿岱)와 의률(義律, Elliot, Charles)이 모두 임칙서에게 포로가 되어 도광 황제가 특사를 해주어 귀국하게 되었다고 하였다. 마지막으로 영국은 '도광 황제의 감은으로 영구히 청의 속국이 되겠다고 하였으며 해마다 조공하고 중국의 위풍을 선양하였다'고 하였다.[24] 저자는 역사의 사실을 고려하지도 않고 영국이 마지막으로 중국에 굴복하였다는 것으로 날조하고 있다. 이는 일본 문인들이 갖고 있는 양이(攘夷)의 바람에서 나온 것이며 또한 막부의 쇄국정책과 독자의 심리에 영합하고자 한 것이다.

또 다른 『청영근세담(清咏近世談)』이란 이름의 소설이 1850년(가영 3년)에 간행되었다. 역시 5권으로 조야혜(早野惠)가 지은 것이다. 여기에서는 소위 영왕의 동생이 오송구(吳淞口)를 지키고 있던 진화성에게 포로가 되었다고 하였다.

이상 대부분이 군담소설이지만 문학적 색채가 농후하고 풍부하다. 당시 비교적 존중되었던 사실과 주의를 받았던 아편전쟁의 경험과 교훈의 역사 저작으로는 재등죽당(齋藤竹堂)이 지은 「아편시말(阿片始末)』이 있다. 재등죽당은 막말의 유명한 역사학자로 일본에서는 처음으로 나온 세계사인 『번사(蕃史)』의 작자이다. 『아편시말(阿片始末)』은 그가 1843년(천보 14년) 29세 때에 지은 것으로 근거가 된 것은 『아편풍설서』 등의 자료였다. 그는 아

---

24) 增田涉, 『西學東漸と中國事情』, 岩波書店, 1979, p.97.

편전쟁이 폭발한 것에서부터 끝맺을 때까지의 역사를 쓰고 자신의 평론을 추가하였다. 지리학자인 재등정겸(齋藤正謙)은 이 책의 발문을 썼는데, 이 책을 칭찬해 쓰기를 '사실의 서술이 간단하고 당, 화란 풍설서를 능가한다는 더욱 뛰어난 평'을 했다. 1844년(홍화 원년) 9월에 저명한 사상가 좌구간상산(佐久間象山)도 이를 읽고 '적을 알 수 있고 군사를 준비할 수 있는 양서'라고 이 책을 추켜세웠다.[25)]

또 다른 풍설서를 근거로 역사를 쓴 것으로 좌등신연(佐藤信淵)의 『해육전방록(海陸戰防錄)』이 있다. 이 책은 1837년 영국인이 중국에 아편을 2만 7천 상자 밀수한 것부터 쓰기 시작하여 임칙서가 광동에 가 아편을 금지시키고 호문에서 아편을 태운 일, 영국함대가 광동, 절강, 강소로 공격하고 각지의 전투 상황을 설명하고 있으며, 마지막으로 1842년 남경조약을 체결하기까지의 과정을 서술하고 있다. 작자는 책에서 영국 침략자를 견책하고 중국 군과 민이 전개한 반침략 투쟁에 대하여 동정하는 입장이었다. 예를 들면 영군이 정해에서 행패를 부렸던 일과 분묘를 훼손하고 식량을 약탈한 폭행을 폭로하고, 광주의 북쪽 촌민들이 영군을 크게 물리쳤던 일(삼원리 항영 투쟁)을 칭찬하였다. 작자는 조국을 보위하다가 장렬하게 희생한 중국의 애국적인 장군과 병사들을 칭송하고 진화성을 추켜세워 '영국인들은 그 이름만 들어도 상해 가까이 접근하지 못했다. 그러므로 영국인들은 강남의 백만 명을 무서워하는 것이 아니라 오송의 진화성을 무서워한다'고 썼다.[26)]

일본에서 아편전쟁을 서술한 것으로 장산관(長山貫)의 『청영전기(淸英戰記)』 4권의 필사본이 있다. 책의 첫머리에는 1848년(가영 원년) 조천동재(朝川同齋)가 지은 서문이 있는데, 그 서문에 '장산자보(長山子甫)가 지은 『청영전기(淸英戰記)』에 아편전쟁의 연유에 대하여 기술하여 2권을 지어 독자로 하여금 그 나라 충신 의사의 절개와 간신 관리들의 죄상과 영국 오랑캐들의 짓거리를 이해하도록 하고 이들을 경계하도록 각성케 하였다'고 하였

---

25) 增田涉, 『西學東漸と中國事情』, 岩波書店, 1979, p.70.
26) 佐藤信淵, 「海陸戰防錄」『海舟全集』, 第2卷, pp.433-445.

다. 작자는 1849년(가영 2년)에 쓴 자신의 서문에서 '영국은 이미 홍콩을 병탐하였다. 광주, 하문, 영파, 복주, 상해 항구에도 자리를 잡았다. 나는 서양서를 읽고 그들의 탐오와 행패를 알았다. 처음에 비루하게 통상을 바란다고 하다가 나아가 성을 쌓고 군대를 두고 있다. 이들은 더 나아가 남해 제국을 이 방법으로 병탐하려한다'고 하였다. 그는 일본 정부가 경각심을 갖도록 깨우치고 해방을 강화하여야 한다고 하면서, '중국은 현재 강화를 맺고 잠시 어려움에 처하였는데 장래 어떻게 될지? 그 어려움을 막기란 힘들 것이라'라 하였다. 장산관(長山貫)도 '내가 『침범사략(侵犯事略)』과 『범경(犯境 : 즉 이비범경문견록)』등을 보건대 청국의 변경에 나타난 어려움을 개략적으로 서술하고 있다. 그러나 관방 문서나 당시 사람들의 이야기, 그리고 자신의 견해를 서술하고 있을 뿐이어서 복잡하고 판별하기가 어려웠기 때문에 날자 순으로 일본 문자로 서술하였을 뿐'이라 하였다. 그리고 『화륜선도(火輪船圖)』·『연해도(沿海圖)』·『정해현도(定海縣圖)』 등 칼라 삽도를 첨부하고 있다.

동조금태(東條琴泰)는 권말에 넣은 발문에서 '친구인 장산보(長山甫)가 일찍이 멀리 떨어져 있는 나라의 학문(즉 서학)을 편찬하여 서양 사정을 숙지하고 있었으며, 경자(庚子, 1840)년의 청영전쟁(淸英戰爭 : 아편 전쟁)의 말을 빌려 그 득실(得失)을 평하였다.'고 하였다. 그는 '현재 관리나 관청에서 해방책(海防策)을 자문하고 있으나 하여야 할 말을 알고 있으나 하고 싶은 말을 다할 수도 없다. 이에 답답하고 실제로 의논하는 경우도 적었다'고 하였다.[27] 그러므로 열심히 연구하고 중국의 아편전쟁 경험의 교훈을 받아들여야 한다고 하였다.

이들 일본인들이 일본 글로 쓴 아편 전쟁의 역사저작과 문학소설은 일본의 막부 관리와 제후, 각 급의 무사들로부터 아래로 보통 민중들에까지 중국에서 발생한 아편전쟁을 광범위하게 이해하도록 하였다. 또한 그 가운데 스스로 자각하고 교훈을 받아들이게 되었다. 이들 작품은 대부분이 전쟁이

---

27) 增田涉, 『西學東漸と中國事情』, 岩波書店, 1979, pp.108-109.

끝난 지 몇 년이 안 되어 출판된 것이다. 이로서 일본인은 아편전쟁에 대하여 비교적 빠르게 반응을 보였으며, 또한 아편전쟁이 일본에게 얼마나 큰 충격과 영향을 주었는지 설명하고 있다.

4. 천사전감(天賜前鑑 하늘이 내린 교훈)
—일본인의 아편전쟁에 대한 인식

19세기 중엽에 중국과 일본은 모두 서양 열강의 침략을 받아서 식민지로 전락될 위험에 처했고, 동시에 국내적으로도 심각한 사회적 위기에 봉착하게 되었다. 양국 모두에게 외부의 적은 동일했고 처지도 유사했다. 따라서 일본인은 아편전쟁을 '천사전감(天賜前鑑)'이라고 여겼고, 그 속에서 유익한 경험과 교훈을 얻으려 했다.

강호시대(江戶時代) 말에 막부의 신하였고 메이지 초기(明治初期)에는 해군대신(海軍大臣)을 지냈던 승해주(勝海舟)는 『개국기원(開國起原)』을 편찬했는데, 그 속에 일본 막부 말 개국기(幕府末 開國期)의 각종 문건과 자료들이 수록되어 있다. 그 중에서 중국의 아편전쟁과 태평천국에 관한 자료를 모아 『지나소란지개황(支那騷亂之槪況)』이라는 제목을 붙였다. 승해주는 머리말을 통해 특별히 중국에서 일어난 상황과 일본의 관계를 강조했다. 그는 '인접국의 일은 또한 우리나라에게 교훈이다. 유럽 세력이 점차 동양(東洋)으로 들어오니 숲이 사라져서 (위험에) 노출될 우려가 있다. 식자(識者)들이 두려워하고 있는데 어찌 모른 체 하겠는가? 더구나 (지금은) 외인(外人)들이 우리나라에 와서 외교를 맺고 늘 그것을 구실로 삼고 설득하려 한다. 따라서 (우리와) 크게 연관이 있기 때문에 한 곳에 모아서 수록한다'고 말했다.[28)]

아편전쟁의 소식이 일본에 전해진 뒤, 당시 막부(幕府)에서 정무(政務)를

---

28) 勝海舟, 『海州全集』 第2卷, pp.433-445.

총괄하는 노중(老中)이었던 수야충방(水野忠邦)은 곧바로 아편전쟁이 '비록 외국의 일이지만 우리나라에 경계가 될 만하다'고 인식했다.29)

중국의 아편전쟁은 일본 사회에서도 광범위한 파장을 불러일으켰다.

먼저, 중 · 영 아편전쟁의 포성(炮聲)이 쇄국의 깊은 잠에 빠져 있던 일본에 경종을 울렸다. 아편전쟁의 거대한 충격이 일본을 진동시켜서 일본의 각계 인사들에게 우려와 두려움을 불러일으켰고 절박한 위기감을 자아냈다.

수호번주(水戶藩主) 덕천제소(德川齊昭)는 원래 '청국(淸國)은 어떻게 되었건 여전히 중요한 큰 나라이고 이적(夷狄)이 감히 가벼이 상대할 수 없다'고 여겼었다. 따라서 그는 아편전쟁의 소식을 듣고 크게 놀랐다. 그는 '최근 청국(淸國)에 전쟁이 일어나서 민심이 불안하다고 하는데, 만약 정말 그런 일이 있다면 상황이 어떠하든지 물어 볼 필요는 없을 것이고, 단지 전심전력하여 군사적인 대비에 힘써야 할 것이다. 청국의 전쟁 상황을 헤아려 급히 천하에 그 사실을 알리고, 일광 참배(日光參拜 : 닛꼬에 있는 덕천가강의 묘 참배)를 연기하여 그 경비를 군사적으로 대비하는데 써야 할 것이다'고 말했다.30)

아편전쟁 후 일향국 좌사(日向國佐士) 도진충관(島津忠寬)이 막부(幕府)에 보낸 상서(上書)에서도 아주 근심스럽게 '지금 청국(淸國)의 대란이 언제 일본에 파급될지 예측하기 힘들다!'고 했다.31)

항상 말하듯이 전자의 실수는 후자의 본보기가 된다. 아편전쟁의 소식을 들은 뒤 일본의 막부(幕府)관리 · 각지 제후와 유학자, 무사 등은 앞을 다투어서 중국의 아편전쟁을 일본이 「교훈」으로 삼아야 한다고 목소리를 높였다.

1853년(가영, 嘉永 6年) 7월 10일, 수호번주(水戶藩主) 덕천제소(德川齊昭)

29) 信夫淸三郎, 『日本政治史』 第1卷, 南窓社, 1976, p.165-166.

30) 『水府公獻策』 下卷, 小島晉治, 『太平天國革命の歷史と思想』, 硏文出版, pp. 292-293에서 재인용.

31) 『大日本古文書』(幕末外國關係文書之一), pp.846.

는 해방(海防)문제에 대해 막부에 올린 상서에서 '근래 청조(清朝)의 아편연지란(阿片煙之亂)을 우리가 교훈으로 삼아야 할 것입니다'라고 했다. 같은 해 7・8월, 막신(幕臣) 산본원칠랑(山本元七郎)은 노중(老中)에게 보낸 상서에서 '근래의 일들, 특히 청국(清國)의 아편연지란(阿片煙之亂)을 거울로 삼아 경계해야 할 것'이라고 했다.[32)]

1854년(가영 7年) 가을, 산전방곡(山田方谷)은 왕명을 받들어 산양(山陽) 일대의 해방(海防)을 순시할 때 다음과 같은 시를 썼다. '내해(內海)에 많은 암초가 있음을 믿지 말지니, 중국이 전복된 것이 바로 교훈일세. 절강(浙江) 일대에서 물은 흘러내려 가지만, 거함(巨艦)은 물을 거슬러 구라파(歐羅巴)에서 왔다네.'[33)] 이 시는 일본 정부가 단순히 연해의 유리한 지세만을 믿어서는 안 됨을 경고하고 있다. 중국 절강에서 일본에 이르는 해로는 서로 통하기 때문에 유럽의 큰 군함이 단번에 일본까지 이를 수 있으니 중국이 아편전쟁에서 패배한 사실은 곧바로 일본의 교훈이 된다는 뜻이다.

중국의 고서(古書)『역경(易經)』에 '서리를 밟으면 단단한 얼음에 이른다(履霜堅氷至)'는 말이 있는데, 이것은 엷은 서리를 밟으면 응당 추운 겨울이 올 것을 예상해야 함을 의미한다. 일본의 지식인들도 자주 이 구절을 인용해서 중국에서 발생한 아편전쟁을 보고 일본이 침략을 받을 위험이 있음을 고려해야 한다고 했다. 재등죽당(齋藤竹堂)은 그의 한 시(詩)에서 '이긴 쪽과 패한 쪽이 진(秦)이니 월(越)이니 하는 말은 접어 두라, 자고(自古)로 변방의 대비는 이상(履霜)을 경계하는 것이다'라고 썼다.[34)] 수야심장(狩野深藏)은 아편전쟁에 관한 책을 쓰고 책제목을『이상록(履霜錄)』이라고 했고, '『역경(易經)』에서 서리를 밟으면 단단한 얼음이 이른다고 했는데, 지금 이미 서리를 밟았다!'고 놀라움을 말했다.[35)] 염곡탕음(鹽谷宕陰)도『아부용휘문서(阿芙蓉彙聞序)』에서 '지금 나타난 만청(滿清)의 아편의 화(阿片之禍)는

---

32) 위의 책, pp.511, 774.
33) 東京大學史學會編,『明治維新史研究』, pp.436-439.
34) 위의 책.
35) 위의 책.

그 원인이 서리를 밟고도 경계하지 않은 데 있다.' 또한 '서해(西海)의 전화(戰火)가 어찌 동해(東海)의 서리가 아니라고 생각할 것인가!'라고 지적했다.[36]

일본인만이 아편전쟁을 경종으로 삼았을 뿐 아니라, 외국인도 아편전쟁을 통해 일본에게 경고했다. 1844년(홍화, 弘化 元年), 네덜란드의 해군상교(海軍上校 : 대령) 코프스(Corps)가 군함 팔란방호를 이끌고 장기(長崎)에 입항했다. 그는 일본막부에 네덜란드국왕 윌리엄 2세의 친서를 전달했는데, 그 친서에서 일본에게 '근래 영국 국왕이 중화제국에 출병하여 격렬한 전투를 벌였다'는 것에 대해 일본의 주의를 환기시켰다. 아울러 일본정부가 쇄국의 구습에 얽매여 있을 경우 반드시 중국의 전철을 밟게 될 것이니 '귀국도 이제 그러한 재난을 겪게 될 것이다'고 하여, 일본이 빨리 개국할 것을 촉구했다.[37] 일본은 중국의 아편전쟁의 영향으로 오랜 꿈에서 처음 깨어난 듯이 해방(海防)의 강화와 외적의 방어에 대한 대책을 진지하게 생각하기 시작했다.

둘째, 일본의 지식인들은 더 나아가 아편전쟁에서 중국이 패배한 원인을 총괄적으로 분석하여 그것을 교훈으로 삼았다.

중국은 과거 일본인들의 눈에 우러러볼 만한 문명과 예의(禮儀를) 지닌 나라였고 당당한 중화대국이었다. 그러나 이제 뜻밖에도 이전에 서양의 「이적소국(夷狄小國 : 오랑캐의 작은 나라)」이라고 여겼던 영국에게 패배를 당했으니 어찌 깊이 생각하지 않을 수 있겠는가?

유명한 유신 사상가 좌구간상산(佐久間象山)은 서양의 선진기술을 배우려 하지 않는 보수파에게 다음과 같은 질문을 한 적이 있다. '서양 각국은 학술을 깊이 연구하고 국력이 강성해서 주공 공자(周公 孔子)의 나라(중국) 조차도 그들에게 약탈을 당했는데 그대는 이것이 무엇 때문이라고 생각하

36) 『阿芙蓉彙聞序』, 『宕陰存稿』 卷4.

37) 信夫淸三郎, 『日本政治史』 第1卷, p.178. 원문은 당시 일본의 蘭學者 澀川六藏가 번역했는데, 네덜란드국왕의 친서는 작은 匣子에 들어있었기 때문에 『鑰匙匣中上書之日譯』이라고 했다.

는가?'[38]

당시 일본 지식인들은 앞을 다투어 여러 각도에서 중국의 패전원인을 종합적으로 결론 맺었다. 그들은 청 정부가 부패하고 군비(軍備)가 갖추어지지 않은 것이 실패의 주요 원인이라고 여겼다. 수야심정(狩野深藏)은 『삼책(三策)』에서 '송(宋) 흠종(欽宗)·청(淸) 선종 (宣宗, 道光帝)은 타협을 요청하고 뇌물을 주었으며, 우유부단했기 때문에 일을 방관하고 나약했으며, 결국 마음을 굳게 먹지 못했다'라고 했다.[39]

그들은 더 나아가 중국의 통치자들이 자신만이 제일이라고 여겨서 아무것도 보고 들으려 하지 않았기 때문에(妄自尊大, 閉目塞聽) 외국의 선진 기술을 학습하지 않았을 뿐 아니라 세계의 상황을 이해하지도 못해서, 심지어 여전히 서양 각 국을 예전의 이적(夷狄: 오랑캐)이라고 경시하여 결국 참패를 당했다고 인식하였다. 1844년(홍화(弘化) 원년) 6월, 재등정겸(齋藤正謙)은 중국의 패전 원인을 '청국은 자칭 중하(中夏: 즉 중화(中華))라고 하면서 외국을 금수(禽獸: 짐승)로 여겼지만, 그 나라들은 두뇌 회전이 빠르고 기기(機器)가 뛰어나다. 청국은 오히려 아무런 방비(防備)도 없었다. 외국은 배를 타고 바다를 종횡으로 누비지만 청국은 그와 반대로 그들에게 놀림감이 되었다'고 지적했다.[40]

1860년(만연(萬延) 원년), 횡정소남(橫井小楠)은 『국시삼론(國是三論)』에서 청조의 통치자들이 '개국 이래 백 수십 년이 지나 도광·함풍 연간에 이르기까지 태평성대가 오래 지속되어 교만해지고 문약(文弱)해졌다. 그래서 해외 각 국이 지식에 눈을 뜨고 인정을 베풀고 의(義)를 숭상하여 이미 나라는 부유하고 군대가 강하다는 것을 알지 못했다. 그런데도 여전히 각 국을 예전의 이적(夷狄)으로 보고 짐승과 같이 멸시했다. 결국, 도광 말(道光末) 아편지란(阿片之亂)에서 영국에 굴복했다'고 비판했다.[41]

---

38) 井上清, 『日本現代史』, 第1卷, 東京大學出版會, 1951, p.214.
39) 東京大學史學會編, 앞의 책.
40) 藤間生大, 『近代東亞世界の形成』, 春秋社, 1977, pp.60-61.
41) 위의 책.

삼전성경(杉田成卿)도 『지학정종(地學正宗)』의 서문에서 '최근 만청(滿淸 : 중국)은 영길리(英吉利 : 영국)를 이적시하고 그들이 지닌 기술을 살피지 않고 대충 병사를 모았기 때문에 여러 차례 패배했으니 (어찌) 거울로 삼아 경계하지 않을 것인가?'[42]

일본 학자들은 중국의 유학이 단지 해결할 수 없는 문제를 끝까지 파고드는 번잡한 고증만을 중시하고, 공허하며 실질이 없는 팔고문(八股文 : 과거 시험을 볼 때 썼던 답안의 문장 형식)을 짓기 때문에 실제와 유리되어 실용성이 없다고 여겼다. 1842년(天保 13年), 좌구간상산(佐久間象山)은 '청의 유학은 비록 학문적 고증이 정밀하지만 결국 탁상공론이고 실제로 실용성이 없다'고 날카롭게 지적했다.[43]

일본 지식인들은 또한 중국의 무기와 군사기술이 뒤떨어진 것도 패배한 원인의 하나라고 여겼다. 고도추범(高島秋帆)은 장기봉행(長崎奉行)에게 제출한 건의서에서, '영국이 중국보다 영토가 작지만 대담하게 침입해 왔을 뿐 아니라 중국을 대파했는데, 그 주요 원인은 중국이 군사적 대비가 없었고 무기가 열세였으며 더 나아가 대포 제작기술도 뒤떨어졌기 때문이다'고 말했다. 따라서 그는 서양의 대포 기술을 배워야 한다고 강력히 주장했다.

염곡탕음(鹽谷宕陰)은 『아부용휘문서(阿芙蓉彙聞序)』에 중국통치자들이 세상 돌아가는 상황을 알지 못하고 자신만이 제일이라고 여긴다고 토로하여 이를 통렬히 비판하였다. 그는 다음과 같이 지적했다.

'첫째, 한인(漢人)들은 걸핏하면 이적(夷狄)은 금수(禽獸)이고 마음속에 재화만 탐낼 뿐 그밖에는 아무런 생각도 할 줄 모른다고 말한다. 그러나 금수(禽獸)에게도 헤아릴 수 없을 만큼의 깊은 지혜가 있음을 알지 못한다. 둘째, 이인(夷人)들이 들어 내놓고 오만불손한데, 겉으로는 강해 보이지만 속은 텅 비어 있으니 천조(天朝)가 회유할 것을 믿고 그렇게 하는 것이지 결코 두려움이 없는 것은 아닐 것이라고 말한다. 그러나 사실은 쉽게 회유할

42) 東京大學史學會編, 앞의 책.
43) 東京大學史學會編, 앞의 책.

수 있다는 것을 알지 못한다. 셋째, 서양은 중국에서 6·7만 리나 떨어져 있어서 노략질하러 오지는 않을 것이라고 말한다. 그러나 그들이 파도를 침대로 삼고 육지는 인접해 있다는 것을 알지 못한다. 넷째, 이인(夷人)이 비록 화공(火攻)에 뛰어나지만 중국에는 인의절제(仁義節制)가 있다고 말한다. 그러나 인의절제(仁義節制)가 예전과 다름을 알지 못한다. 다섯째, 그들은 손님(客)이고 우리는 주인이며 우리는 육상에 있고 그들은 배 위에 있으니 편한 상태에서 지친 자들을 대하는데 어찌 우리를 당하겠는가라고 말한다. 그러나 견고한 전함은 산처럼 크고 한간(漢奸)은 파리처럼 간교해서, 피로한 듯하지만 실제로는 편안하고 객(客)인 듯하지만 주인과 같다.'[44]

염곡탕음(鹽谷宕陰)은 또한 다음과 같이 지적했다. 중국에 결코 용맹하고 지혜로운 선비와 책략을 짜낼 신하가 없는 것은 아니지만 청 정부의 부패 때문에 '비록 양책(良策)이 있어도 결단을 명확히 하지 못하고 행동이 신속하지 못하고', 설사 '서양의 기예(器藝)가 정밀함을 알고 있어도 재물이 아까워서 제조하지 않거나 수고로움을 꺼려서 익히지 않는다.' 관리들은 책임을 지지 않으면서 '변경의 관리들은 재상에게 잘못을 떠넘기고 재상은 변경의 관리들에게 허물을 탓하여 상하가 서로 뒤집어씌우고 이(利)만을 생각한다.' 또한 장령(將領)은 군향(軍餉)을 빼돌리고 '관청에서는 비용을 내는데 인색하여 군향을 줄이니 사졸(士卒)들의 사기가 떨어지지 않을 수 없었다.' 아편전쟁 전야에 중국은 '선박을 구입하고 건조할 수 있는 방책이 없었던 것이 아니다. 그러나 동남연해 수천 리에 전함을 한 척도 대비해 둔 적이 없었다.' 이상을 통해 '청정(淸廷)의 어리석음'을 볼 수 있다. 이처럼 부패한 통치 아래에서는 '비록 한신(韓信)이나 악비(岳飛)와 같은 인물이 있고 『육도(六韜)』나 『삼략(三略)』과 같은 책이 있을지라도 어떻게 하겠는가!'[45] 이는 참으로 정곡을 찌르고 요점을 정확히 본 것이다.

1858년(안정(安政) 5년), 막부(幕府)의 노중(老中) 굴전정목(堀田正睦)은 응

44) 「阿芙蓉彙聞序」『宕陰存稿』, 卷4
45) 鹽谷宕陰, 「飜刊海國圖志書」『宕陰存稿』, 卷4

본번 세자(熊本藩世子) 세천경순(細川慶順)과의 대화에서 '중국은 옛 법에 얽매여 있는데, 일본은 패배하기 전에 서양의 법을 배워야 한다'고 말했다.[46] 이것은 일본의 지식인들 중에서 비교적 머리가 깨이고, 민첩한 이들은 이미 아편전쟁에서 중국의 패배에 교훈을 얻고, 일본이 중국의 전철을 밟지 않으려면 반드시 「서양의 법」을 배우고 변법 개혁(變法改革)을 추진해야 한다는 것을 알았음을 의미한다. 적지 않은 막신(幕臣)·번사(藩士)도 상서(上書)하여 아편 전쟁을 거울삼아 조상의 법을 변통하고 개혁의 추진을 주장했다.

일찍이 1842년(천보 天保 13년) 11월에, 좌구간상산(佐久間象山)은 일본의 해방(海防)을 강화하는 의견서, 즉 『해방팔책(海防八策)』을 제출했다. 그는 서양 열강이 중국을 침략한 이후 일본도 침범하여 일본에게 『남경조약(南京條約)』과 같은 굴욕적인 성하지맹(城下之盟)을 체결하게 할 가능성이 높다고 지적했다. 이 때문에 그는 대포를 주조하고 군함을 건조하고 해군을 일으키는 것이 당면한 '가장 급한 일'이라고 주장했다. 그는 『성건록(省諐錄)』에서도 '외이(外夷)가 쉽게 넘볼 수 있다는 마음을 갖게 하지 않으려면 방어(防禦)가 지극히 중요하다', '해방(海防)의 요체는 대포와 전함이고, 대포는 가장 중요하다'고 강조했다.[47] 좌구간상산(佐久間象山)은 일본의 보수적인 유학자들에게도 '우리나라의 유학자들은 『맹자(孟子)』를 잘못 읽어서 천하의 형세를 판단하고 만국(萬國)의 상황을 살피지 않는다. 병력(兵力)이 허약한데도 떨쳐 일어날 줄을 모르고 병기(兵器)가 조악한데도 정교하게 해야 함을 알지 못한다. 외번(外蕃)은 총포를 개조하고 병법을 바꾸지만 우리는 강구하려 하지 않는다. 화륜(火輪)을 건조하고 성제(城制)를 개혁하고 있지만 우리는 본받으려 하지 않는다. 어찌 포함(炮艦)의 기술을 말하겠는가, 인의(仁義)가 있을 뿐이라고 말한다. 이는 병든 곳의 허울만을 치료하고 그 병든 곳을 보강해야 함을 모르는 것이니 어찌 사람을 죽이는 것이 아니

46) 藤間生大, 앞의 책.
47) 佐久間象山, 『省諐錄』, 岩波書店, 1944, p.93, 98, 109.

겠는가?', 이 때문에 일본이 서양의 기만을 당하게 된다면 '세상의 유학자들은 결국에 그 죄를 벗어날 수 없을 것이다'라고 비판했다. 그는 또한 '이제 장수를 맡고 있는 자들은 공후귀인(公侯貴人)이 아니면 부유한 씨족(膏粱氏族)이다. 평소에 음주가무를 즐기고 군대의 병법과 군사의 기율이 어떤 것인지 알지 못하니, 일단 국가에 위급한 일이 있으면 누가 군사(軍士)가 되려할 것이고 어찌 적들을 대적할 것인가?'라고 병제(兵制)의 개혁을 주장했다.[48] 그래서 그는 서양의 제도를 받아들여 의병(義兵)을 조직할 것을 건의했다.

서양의 대포 기술에 정통했던 고도추범(高島秋帆)은 가장 먼저 아편전쟁의 충격에서 교훈을 받아들여 해방(海防)의 강화를 주장했다. 그는 1840년 가을, 장기봉행(長崎奉行)을 통해 막부(幕府)에 대포기술을 개조하여 병비(兵備)를 강화하자는 의견서를 제출했다. 그는 일본의 '여러 대포전문가들의 대포술은 서양에서 이미 폐기된 지 수백 년이나 된 뒤떨어진 기술로 쓸모 없는 기술이 되어버렸다'고 여겨서, '만이(蠻夷)를 방어하기 위해서는 그들의 기술을 숙지하는 것은 아주 핵심적이고 중요한 일이다'고 강조했다. 고도(高島)의 관점은 막부관리들 사이에서 광범위한 쟁론을 불러일으켰지만, 보수파 관리였던 도거요장(島居耀藏)은 그의 견해를 반대했고 아편전쟁에서 중국이 패배한 것은 '반드시 총과 대포의 차이 때문만은 아니다'면서 여전히 '일본이나 중국의 지혜로 승리할 수 있는 병법'에 의지해야 한다고 고집했다. 그는 난학(蘭學 즉, 서양학문)을 받아들인 자들은 '기이한 것을 좋아하는 병'이 있어서 만일 대담하게 서양의 대포기술을 채택하면 '일본의 풍속과 습관'을 파괴할 것이라고 고도(高島)의 주장을 공격했다.

그러나 개혁파 관리였던 강천영용(江川英龍)는 고도(高島)의 주장을 지지하여 현재 일본과 중국의 병기 중에서 이미 받아들인 보병의 총은 바로 서양에서 전래된 것으로 기이한 것을 좋아한 것이라고 말할 수 없고, '소위 지혜란 늘 지피지기(知彼知己) 등의 명언을 마음에 담아두는 것으로 시간

48) 佐久間象山, 앞의 책.

이 지나면 지혜가 나오게 된다. 영길리(英吉利 : 영국)를 대적하는 것은 풍습 및 행군이나 용병(用兵)의 방법이 모두 같지 않은 국가를 상대로 전쟁을 하는 것인데, 만약 그들의 상황을 알지 못하면 어떤 지혜라도 무슨 소용이 있겠는가?' 그는 '중국이 패배하게 된 이유는 이러한 공론 때문에 그렇게 된 것이다'고 강조했다.[49]

일본의 무사들은 아편전쟁을 통해 영국의 침략방식을 이해했다. 광뢰욱장(廣瀨旭莊)은 '청국(淸國)에서 일어난 환란이 비록 심하기는 하지만, 러시아 · 영국이 중국을 약탈한 방식을 보면 그들이 우리나라를 약탈하려는 방식도 이해할 수 있을 것이다. 다만 우리 나라는 줄곧 대비하고 있었으니 청국이 모욕을 당한 것을 보고 더욱 조심해야 할 것이다'고 말했다.[50] 좌등신연(佐藤信淵)도 『해육전방록(海陸戰防錄)』을 같은 목적에서 편찬했는데, 그는 '일본인은 서양의 이인(夷人)과 전투를 한 적이 없어서 논의하기가 어렵다. 그러나 천보(天保) 11년, 청국이 수십 차례 전투에서 모두 대패했고 그들과 대적할 수 없어서, 결국 영토를 할양해 주고 배상금을 지불하면서 화친을 요청했다. 이 때문에 특별히 청국과 영국이 해상과 육지에서 싸운 전법을 기록하고 평론했다'고 말했다.[51] 여기에서 그가 『해육전방록』을 쓴 것이 아편전쟁 때 중국과 영국이 벌렸던 여러 차례의 교전을 통해 얻은 경험과 교훈을 종합하여 일본과 서양 열강 사이에서 전쟁이 발생했을 때 참고하려 한 것임을 알 수 있다.

요컨대 중국이 아편전쟁에서 실패한 경험과 교훈은 이후 일본이 대외관계와 개국 문제를 처리하는 데 본보기를 제공했다. 그리고 더 중요한 것은 일본의 지식인들에게 유신 개혁의 요구를 제기하도록 촉진했다는 점이다.

49) 信夫淸三郎, 앞의 책, pp.165-166.
50) 東京大學史學會編, 앞의 책.
51) 佐藤信淵, 『海防餘論日錄』, 增田涉의 『西學東漸と中國事情』, p.87에서 재인용.

5. 유용지서(有用之書 유용한 책)
—『해국도지(海國圖志)』 등의 책이 일본에 끼친 영향

1840년 아편전쟁의 포성은 맑은 하늘에 벼락이 치듯이 중국통치자들을 미몽(迷夢)에서 깜짝 놀라 깨어나게 만들었다. 그러나 그들은 서양 침략자들에 대해 '사실상 어떠한 상황인지 알지 못했다.' 도광제(道光帝)는 급하면 부처의 다리를 잡는다(抱佛脚)는 말처럼, 적국인 영국에 대해 '도대체 그 나라의 영토는 넓이가 얼마나 되는가? 속국(屬國)은 몇이나 되는가? 그 나라의 통치를 받지 않는 강대한 나라는 몇이나 되는가? 또한 영길리(英吉利)가 회강(回疆 : 신강 위구르 자치구)의 각 부로 올 수 있는 육로는 있는가? 평소에 왕래는 있었는가? 아라사(俄羅斯, 러시아)와 인접해 있는가? 서로 무역은 하는가?'라고 물었다.[52]

중국이 아편전쟁에서 패하여 당한 권위의 상실과 국가의 굴욕이라는 결과는, 세계형세에 대하여 무지몽매하였기 때문에 겪은 비극을 말해 주었다. 이것은 요형(姚瑩)이 '영길리(英吉利 : 영국)·불란서(佛蘭西 : 프랑스)·미리견(米利堅 : 미국) 등은 모두 서양의 끝에 위치하고 중국에서 5만 리나 떨어져 있지만, 중국의 지리와 인사에 대해 주야로 익히는 것이 이미 수십 년이나 되어서 알지 못하는 것이 없다. 그렇지만 우리 중국에는 해외의 일에 주의를 기울인 사람이 한 명도 없었고 병기를 교류하지 않으려 했으니 승패의 운명은 명백하다'라고 지적한 것과도 같다.[53]

아편전쟁에 자극을 받아서 중국의 사대부들 중에 애국적이고 눈이 뜨인 지식인들은, 눈을 크게 뜨고 세계를 보기 시작하여 국제형세를 이해하고 있었으며, 외국의 역사와 지리를 연구하고 아편전쟁에서 패배한 교훈을 종합하여 구국의 길과 외적을 방어하는 방법을 찾으려 했다. 그들은 그러한 것들이 '혈기(血氣)가 있는 사람이라면 마땅히 분노하고 눈·귀·생각이 있는 사람이라면 마땅히 처리방법을 생각해야 할 것이다'고 여겼다.[54] 아편

---

52) 『籌辦夷務始末』(道光朝), 卷47
53) 『東溟文後集』, 卷8

전쟁과 전쟁이 끝나고 닫혔던 문호를 개방한 것도 그들로 하여금 중국에 들어온 외국잡지와 서적·지도 등을 수집하고, 전쟁과정에서 외국인 포로와 상인·선교사 등을 심문한 것을 통해 직접적으로 세계의 형세 등을 이해하고 많은 서양에 대한 지식을 얻을 수 있게 했다.

이러한 배경에서 근대 중국에 세계의 역사·지리·형세 등을 소개하고 연구한 저작들이 나타나기 시작했는데, 그 중에서 가장 먼저 나온 것이 임칙서(林則徐)의 『사주지(四洲志)』였다. 임칙서는 당시 금연 운동(禁煙運動)과 영국에 대한 항쟁을 주도한 민족의 영웅이었고, 세계의 대세에 큰 관심을 가지고 있어서 '근대 중국에서 맨 처음 눈을 크게 뜨고 세계를 바라본 사람이다'고 말할 수 있다. 그가 광동(廣東)에서 금연 운동을 주도할 때 사람들을 조직하여 서양 언어로 된 서적과 잡지를 번역했다. 『사주지』는 바로 임칙서가 1841년(도광 21년)에 사람들을 조직하여 영국인 머레이(Hugh Murray)의 『세계지리대전(Encyclopedia of Geography)』을 번역한 것으로, 그가 직접 글을 다듬고 편집한 책이다. 『사주지』에 서술된 세계 5대주 30여 국가의 지리와 역사는 근대 중국에서 비교적 체계적으로 세계지리를 소개한 첫 번째 서적이다. 그러나 이 책은 기본적으로 번역서에 불과했다.

1841년 6월에 임칙서는 파직되어 북쪽으로 유배를 가는 도중에 진강(鎭江)을 지나면서 친구 위원(魏源)을 만났다. 두 사람은 한 방에 머무르면서 밤을 새워 쇠락한 현실에 대해 긴 대화를 나눴다. 임칙서는 자신이 광주에서 사람들을 조직하여 수집하고 번역한 외국자료들과 『사주지』의 수고(手稿)를 위원에게 건네주면서, 외국의 역사와 지리를 더 연구해서 새로운 책을 펴내라고 부탁했다. 위원은 부탁을 받은 뒤 즉시 일에 착수해서 저술에 몰두했고, 『사주지』의 전문을 인용하는 것 이외에 역대의 사지(史地) 14종과 중외고금(中外古今)의 학자들이 저술한 70여 종을 수록하고 각종 주접(奏摺) 30여 건과 자신이 이해하고 있던 자료를 모아서, 1843년 1월(도광 23년 12월)에 57만 자로 된 『해국도지』 50권·지도 23폭·양포도식(洋炮圖式)

54) 姚瑩, 『海國圖志百卷本序』

8개 도 등을 편찬했다. 그 뒤 위원은 다시 계속해서 책을 수정, 보완하여 1847년(도광 27년) 60권으로 늘리고, 다시 1852년(함풍 2년)에 『해국도지』 100권이 나왔다. 『해국도지』 100권은 모두 88만 자로 각종 지도 75폭, 서양의 선포기술(船炮技術) 등에 관한 도식(圖式) 42개 도로 구성되었다. 그 내용은 5대주 수십 개 국가의 역사와 지리 이외에도, 아편전쟁의 경험과 교훈을 종합하고 해방(海防)의 전략과 전술을 논술한 「주해편(籌海篇)」 4권을 비롯해서, 「이정비채(夷情備采)」 3권과 서양의 선포(船炮)를 모방하여 제조하고 서양의 과학 기술 분야를 소개하는 논술 · 도설(圖說) 10여 권으로 이루어져 있다. 『해국도지』는 근대 중국인 자신이 처음으로 편찬한 세계의 사지(史地)에 대한 저작이며, 내용이 가장 풍부한 세계 지식과 해방(海防)에 대한 백과전서이다. 이밖에도 위원은 청대(淸代)의 역대 전쟁에 대해 기술한 『성무기(聖武記)』 14권 등을 저술했다.

당시 비교적 체계적이고 간명하게 세계 지리를 소개한 책으로는 복건순무(福建巡撫) 서계여(徐繼畬)가 편찬한 『영환지략(瀛寰志略)』 10권이 있다. 이 책은 1848년(道光 28년)에 완성되어 1850년(도광 30년)에 간행되었다. 서계여는 중국과 서양의 저작을 종합하고 취사선택하여 '화보에 해설을 달고 여러 책에서 신빙성이 있는 것을 택해서 보충한 뒤 책으로 묶었다.' 그리고 직접 외국에 가서 조사하고 '서양인을 만날 때마다 책을 펼쳐서 사실여부를 확인했다.'[55] 그 밖에도 전문적으로 영국과 미국의 역사와 지리를 소개한 책들이 있다. 예를 들어 진봉형(陳逢衡)의 『영길리기략(英吉利紀略)』은 1841년(도광 21년)에 간행되었는데 영국인 포로 안스트루터(P. Anstruther)의 자백과 도설(圖說)을 이용했다. 왕문태(王文泰)의 『홍모번영길리고략(紅毛蕃英吉利考略)』은 1842년(도광 22년)에 간행되었고 각종 책에서 영국에 관한 기술을 발췌하여 편집한 것이었다. 양정동(梁廷枏)의 『난륜우설(蘭侖偶說)』은 영국의 역사와 지리에 관한 책으로 난륜(蘭侖)은 런던을 가리킨다. 양정동(梁廷枏)의 『합성도설(合省圖說)』은 미국의 역사와 지리에 관한 책이다.

55) 徐繼畬, 『瀛寰志略自序』

아편전쟁의 충격과 구미 국가들이 끊임없이 중국을 넘보고 소란을 피웠기 때문에 일본 조야에서는 세계 형세를 이해해야 한다는 요구가 절박하게 되었다. 그러나 당시 일본인이 알고 있는 국제적 지식은 한계가 많았고 서양의 언어로 된 저작들의 번역도 비교적 어려웠다. 그래서 앞서 말한 중국인들이 저술한 세계의 역사와 지리에 대한 중문 저작들이 일본에 전파된 뒤, 곧바로 일본인들이 세계를 이해하는 중요한 계몽적 성격을 띤 읽을거리가 되었다. 특히 위원의 『해국도지』는 일본에서 아주 널리 영향을 미쳤다.

『해국도지』 등의 책들이 어떻게 일본에 전파되었을까? 강호 시대에 서적의 수입을 기록한 장부에 따르면, 1851년(가영, 嘉永 4년)에 최초로 중국의 2호(二號) 상선이 『해국도지』 3부를 가지고 왔고 가격은 1부당 130목이었다 (목(目)과 문(匁)은 모두 강호 시대의 은화 단위로 가치가 동등했으며 금화 1냥의 1/6이었다). 그러나 책 속에는 금지된 천주교(天主教)와 관련된 언어들이 있었기 때문에, 천보년간(天保年間)의 서학진압령(西學鎮壓令)에 따라 봉행소(奉行所)에 보내서 처리해야 했다. 뒷날 『해국도지』 3부 가운데 2부는 관방(官方) 어문고(御文庫)와 학문소(學問所)에 들어갔고, 나머지 1부는 세계 형세에 관심을 갖고 있던 막부(幕府)의 노중(老中) 목야충아(牧野忠雅)에게 팔렸다. 다음해 중국 상선이 다시 『해국도지』 1부를 가지고 왔는데, 장부에는 장기회소(長崎會所)에서 보관했다고 기재되어 있다. 1854년(가영 嘉永 7년) 9월, 중국 상인 도매(陶梅)가 『해국도지』 12부를 가져왔고, 또 다른 상인 요홍(姚洪)도 3부를 가져왔는데, 가격이 1부에 180목으로 올랐다. 이 15부의 『해국도지』는 관방에 7부가 들어갔고, 나머지 8부는 시장에서 판매되었다. 1859년(안정 安政 6년), 『해국도지』는 일본 시장에서 공급이 부족했고 가격도 이미 1부 당 436문(匁)으로 뛰어올랐다.[56)]

위원(魏源)의 『성무기(聖武記)』는 더 일찍 일본에 전래되었다. 1844년(홍화 弘化 원년)에 이미 중국의 상선이 1부를 가지고 들어왔고 가격이 25문이었는데 노중(老中) 아부정홍(阿部正弘)에게 팔렸고, 1845년(홍화 2년)에

56) 大庭修, 『江戶時代唐書持渡書研究』, 關西大學東西學術研究所, 1967, pp.565-646.

다시 1부가 들어왔는데 노중 목야충아(牧野忠雅)에게 판매되었고, 1846년(홍화 3년)에 중국 상선이 3부를 가져왔는데 노중 청산충량(青山忠良) · 호전충온(戶田忠溫) 등이 구매했다. 이처럼 당시 막부(幕府)의 고위 관리였던 4명의 노중이 모두 『성무기』를 소유하게 되었다. 1848년(가영 원년)에 다시 8부가 수입되어 시장에서 판매되었는데, 가격이 1부에 35문(匁)으로 뛰었고, 1859년(안정 6년)에는 가격이 1부에 160문(匁)으로 껑충 뛰었다.[57]

『해국도지(海國圖志)』 등의 책이 일본으로 전래된 이후, 신속하게 일본 지식인들에게 중요시되었고 환영을 받아서 앞을 다투어 번역 · 주석 · 평론 · 간행이 이루어졌다. 그리하여 일시에 일본에는 많은 번각본(飜刻本: 원문을 그대로 옮겨 인쇄한 책) · 훈점본(訓點本: 한문 아래에 훈독(訓讀)이나 가나를 붙인 책) · 화해본(和解本: 일역본) 등이 나타났다.

이러한 현상이 나타난 원인은 먼저 수입된 책의 수가 적었고 많은 수가 정부기관과 관리의 손에 들어가거나 판매되어서 일반인들이 보기 어려웠기 때문이었다. 일본의 문인 뇌순(賴醇)은 『해국도지훈역서(海國圖志訓譯序)』에서 '다만 그 배가 싣고 온 것이 열서너 권에 불과했기 때문에 국내에서 읽으려 해도 책이 없으니', 가능한 빨리 번각(飜刻)해서 '국내에서 모두들 볼 수 있으면 우리가 변방을 방어하는 데 일조할 것이다'고 지적했다.[58] 학자 횡산호산(橫山湖山)도 '최근에 이정(夷情)을 보고 굴욕을 막을 방책을 생각했는데, 『해국도지』라는 책의 수입량이 극히 적어서 깊이 넣어두고 모르게 보관하니 사람들이 쉽게 보지 못 한다'고 말했다.[59] 이렇게 해서 많은 일본의 민간인들이 번각(飜刻)을 통해 대량으로 전파시켜서 민중들이 그 책들을 애타게 읽으려는 욕구가 만족되기를 희망했다.

둘째, 일본의 일반인들에게 한문(漢文)은 여전히 그다지 쉽게 이해가 되지 않았기 때문에 훈점(訓點)이나 번역을 통해 많은 관리와 민중들이 읽는데 도움을 줄 필요가 있었다. 학자 정목독(正木篤)는 『오문월보화해(澳門月

57) 大庭修, 앞의 책, p.649.
58) 賴醇, 『海國圖志訓譯序』
59) 鮎澤信太郎, 『鎖國時代日本人の海外知識』, 原書房, 1978, pp.144-153.

報和解)』의 자서(自序)에서 그가 번역 일에 종사하게 된 것은 '무사와 관리들에게 국문(國文)으로 읽게 하는 것이 난문(蘭文 : 네덜란드 글)이나 한문(漢文)보다 훨씬 쉽게 이해시킬 수 있기 때문이다'고 했다.[60)]

셋째, 일본인들은 『해국도지』가 매우 유용하기는 하더라도 전체의 분량이 너무 많아서, 앞을 다투어 자신의 관점과 당시 상황을 근거로 해서 요점이나 (일본과) 관련이 있는 부분을 번각(飜刻)·훈역(訓譯)하여 요약본을 만들고 서문에서 독후감과 평론을 실었다.

『해국도지(海國圖志)』 60권 본은 1847년 출판된 뒤 1851년에 일본에 전래되었지만, 증보된 100권 본은 1852년에 출판되었는데, 1854년에 바로 일본에 전래되었다. 통계에 따르면 1854년에서 1856년 사이에만 일본에서 간행된 『해국도지』의 각종 판본이 이미 20여 종이나 되었다. 빠른 속도가 사람을 놀라게 할 정도이다.

1854년(가영 7년, 같은 해 안정 원년으로 개칭함)에 일본에서는 막부말(幕府末) 저명한 학자인 염곡탕음(鹽谷宕陰)과 기작완보(箕作阮甫)가 일본인들이 읽기 쉽도록 구독점을 찍은 『번간해국도지(飜刊海國圖志)』 2권 2책이 출판되었는데, 그 내용은 주로 '주해편(籌海篇, 수비·전쟁·배상금 등에 대한 논의도 포함)'이었다. 이 책은 왜 이렇게 빨리 출간되었을까? 염곡탕음(鹽谷宕陰)은 서문에서 '이 책은 지난해 청국(淸國)상인이 갖고 왔고 좌위문위(左衛門尉) 천로군(川路君 즉, 막부(幕府)에서 해방(海防)과 외교를 담당한 관리 천로성모(川路聖謨))이 그것을 손에 넣었는데, 유용한 책이라고 하여 빨리 번간(飜刊)하라고 했다. 처음에 인쇄한 것이 잘 정리되지 않고 오자도 많아서 그것들을 바로잡았다. 토지와 물건의 명칭은 진산기작(津山箕作)이 행간에 상세하게 원음을 달았다'고 설명했다. 여기에서 일본인들은 『해국도지』를 일본이 세계 형세를 이해하고 해방(海防)을 강화하는데 유용한 책이라고 여겨서 급히 그대로 베껴서 훈점(訓點 : 읽고 해석하기 편하도록 구독점을 찍음)을 가해 출간했으며, 그 내용 가운데 가장 먼저 아편전쟁의 경험을 종

60) 鹽谷宕陰, 앞의 책

합하고 해방의 책략을 논술한 「주해편」을 간행한 것도 이러한 이유 때문임을 알 수 있다.

1854년에도 『오문월보화해(澳門月報和解)』 1권 1책이 정목덕(正木篤)에 의해 출판되었다. 그 내용은 『해국도지』에 수록된 것 중에 임칙서(林則徐)가 사람을 조직하여 오문(澳門 : 마카오)의 서양어로 된 신문과 잡지를 번역하여 편찬한 「이정비채(夷情備采)」이다. 그 속에는 논한토(論漢土)·논차엽(論茶葉)·논금연(論禁煙)·논용병(論用兵)·논각국이정(論各國夷情) 등의 편이 포함되었다. 그 외에 같은 해에 대규정(大槻禎)이 번역한 『해국도지·이정비채(海國圖志·夷情備采)』는 상술한 『오문월보화해』와 내용이 거의 같다.

당시 미국과 일본은 비교적 많은 교섭이 있었고 더욱이 1853년·1854년 두 해에 미국 페리함대가 두 차례 일본에 원정을 와서 『신나천(神奈川) 조약』의 체결을 강요했다. 따라서 일본인들은 미국의 역사와 지리를 절박하게 이해하고 싶어 했고, 『해국도지』에서 미국편은 그들의 중요한 참고 자료가 되었다. 1854년에만 번각(飜刻), 해설된 『해국도지』 미국편의 다른 이름으로 된 발췌본들이 8종이나 나왔다. 『해국도지흑리가주부(海國圖志黑利加洲部)』라는 책은 모두 8권 6책으로 중산전우위문(中山傳右衛門)이 번각(飜刻)했다. 그밖에도 광뇌달(廣瀨達)이 번역한 『아미리가총기(亞米利加總記)』 1권 1책, 『속아미리가총기(續亞米利加總記)』 2권 2책, 『아미리가총기후편(亞米利加總記後編)』 등 시리즈로 3종이 있다. 그리고 정목독(正木篤)도 『미리가국총기화해(美理哥國總記和解)』(1책 본과 2책 본이 있음), 『흑리가주연혁총기보집화해(黑利加洲沿革總記補輯和解)』 등 2종을 번역했다. 또한 저명한 황국 은사(皇國隱士)가 번역한 2종의 책이 있다. 하나는 『신국도지통해(新國圖志通解)』 4책으로 『해국도지』의 미주편(美洲篇)이고 「신국(新國)」이란 아메리카 신대륙을 의미한다. 『해국도지』의 중국 연호를 모두 일본 연호로 바꾸었고 고유명사는 모두 일본의 가나를 사용하여 일본 독자가 읽기 편하게 했다. 다른 하나는 『서양신묵지(西洋新墨志)』 4권 2책으로 내용은 정목독(正木篤)의 『흑리가주연혁통기보집화해(黑利加洲沿革總記補輯和解)』와 대체적으로 유사하고 일본 연호를 쓰고 있으며 「서양오층대군함도

(西洋五層大軍艦圖)」등 11개의 삽화가 들어있다.

미국 이외에도 당시 일본과 자주 교섭을 하고 있던 나라로 영국・러시아 등이 있었다. 따라서 1854년 일본에서는 『해국도지』의 영국・러시아의 역사와 지리에 관련된 부분이 번역되었다. 영국에 대해서는 정목독(正木篤)이 번역한 『영길리국총기화해(英吉利國總記和解)』 1권 1책이 있다. 정목독은 서문에서 '러시아와 미국이 비록 호랑이나 이리 같다고 하지만 영국은 더욱 강하고 교활하다'며 반드시 방어해야 한다고 지적했다.[61] 또 다른 책으로는 소야원제(小野元濟)의 『영길리광술(英吉利廣述)』 2권 2책이 있다. 러시아에 대해서는 대규정(大槻禎)이 번역한 『해국도지 아라사총기(海國圖志・俄羅斯總記)』 1권 1책이 있다. 그는 서문에서 '아라사(俄羅斯 : 러시아)는 곤여(坤輿 : 세계)에서 웅대한 나라이고 북쪽에서 우리의 하이(蝦夷)와 인접해 있으니 그들의 상황을 상세히 살피지 않을 수 없다'. 위원(魏源)의 『해국도지』를 사람들에게 읽히면 크게 계몽될 것이지만 '단지 무사나 속리(俗吏)들이 이해할 수 없을 듯하여' 번역했으니 '해방(海防)에 만전을 기하는데 도움이 될 것이다'고 지적했다.[62]

1855년(안정(安政) 2년)에 다시 『해국도지(海國圖志)』의 번각본(飜刻本)과 번역본 5종이 출간되었다.

복부정원(服部靜遠)이 훈역(訓譯)한 『해국도지훈역(海國圖志訓譯)』은 상, 하 2책으로 되어있다. 주로 원저(原著)의 포대・무기・화약・공선수뢰(攻船水雷) 등을 포함하고 있다. 남양제겸(南洋梯謙)의 『해국도지주해편역해(海國圖志籌海篇譯解)』 3권 3책은 기본적으로 1854년에 염곡(鹽谷)・기작(箕作)이 쓴 『번간해국도지(飜刊海國圖志)』의 일어판이다. 염곡(鹽谷)・기작(箕作)은 또한 『번간해국도지노서아주부(煩簡海國圖志魯西亞洲部)』 2권 2책을 번각(飜刻)했다. 염곡탕음(鹽谷宕陰)은 『재서아라사도지후(再書俄羅斯圖志後)』라는 글에서 '변방을 막고 지키는데 악로(鄂虜, 러시아)가 가장 마음에

61) 正木篤, 『英吉利國總記和解』의 서문
62) 大槻禎, 『海國圖志・俄羅斯總記』의 서문

걸린다. 우리나라와 국경을 접하고 있고 영토가 수십 배나 커서 가장 심각한 근심거리이다'고 지적했다.[63]

프랑스에 대해서는 대규정(大槻禎)이 번역한『해국도지 불란서총기(海國圖志 · 佛蘭西總記)』1권 2책이 있다. 염곡(鹽谷)과 기작(箕作)의『번간해국도지보노사주부(飜刊海國圖志普魯社洲部)』1권 1책은 강호 시대(江戶時代) 독일의 역사와 지리에 관한 유일한 저작이다.

1856년(안정 3년)에도 2종의『해국도지』번각본(飜刻本)이 출판되었다. 하나는 염곡(鹽谷) · 기작(箕作)이 번각(飜刻)한『번각해국도지영길리국(飜刊海國圖志英吉利國)』은 3권 3책이다. 염곡탕음(鹽谷宕陰)은『제영길리도지(題英吉利圖志)』에서 '청국(淸國)은 영국과 아편연사(阿片煙事, 아편 전쟁)가 있었기 때문에 위씨(魏氏)가 영이(英夷)에 대해 아주 상세하게 서술했다'고 지적했다. 그는 '청인(淸人)이 영국을 호랑이를 보듯 두려워하지만, 영이(英夷)는 멀지 않아 쇠퇴할 것이다'고 여겼다.[64]

다른 하나는 인도에 관한 것으로 뇌자춘(賴子春)이『해국도지 인도국부부이정비채(海國圖志 · 印度國部附夷情備采)』3권 3책을 번각(飜刻)했다. 왜 인도편을 번각했을까?

가장정돈(家長政惇)은『번각인도국지서(飜刻印度國志序)』에서 인도의 지리적 위치는 아주 중요하기 때문에 '5대주의 핵심이라고 할 만하다'고 여겼다. 이 책에는 또한「동남양각국연혁도(東南洋各國沿革圖)」·「서남양오인도연역도(西南洋五印度沿革圖)」·「소서양리말아주연혁도(小西洋利未亞洲沿革圖)」·「대서양구라파각국연혁도(大西洋歐羅巴各國沿革圖)」등 4폭의 지도가 실려 있다. 이밖에도『번각인도국지서(飜刻印度國志序)』의 부록인「이정비채(夷情備采)」부분에 이전에 출판된 여러 책의 말미에 있었던「화사이언(華事夷言)」·「무역통지(貿易通志)」·「역출이률(譯出夷律)」등의 내용을 수록했다.

---

63) 鹽谷宕陰,『再書俄羅斯圖志後』
64) 鹽谷宕陰,『題英吉利圖志』

앞의 서술을 종합하면, 1854년~1856년 3년 동안에만 일본에서 출판된 『해국도지(海國圖志)』의 발췌된 번역본이 21종이었다. 그 중에서 번각훈점본(飜刻訓點本)이 6종, 일역 본이 15종이었다. 내용별로 보면 주해편(籌海篇)·이정비채(夷情備采)·무기조선(武器造船) 등이 5종, 미국에 대한 것이 8종, 영국에 대한 것이 3종, 러시아에 대한 것이 2종, 프랑스·독일·인도에 대한 것이 각각 1종이었다. 이것은 당시 일본인들의 세계 각 국에 대한 관심정도의 차이를 반영한 것이다. 이처럼 책이 출판된 지 단 몇 년 안에 다른 나라에서 여러 종 판본의 번역본이 나온 것은 아마도 세계의 출판사상 보기 드문 일일 것이다.

위원(魏源)의 또 다른 명저인 『성무기(聖武記)』는 일본에서 더 일찍 번각(飜刻)되었다. 1850년(가영 3년)에 취진의당(鷲津毅堂)이 훈점(訓點)한 『성무기채요(聖武記採要)』 상, 중 ,하 3책이 있는데 석양루(夕陽樓)에 판각을 보관했다. 내용은 주로 『성무기(聖武記)』「무사여기(武事餘記)」에 서술된 무(武)에 관한 5편, 즉 성수편(城守篇)·수수편(水守篇)·방묘편(防苗篇)·군정편(軍政篇)·군저편(軍儲篇) 등이다. 취진(鷲津)은 서문에서 '『성무기채요』를 번각한 목적도 중국에서 일어난 아편전쟁의 경험과 교훈을 종합하려는 것이다'고 설명했다.

그는 '나는 일권귀가(一權貴家)에게 『성무기』 14권을 빌려 보았는데 청인 위원(魏源)이 편찬한 것이었다. 도광(道光) 임인년(壬寅年)의 아편지변(阿片之變)은 위원(魏源)이 직접 경험했다. 청국(淸國) 군정(軍政)의 득실과 영이(英夷)의 침략 상황을 몸소 들어서 잘 이해하고 있으며 해방책(海防策)도 뛰어났다. 나는 그것을 필사하여 간행했고 『성무기채요』라고 제목을 붙였다' 고 말했다.[65] 『성무기채요(聖武記採要)』는 출판할 때 막부(幕府)의 허가를 얻지 못했기 때문에 절판 당했고 취진의당(鷲津毅堂)도 강호(江戶)에서 방주(房州)로 화를 피해 달아났다.

같은 해에 출판된 번각본(飜刻本)으로 재등졸당(齋藤拙堂)의 『성무기부록

---

65) 鷲津毅堂, 『聖武記採要』의 自序

(聖武記附錄)』 4책이 있다. 『성무기』의 「무사여기(武事餘記)」 전편을 수록했고 내용도 이전의 책보다 더욱 많았으며 위원(魏源)의 『성무기서(聖武記敍)』도 실었다.

『성무기(聖武記)』의 세 번째 번각본은 『타산지석(他山之石)』인데 5책의 목판 활자본으로 대략 가영년간(嘉永年間)에 출판되었다. 『타산지석』의 1·2책은 『성무기』 9편의 기사를 수록하고 있고, 제3책은 양병남(楊炳南)의 『해록(海錄)』, 제4책은 왕문태(王文泰)의 『영길리고략(英吉利考略)』·초순(焦循)의 『탕구기(蕩寇記)』·서곤(徐鯤)의 『포고(炮考)』, 제5책은 장우인(蔣友仁)이 번역한 『지구도설(地球圖說)』 등을 싣고 있다. 『타산지석』은 이상의 책들을 발췌하여 편찬한 것이다.

서계여(徐繼畬)의 『영환지략(瀛寰志略)』도 1861년(문구 원년)에 일본에서 아파번(阿波藩)에서 번각(飜刻)했고 정상춘양(井上春洋)·삼획원(森獲園)·삼수유포(三守柳圃) 등이 훈점(訓點)을 달았고, 아파번은 이를 미각(嵋閣)에 보관시켰다.

진달형(陳達衡)의 『영길리기략(英吉利紀略)』은 1853년(가영 6년)에 일본에서 황목건(荒木謇)에 의해 훈점본(訓點本)이 번각되었다.

『해국도지(海國圖志)』 등의 책은 일본에 커다란 영향을 끼쳤다. 막말(幕末) 일본의 저명한 시인 양천성암(梁川星岩)은 한 시(詩)에서 자신이 『해국도지』「주해편」을 읽은 뒤에 흥분된 심정을 '모든 일을 포기하고 단지 잠만 자서, 몸이 쇠약해지고 해를 보냈는데, 홀연 눈을 비비고 일어나서 읽어보니, 손에 소양(邵陽, 위원은 호남(湖南) 소양인)의 주해편 이었네 라 하였다.'[66]

『해국도지』 등의 책이 왜 일본인에게 이처럼 큰 흥미를 불러일으켰을까?

먼저 이러한 책들이 그들의 시야를 넓혀주었고 세계 각 국의 상황을 이해하게 했다. 일본학자 대규정(大槻禎)은 자신이 번역한 『해국도지 이정비채(海國圖志·夷情備采)』의 서문에서 '해방(海防)의 방법으로 이정(夷情)을 아는 것 만한 것이 없다. 이정(夷情)을 알면 강약의 상황을 판단하고 승패

66) 『讀海國圖志後』 『梁川星岩詩集』

의 시기를 결정할 수 있을 것이지만, 이정(夷情)을 모르면 일마다 어그러지고 변화가 매번 예측과 벗어날 것이다. 따라서 이정을 아는 것과 모르는 것에 따라 이해(利害)가 크게 엇갈리는 것이니 어찌 하늘만 바라볼 것인가? 「이정비채(夷情備采)」는 청인(淸人) 위원(魏源)이 펴낸 『해국도지』에서 편집한 것이다', '해외 각국의 이정(夷情)을 서술하는데 이처럼 상세한 책을 보지 못했기에 번역하여 간행한다. 변경의 업무를 담당하는 자들이 꼼꼼하게 읽고 상황을 알게 되면, 전투에서 그들의 예봉을 꺾을 것이고 관문에서 그들의 목숨을 통제할 것이다. 국세(國勢)가 신장되어 만리를 대적한다면 거만한 성질을 가지고 있더라도 그들이 어찌 기량을 마음대로 펼 수 있겠는가!'[67)]

염곡탕음(鹽谷宕陰)은 『번간해국도지(飜刊海國圖志)』의 서문에서 '과거에 한인(漢人)들은 자신들을 화(華)라고 하면서 외번(外藩)을 개·돼지만도 못하게 여겼으니 외번(外藩)의 지리나 정치에 대해 장님이 그릇을 만지듯이 어두웠다. 그런데 『해국도지』는 실상을 기록하고 신빙성 있는 것을 전파시키려 했으며 요점을 모아서, 주해편(籌海篇)·주이편(籌夷篇)·전함편(戰艦篇)·화공편(火攻篇) 등을 만들었다. 대체로 지리를 잘 알고 이정(夷情)도 익숙하고 무비(武備)도 갖추어서, 방어할 수 있으면 방어하고 싸울 만하면 싸우고 내왕할 만하면 내왕하는 것이니, 어쨌든 참고할 만한 책이다. 책이름을 지지(地志)라고 했지만 사실은 무경대전(武經大典)이니 어찌 한갓 자질구레한 책과 비교할 수 있겠는가?'라고 말했다.[68)] 그는 또한 『지리전지(地理全志)』의 서문에서 세계지식에 대한 이해의 중요성을 '지금 이인(夷人)들이 제멋대로 욕심을 부려 해운(海運)이 나날이 익숙해지고 있다. 그들이 오는 횟수가 갈수록 많아지고 있으니 우리나라에도 해안에서 일이 벌어질 것인 즉, 문치무경(文治武經)에 지지(地志)를 참고하지 않을 수 없다. 근래에 서양의 지리서를 번역한 것으로 『해국도지(海國圖志)』·『영환지략(瀛寰

67) 大槻禎, 『海國圖志·夷情備采』 譯序
68) 鹽谷宕陰, 「飜刊海國圖志序」 『宕陰存稿』, 卷4

志略)』이 핵심적이다'고 강조했다.[69)]

정목독(正木篤)은 '청(淸) 위원(魏源)은 『해국도지』를 여러 권을 편찬했다. 그 중에서 각국 총기(總記)는 사실 구라파인(歐羅巴人)이 편찬한 것을 임칙서(林則徐)가 번역한 것이었다. 『해국도지』의 내용은 서양의 정치 · 풍속을 비롯해 기예 · 직물 · 동식물 등 사소한 것까지 모두 열거되어 있다고 한다. 따라서 서양에 대해 대강을 알고 싶으면 근거로 삼을 만하다'고 『해국도지』를 소개했다.[70)] 광뇌달(廣瀨達)도 '그 책을 읽으면 해외정세가 이해되고 외국인에 대한 경멸감이나 공포감을 갖지 않을 것이다'고 말했다.[71)] 이처럼 『해국도지』는 대외정책을 정확하게 정하는 데 도움을 주었다.

그러므로 근대중국에서 세계의 역사와 지리를 체계적으로 소개한 첫 번째 명저인 『해국도지』가 일본에 전래된 것은, 막말(幕末) 세계 형세를 잘 이해하지 못한 일본인에게 하늘이 내린 보물 같은 책이었다. 『해국도지』는 그들의 시야를 열어주었고 그들의 머리를 채워주었다. 따라서 삼목달(杉木達)은 『해국도지 · 미리가국총기화해발(海國圖志 · 美理哥國總記和解跋)』에서 높은 평가를 내리며 '본서는 막말(幕末) 해안경비가 위급한 때에 번역되어서 가장 유용한 책이다. 세계지리를 전혀 모르는 막말 인사(幕末 人士)들에게 도움이 되지 않을 수 없다'고 말했다.[72)]

『해국도지』 등의 책은 세계의 역사와 지리에 대한 지식을 제공했을 뿐만 아니라 중국 아편전쟁의 경험과 교훈을 종합하여 적지 않은 해방(海防)의 강화 · 외적의 방어에 관한 건의를 제공했고, 이것은 막말(幕末) 서양 열강의 침략에 직면하여 급히 해방(海防)을 강화해야 했던 일본인에게 계몽과 도움을 주었다.

막말(幕末) 일본학자 남양제겸(南洋梯謙)은 자신이 『해국도지』를 읽은 감상을 서술했다. 처음에 그는 위원이 이인(夷人)을 막는 기술을 '『육도(六

69) 鹽谷宕陰, 「地理全志序」 『宕陰存稿』, 卷5
70) 鮎澤信太郎, 앞의 책
71) 鮎澤信太郎, 앞의 책
72) 杉木達, 『海國圖志 · 美理哥國總記和解跋』

韜)』와 『삼략(三略)』에서 나온 것이다'고 한 것이 모순적이라고 여겨서 '나는 그 말을 상황에 맞지 않아서 믿기 어렵다고 생각한다'고 말했다. 그러나 뒤에 그는 『해국도지』 그 중에서도 「주해편」의 '해상과 육지에서 전법을 달리하고 무기도 상황에 따라 바뀌지만 거함(巨艦)·대포만은 늘 있다. 양이(洋夷)에 비록 영국·프랑스·러시아·미리(彌利 : 미국) 등의 구별이 있을지라도 무기는 같아서 큰 군함과 대포를 갖고 있다. 그래서 수병들이 다 활과 말을 다루는 장군이니 이들의 세력이야' 라는 부분을 읽고 나서, 비로소 '위씨(魏氏)의 말은 거짓이 아니다'며 신뢰를 표시했다. 아울러 '천하의 무사들이 반드시 읽고 널리 보급시켜 나라의 일에 활용해야 한다'고 『해국도지』를 추종했다.[73]

저명한 학자였던 횡산호산(橫山湖山)도 『영길리광술서(英吉利廣述序)』에서 자신의 『해국도지』에 대한 인식의 변화 과정을 말했는데 참 흥미롭다. 그의 제자 소야원제(小野元濟)가 처음으로 『해국도지』의 영국편을 번역한 후 횡산(橫山)을 방문했다가 질책을 받았다. 횡산(橫山)은 『해국도지』가 경사(經史)를 읽는다는 원칙에 어긋나고 신기(新奇)를 추구했다고 비판했다. 그러나 횡산호산(橫山湖山)은 소야(小野)의 번역본을 꼼꼼히 읽었는데, 특히 위원(魏源)이 영국 침략자의 교활함에 대한 분석과 해안 방어책을 서술한 부분을 읽은 뒤 크게 탄복했다. 그래서 원래의 생각을 바꾸었을 뿐만 아니라 기쁜 마음으로 직접 소야원제가 번역한 『영길리광술』에 서문을 썼다.

당시 적지 않은 일본 지식인들이 모두 『해국도지』가 일본의 해방(海防) 강화에 대해 한 역할을 칭찬했다. 예를 들어 뇌순(賴醇)은 '해안 방어에 틀림없이 유익하다'고 지적했다.[74] 등삼대아(藤森大雅)도 『해국도지』를 '현재의 급무(急務)와 모욕을 막는 요령에 대해 깨우치는 바가 있다'고 긍정했다.[75]

『해국도지』 등의 책들이 일본 막말의 1대 지식인들, 특히 외적의 방어·

---

73) 鮎澤信太郎, 앞의 책
74) 鮎澤信太郎, 앞의 책
75) 鮎澤信太郎, 앞의 책

내정의 혁신을 요구한 유신파를 깨우쳤고 일본의 명치유신(明治維新)을 충동했다.

『해국도지』 등의 책들이 일본 유신파에 대해 끼친 영향은 두 가지 예를 들어 설명할 수 있다.

좌구간상산(佐久間象山)은 막말(幕末) 일본의 유명한 유신 사상가이며 존왕개국론(尊王開國論)의 제창자였다. 그는 강호(江戶)에 사숙(私塾)을 개설하여 병학(兵學)과 포술(砲術)을 전수했고 한학(漢學)과 양학(洋學)을 가르쳤다. 1854년(가영 7년) 제자 길전송음(吉田松陰)이 해외로 밀항하는 것을 격려하다가 붙잡혀서 7개월 동안 감금되었을 때, 옥중에서 『성건록(省僁錄)』을 썼다. 『성건록(省僁錄)』에서 좌구간상산(佐久間象山)은 그가 『해국도지』와 『성무기』를 읽은 뒤 감상을 말했다. 1842년(천보 13년) 신주(信州) 송대번주(松代藩主) 진전행관(眞田幸貫)이 노중(老中)으로 있을 때 해방(海防)의 일을 맡고 있었다. 당시 중국은 한창 아편 전쟁(阿片戰爭) 중이었고 '영이(英夷)가 청국(淸國)을 노략질하고 위세가 계속 이어지고 있다.' 좌구간상산(佐久間象山)은 시사(時事)에 비분강개했고 막부(幕府)에 '글을 올려 책략을 진언했다.'(『해방팔책(海防八策)』) 뒤에 그는 위원(魏源)의 『성무기』를 읽고 그 책도 마찬가지로 '시사에 비분강개하여 지은 것이다'는 것을 발견했다. 그는 위원이 1842년 7월에 지은 『성무기서(聖武記序)』를 다시 읽었는데, 이는 그가 11월에 상서(上書)한 것보다 단지 4개월 앞에 나온 것에 불과하였다. 그런데 '그(위원)가 논한 것 중에 약속이나 한 듯 (나와 생각이) 같은 부분이 있다'고 말했다. 좌구간상산(佐久間象山)은 엄청난 감격을 억누를 수 없어서 책상을 치면서 '아아! 나와 위원이 태어난 곳도 다르고 이름도 알지 못하지만, 현실을 느끼고 말하는 것이 같은 처지에 있어서 의견도 부지불식간에 일치하고 있으니 어찌 기이하지 않는가, 진정으로 나라 밖의 동지라고 할 만하다'고 감탄했다.[76]

좌구간상산(佐久間象山)이 비록 위원의 저작을 매우 추종했을지라도 맹

---

76) 佐久間象山, 앞의 책

목적으로 위원의 모든 관점을 받아들인 것은 아니었고, 일본의 실제상황과 결합하여 자신의 해방(海防)에 관한 주장을 제기했다. 그는 또한 위원의 일부 관점에 대해 비판했다. 예를 들어 그는 위원이 단지 벽을 튼튼히 쌓고 주위를 깨끗이 하여 방어를 하기 쉽도록 하는 방어 강화만을 강조한 것에 이견을 표시하고 대포와 군함을 중시하여 적극적으로 외해(外海)에서 적을 공격해야 한다고 주장했다.

그는 '위원은 전대(前代)부터 중국에 해방(海防)은 있었지만 해전(海戰)은 없었으니 성벽을 튼튼히 쌓고 한간(漢奸) 색출로 해방의 방법을 삼자고 했다. 하지만 나는 적극적으로 포함술(炮艦術)을 강구하여 (적을) 격퇴하는 계책을 삼으려 한다. 쫓아내고 얼씬도 못하게 하여 적들을 외해(外海)에서 죽인다는 점이 나와 다르다'고 지적했다. 그는 위원(魏源)의 『해국도지』에서 대포와 전함에 대한 기술이 너무 소략하게 다루어졌다고 비판했다. 그는 '해방(海防)의 요체는 대포와 전함에 있고 대포가 가장 중요하다. 위씨의 『해국도식(海國圖識)』(즉, 『해국도지』)에서 총포를 다룬 부분은 대체로 소략하여 참고할 것이 없고 애들의 장난'이라고 여겼다. 그 이유는 위원이 대포술을 깊이 연구한 적이 없었기 때문이었다. 그래서 좌구간상산(佐久間象山)은 '모든 일을 직접 한 것이 아니어서 요체를 알 수 없었다. 위원의 재식(才識)으로는 그것을 살필 수 없었다. 지금 자신이 대포술을 몰라서 이러한 오류에 이르고 후학들을 잘못되게 했으니 위원을 위해 나는 안타까움을 느낀다'고 말했다.[77] 좌구간상산(佐久間象山)은 서양의 선진 과학 기술・해방(海防)의 강화・내정의 개혁 등에 대한 학습을 힘주어 주장했고, 막부(幕府)의 쇄국과 부패를 비판해서 존황개국론(尊皇開國論)을 제창하다가, 1864년(원치(元治) 원년) 양이파(攘夷派)에게 저격당했다. 그와 위원의 사상은 모두 서양의 충격 아래 나타난 애국 혁신사상이었다. 그들은 각각 중국과 일본 양국에서 유신 개혁사상의 선구자였으니 명실상부한 '해외의 동지'였다.

『해국도지』에 큰 영향을 받은 또 다른 인물로 좌구간상산(佐久間象山)의

77) 佐久間象山, 앞의 책

제자이며 저명한 유신지사(維新志士)인 길전송음(吉田松陰)이 있었다. 길전송음은 초년에 구주(九州)에서 유학할 때 다른 사람에게서 위원의『성무기』를 빌려보았고, 위원이 '외이(外夷)를 막는데 반드시 먼저 이정(夷情)을 제대로 알아야 한다'고 말한 것에 대해 강하게 공감했다. 1854년(안정 원년)에 그는 '만국의 정세를 살피고 일을 계획하기 위해' 미국의 전함이 일본에 온 기회를 이용해서 쇄국의 철막(鐵幕)을 부수고 해외로 가서 공부하려 했지만, 불행히도 미국전함에 몰래 승선하려다가 체포되어 야산(野山)의 감옥에 감금되었다. 그는 옥중에서 여전히 구국(救國)의 방법을 찾으려고 많은 책을 읽었고,『야산옥독서필기(野山獄讀書筆記)』를 저술했는데 그 책에서 위원의『해국도지』를 읽고 느낀 점을 여러 차례 술회했다. 같은 해 11월 22일, 그는 매태랑(梅太郎)에게 보낸 편지에서 임칙서(林則徐)·위원(魏源) 두 사람은 '뜻있는 선비'이고「만행학(蠻行學)」(서학 西學)에 열심이었기 때문에『해국도지』와 같은 '좋은 책'을 저술했다고 칭찬했다.[78] 1855년 2월 26일에 그는 마침내『해국도지』를 손에 넣었고 마치 보물을 얻은 듯이 반복해서 꼼꼼히 연구했다. 길전송음은『해국도지』「주해편」을 읽고 '청(淸) 위묵심(魏默深, 즉 위원)의 주해편은 방어·전투·관문(關門) 등을 논하고 있는데 관문에 관한 것이 가장 많다. 청에서 모두 채용한다면 진실로 영이(英夷)를 제압하고 러시아와 프랑스를 막을 만하다'고 서술했다.[79] 그는 또한『해국도지』에 수록된『월동월보(粵東月報)』(『오문월보(澳門月報)』)에 대해 '영국의 아편무역에 관한 일을 광동(廣東)의 종두병을 치료하는 것에 비교한 것에서 그가 (문제를) 깊고 멀리 생각했음을 알 수 있다'고 평가했다.[80] 그는 일본이 당시에 처한 상황에 대해서도 '지금 러시아·미국·영국·프랑스 등이 앞을 다투어 우리나라에 오고 있으니 위원의 책이 우리나라에 크게 유용할 것이다. 이는 내가 그 책을 읽고 깊이 느낀 점이다'고 말했다.[81]

78)『吉田松陰全集』, 第8卷, 岩波書店, 1939, p.298, 375.
79)『吉田松陰全集』, 第4卷, p.37.
80)『吉田松陰全集』, 第9卷, p.240.

길전송음(吉田松陰)은 위원(魏源)의 일부 견해에 대해서도 다른 견해를 보였다. 예를 들어 서양 열강 사이의 관계에 대해 위원은 러시아·미국·프랑스 등이 모두 영국을 증오하니 중국은 육상과 해상에서 그들의 원조를 얻을 수 있을 것이라고 했다. 그러나 길전은 그것을 믿을 수 없다고 여겼다. 열강은 이(利)를 보면 의(義)를 버리고, 이익만 있으면 적국과도 동맹을 맺고 동맹국과도 적이 되는 것이 일반적이라고 보았기 때문이다. 그는 예를 들어서 러시아와 터키가 전쟁(크림 전쟁)을 했을 때 영국과 프랑스는 함께 터키를 지원했다면서 '영국과 프랑스가 연합한 일은 위원의 사고범위를 넘어선 일 이었다'고 말했다. 여기에서 위원의 세계정세에 대한 분석에 '타당하지 못한 부분이 있다'[82]는 것을 알 수 있다.

길전송음(吉田松陰)은 『해국도지(海國圖志)』 등의 책들을 통해 세계 지식을 제공하고 일본의 현실과 결합하여, 한편으로 막부의 쇄국정책을 '외국의 사정을 알지 못하고 단지 해안만을 방어하여 빈궁함에 시달리게 되었으니 참으로 실책(失策)이다'고 비판했다.[83] 다른 한편으로 존황양이(尊皇攘夷)·유신개혁(維新改革)의 주장을 제기했다. 그는 '세계 만국의 형세가 이와 같은데, 우리가 멍하게 손을 놓고 있으면서 살피지 않는다면 진실로 위험천만한 일이다', '백성을 위하고 선비를 양성하여, 변경을 방어하고 나라를 잘 보호해야만, 많은 이인(夷人)들이 모여 있는 상황에서 자유로울 수 있을 것이다'고 말했다.

일본 지식인들은 위원의 『해국도지』가 중국에서 청정부의 중시를 받지 못한 것에 대해 탄식했다. 당시 염곡탕음(鹽谷宕陰)은 '아아! 충성스럽고 지혜로운 선비의 나라를 걱정한 책이 군주에게 받아들여지지 않고 다른 나라에 왔다. 나는 그를 위해 슬퍼할 뿐만 아니라 청제(淸帝)를 위해 슬퍼한다'고 말했다.[84]

---

81) 『吉田松陰全集』, 第4卷, p.52.
82) 增田涉, 앞의 책, p.42.
83) 『吉田松陰全集』 第5卷, p.162.
84) 鹽谷宕陰, 앞의 책

요컨대『해국도지』등의 책은 당시에 이미 일본의 조야 전체에서 계몽성으로 중요한 읽을거리였고, 일본 막말의 개국과 유신 사상이 형성·발전하는데 어느 정도의 역할을 했다. 1902년에 양계초(梁啓超)는『논중국학술사상변천지대세(論中國學術思想變遷之大勢)』에서 위원의『해국도지』가 일본에 끼친 영향을 말했다. 그는 '위씨는 또한 경세술(經世術)에 대해 말하기를 좋아해서『해국도지』를 저술하여 국민들의 대외 관념을 고취시켰다'. '일본의 평상산(平象山: 즉 佐久間象山)·길전송음(吉田松陰)·서향융성(西鄕隆盛) 등은 모두 이 책에 자극을 받아서 간접적으로 존황양이(尊皇攘夷)나 유신(維新)이라는 생생한 드라마를 연출했다'고 말했다.[85)]

6. 개국이동(開國異同 개국의 같은 점과 다른 점)
—중·일 양국의 개국 비교

일본이 개국한(닫혀있던 쇄국의 대문을 연) 구체적인 과정을 고찰함으로써, 우리는 일본이 중국에서 일어난 제1·2차 아편전쟁의 충격과 영향 아래 개국을 강요받았고, 중·일 양국의 개국 사이에는 내재적으로 밀접한 관련이 있었다는 것까지도 알 수 있다.

제1·2차 아편전쟁 과정에서 중국이 패배하고 일련의 불평등 조약이 체결된 것은 일본의 지식인들이 개방과 개혁을 강하게 요구하고 막부가 개국정책을 결정하게 만들었다. 동시에 서양열강이 일본을 협박하여 개국을 독촉하는 구실을 주고 불평등 조약을 체결하는 지침이 되었다.

1844년(홍화(弘化) 원년), 네덜란드국왕 윌리엄 2세가 보낸 친서는 중국이 아편전쟁에서 패배했다는 것을 이유로 일본이 즉시 개국할 것을 독촉했다. 당시 막부(幕府) 노중(老中) 수야충방(水野忠邦)은 옛 법규를 타파하고 네덜란드의 국서(國書)와 권고를 받아들여야 한다고 주장했지만, 장군(將軍) 덕

85) 梁啓超,『飮氷室文集』, 卷6, p.33.

천가경(德川家慶)은 그의 의견을 거부했을 뿐만 아니라 그를 면직시켰다. 수야충방(水野忠邦)의 후임 노중 아부정홍(阿部正弘)은 조법관례(祖法慣例)에 따라 일본과 네덜란드 사이에는 통상 관계만 있을 뿐이니 네덜란드의 국서와 개국의 권고를 받아들일 수 없다고 선포했다. 그럼에도 불구하고 형세에 부응하기 위해 막부도 개혁 조치들을 시행하지 않을 수 없었다. 1845년(홍화 2년) 8월, 막부가 설치한 해안방어괘(海岸防禦挂)는 외교와 국방을 관장하는 기구였다. 그리고 1846년부터 몇 년 동안 계속해서 막부 관리와 근해의 수비를 맡은 대명(大名 : 다이묘)에게 해방 대책을 자문해 주었다.

1846년(홍화 3년) 이후 영국 · 프랑스 · 미국 등의 군함이 잇따라 일본의 항구에 들어오면서 일본의 해방(海防)위기가 갈수록 심해졌다. 그러나 막부는 외국의 군함을 격퇴할 힘이 없었을 뿐만 아니라 즉시 개국하려는 용기도 부족했다. 1853년(가영 6년), 결국, 미국 해군준장 페리(Perry)가 함대를 이끌고 강호만(江戶灣)으로 들어온 사건이 벌어졌다. 페리는 미국 대통령이 일본에 개국을 요청하는 국서를 가지고 왔고, 무력을 배경으로 일본의 개국을 강제하겠다고 으름장을 놓았다. 막부는 어쩔 수 없이 미국의 국서를 받아들였고 다음해에 회신을 보내겠다고 약속했다. 이렇게 해서 쇄국제도는 사실상 이미 열리게 되었다.

막부는 급히 관리와 대명(大名 : 다이묘)들에게 대책을 물었다. 관리 · 대명(大名)들의 상서 내용은 대부분 중국의 아편전쟁을 전례로 들어서, 일본이 현재 방어력이 약하니 대외전쟁에서 승리를 보장할 수 없음으로 한편으로는 외교상의 지연정책을 펼치고, 다른 한편으로는 해방(海防)을 충실히 해야 한다는 것이었다. 1853년 10월에, 막부는 각지에 대형 선박의 건조 금지명령을 철회하고 네덜란드상관의 관장(館長)에게 부탁하여 군함 · 무기 · 병서 등을 구매하고 교관을 불러 해군의 기술을 연마했다.

1854년(가영 7년, 안정 원년으로 바뀐 해)에 미국의 페리 군대가 다시 일본에 오자, 막부는 결국 무력의 위협 아래 『일미친선조약(日美親善條約)』(『일미신나천 조약, 日美神奈川條約)』이라고도 함)을 체결했다. 당시 미국 측은 아편전쟁 후 체결된 『중미망하조약(中美望厦條約)』을 『일미신나천 조약(日美神奈川條約)』의 본보기로 삼았다. 이 조약은 일본의 쇄국체제를 깨뜨렸고, 하전(下田)·상관(箱館) 두 항구를 개방시켜서 미국이 영사를 하전에 주재하는 것을 허가했을 뿐만 아니라 미국에 최혜국 대우를 해준 것으로, 일본이 외국과 체결한 최초의 불평등 조약이었다.

미국에 조약을 강요당한 후 영국·러시아·네덜란드 등도 잇따라 일본의 막부를 위협해서 일영(日英)·일아(日俄)·일하(日荷) 친선조약(親善條約)을 체결했다. 개방된 항구는 하전(下田)·상관(箱館) 이외에도 장기(長崎)가 추가되었고, 영사재판권 등의 불평등 조항도 규정했다.

1856년(중국 함풍(咸豊) 6년) 10월, 영국은 「애로우호 사건」을 구실로 중국을 침략했고 기세 좋게 광주(廣州)로 진공하여(일본에서는 「광동소타(廣東燒打)」라고 함) 제2차 아편전쟁을 일으켰다. 1857년(안정 4년) 2월초에, 장기 주재 네덜란드 대표 커티우스(Donker Curtius)는 그 소식을 장기봉행(長崎奉行)에게 알리고 그것을 기회로 삼아서 일본을 협박했다. 그는 영국이 광주(廣州)를 진공(進攻)한 것은 중국 정부가 조약을 이행하지 않았기 때문이니, 일본은 반드시 이미 체결된 조약을 이행하고 되도록 빨리 새로운 통상조약을 체결해야 하며 먼저 네덜란드와 체결하는 편이 가장 좋다고 말했다. 그는 또한 '일본은 중국보다 방위 능력이 약하기 때문에 유럽의 군사력을 막아내기가 더욱 힘들다. 따라서 중국의 교훈을 받아들여 외교예절에 주의해야 한다'고 경고했다.

이러한 소식은 일본의 통치 집단을 크게 놀라게 만들었다. 1857년 3월, 노중(老中) 굴전정목(堀田正睦)은 각 해당기관에 대외정책을 자문하는 자리에서 일본은 반드시 경계심을 강화하여 중국 '광주(廣州)의 전철'을 밟아서는 안 된다고 지적했다. 그리고 이미 친선조약을 체결한 이상 '관영(寬永)이래의 조상의 법이 바뀌었으니 외교정책도 바뀌어야 하고, 만약에 옛 제도를 고집하여 포성(砲聲)이 울리게 된다면 만회하기 힘들 것이다'고 말했다.[86] 해안방어괘(海岸防禦挂)의 관리였던 송평통직(松平通直)·천로성모(川路聖謨)·수야충덕(水野忠德) 등도 「어법(御法)의 변혁」을 찬성했고, 대외무역의 길을 전면적으로 바꾸어서 외국에 관리를 주재시키고 유학생을 파견할 것을 건의했으며, 개방의 국책(國策) 수립을 적극적으로 주장했다.

1857년(안정 4년) 12월 12일에 미국의 초대 주일(駐日)총영사 해리스(T. Harris)는 강호(江戶)에 있는 굴전(堀田)의 관저에서 노중 굴전정목(堀田正睦) 등을 만났다. 매전원차랑(梅田源次郎)이 쓴 『미사신술대의(美使申述大意)』에 따르면 당시의 회견이 6시간이나 계속되었다고 한다. 해리스는 중국에서 발발한 제2차 아편전쟁을 이용하여 일본에게 심한 으름장을 놓았다. 그는 영국이 중국을 패배시킨 여세를 몰아서 일본으로 진공 해 올 것이니, 전쟁의 위험이 이미 눈앞에 있음으로 일본은 되도록 빨리 미국과 통상조약을 체결해야 한다고 말했다.[87] 굴전(堀田) 등은 그의 말에 영향을 받아서 전면적인 개국으로 방향을 선회했다.

당시 각 기구의 관리들이 올린 상서도 앞을 다투어 중국에서 일어난 제2차 아편전쟁을 교훈으로 삼아 개혁과 개국을 시행해야 한다고 강조했다. 1857년 3월에 평정소(評定所)에서 노중에게 보낸 상서에서 '광동의 전철을 따라서는 안 된다', '광동 당국은 지나치게 융통성이 없어서 포성을 울리게 만들었다'고 말했다. 같은 달, 해안방어괘(海岸防禦挂) 관리의 상서에서 중국 광동의 사건을 교훈으로 삼아 '조상의 법을 변용하자'고 주장했다. 4월에, 하전봉행(下田奉行)의 상서도 '고금(古今)으로 시세(時勢)의 변혁에서 결연하게 구법(舊法)을 바꾸어야 했다'고 여겼다.[88]

1858년(안정 5년)에 미국영사 해리스는 일본의 막부와 조약의 체결에 대한 담판에서 서로 대립하는 단계에 들어갔다. 때마침 미국 군함 미시시피(Mississippi)호가 돌연 하전항(下田港)에 나타났고, 영・프 연합군이 대고(大沽)를 점령하여 청 정부(淸政府)에게 천진 조약(天津條約)의 체결을 강요했다는 소식을 가지고 왔다. 해리스는 담판하는 도중에 즉시 강경한 태도를

---

86) 信夫淸三郎, 『日本外交史』, 上冊, p.72.
87) 梅田源次郎, 『亞墨利加使節申立之趣』, 增田涉의 「日本の開國と阿片戰爭」『政界往來』, 第34卷 第3期에서 재인용
88) 『大日本古文書』(幕末外交關係文書之十五), pp.697-700, 832.

취했고, 영·프 함대가 일본으로 동진(東進)할 것이니 '수행원이 없이 단신(單身)으로 체결할 조약과, 50척의 함대를 이끌고 해안에 온 사절이 체결할 조약 사이에는 현격한 차이가 있을 것이다'고 위협했다.[89] 이러한 공갈은 과연 효과적이었다. 막부는 더 이상 유예적인 모습을 보이지 않았고, 1858년 7월29일에 일미수호통상조약(日美修好通商條約 강호조약(江戶條約))을 체결했다. 그 뒤 계속해서 네덜란드·러시아·영국·프랑스 등과 수호통상조약(修好通商條約)을 체결했다. 조약에는 상호 외교사절을 교환하고 열강이 협정관세·영사재판권(치외법권)·최혜국 대우 등의 특권을 향유하며, 신나천(神奈川 : 下田을 대신함)·장기(長崎)·신사(新瀉)·병고(兵庫) 등의 항구와 강호(江戶)·대판(大阪) 등 두 성을 개방한다고 규정되어 있다. 이상 5개의 수호통상조약을 「안정 5국 조약(安政五國條約)」이라고도 부른다. 여기에서 주의할 만한 것은 이 조약을 체결한 영국·프랑스·러시아 3국의 대표가 바로 중국에서 천진 조약(天津條約)을 체결한 3국의 특사, 즉 영국의 엘긴(Elgin, James Bruce)·프랑스의 그로(Gros, Louis Baron)·러시아의 프티아틴(Putiatin, Euphimius Vasilievitch) 등이었다는 점이다. 조약의 체결도 천진 조약을 본보기로 삼았다. 1858년 일본의 안정 5국 조약과 중국의 천진 조약, 그리고 1860년 북경 조약 등은 일·중 양국이 모두 이미 모든 자본주의 세계에 문호를 열고 개국을 완성했다는 것을 의미한다.

이상에서 서술한 과정은 중국에서 발생한 두 차례의 아편전쟁과 일본의 개국이 얼마나 밀접한 내재적 연관관계를 가지고 있었는지를 설명해준다. 중·일 양국은 개국 전에 모두 폐관 쇄국정책(閉關鎖國政策)을 시행했는데, 국내의 사회적 상황도 비슷했고 외부의 침략에 직면한 처지도 유사했으며 개국의 과정 또한 그 만큼 관계가 밀접하였다. 그러나 양국이 개국 후 보여준 역사 발전은 오히려 같지 않았다. 중국은 두 차례 아편전쟁을 거치면서 차츰 권위를 잃고 국가가 굴욕을 당하는 방향으로 나아갔고, 중외(中外)의 반동세력이 결탁해서 공동으로 중국의 농민기의를 진압하는 상황이

89) 丹涅特, 『美國人在東亞』, 商務印書館, 1959, p.305.

나타났다. 그러나 일본의 개국은 막부를 무너뜨리고 유신을 이끌었고, 차츰 자산계급 개혁과 민족의 독립을 실현하여 일본이 자본주의 근대화로 나아가는 기점이 되었다. 이것은 도대체 무엇 때문인가? 이 문제에 대해 우리는 양국이 개국하는 과정에서 보여준 같은 점과 다른 점을 통해 초보적인 연구를 할 수 있을 것이다.

먼저 개국의 시기에서 선후와 방식이 달랐다. 1840년에 아편전쟁이 폭발했을 때 중국은 군비가 갖추어지지 않았고 대부분의 지역에서 해방(海防)이 이완되어 있었다. 영국 함대가 갑자기 천진(天津) 백하구(白河口)로 들어왔을 때, 도광제(道光帝)는 어찌할 바를 모르고 급히 금연(禁煙)운동과 대영(對英) 저항에 공(功)이 있던 민족 영웅 임칙서(林則徐)를 파직시키고 투항파 기선(琦善)을 광동(廣東)으로 보내 화의를 맺게 했다. 그 뒤 비록 다시 황족(皇族)인 혁산(奕山)·혁경(奕經)에게 두 차례 병사를 이끌고 영국군과 전투를 치르게 했지만 모두 패배했다. 그래서 결국 영국함대가 장강(長江)으로 진공(進攻)하여 조운(漕運)을 끊어버리고 남경(南京)을 압박하자 청 정부는 어쩔 수 없이 타협하여 투항했고, 영토를 할양하고 배상금을 지불하는 성하지맹(城下之盟) 즉 남경조약(南京條約)을 맺음으로써 중국은 반식민지로 전락하게 되었다.

그러나 일본에는 10여 년이 지난 뒤인 1853년에야 미국함대가 강호만(江戶灣)로 들어와서 위협하는 상황이 나타났다. 그 사이에 중국의 아편전쟁은 이미 일본에게 경종을 울리고 전차지감(前車之鑑 : 앞차의 거울)을 제공했다. 일본의 막부는 청 정부가 아편전쟁에서 패배한 것을 교훈 삼아, 한편으로 점차 개국하자는 주장을 받아들이고, 다른 한편으로 개혁의 가속화와 해방의 충실화를 진행하는 등의 일정한 사상적 준비를 했다. 따라서 중국의 전철을 밟지 않을 수 있었다. 일본은 비록 서양이 무력으로 위협하는 상황에서 개국을 강요당했지만, 대규모 전쟁으로 인한 파괴나 영토의 할양·배상금의 지불 등과 같은 악운을 경험하지 않았다. 따라서 일본은 비교적 빨리 반식민지의 위기에서 벗어날 수 있었다.

더욱 중요한 것은 양국 통치자들이 서양에 대한 충격을 받아들이는 태도가 같지 않았다는 점이다. 아편전쟁은 중국에서 애국적인 사대부들을 각성시켜, 서양 과학기술의 학습・세계 형세의 연구・국방의 강화・폐정의 개혁 등을 주장하게 만들었다. 그렇지만 최고 통치자였던 청조의 황제나 그 주위에 있던 고위 관료・귀족들은 오히려 자만심에 가득 차서 나라를 망치고 있었다. 그들은 자신들의 권력과 재산을 보호하기 위해 거리낌 없이 국가의 주권과 민족의 이익을 팔아버렸다. 아편전쟁 후 그들은 실패에서 교훈을 배우거나 소를 잃고 외양간을 고치거나 활시위를 고치지도 않았을 뿐만 아니라, 반대로 화의(和議)를 맹신하고 구차하게 편안함을 구하여 여전히 문무관(文武官)이 안일과 향락에 빠져서 아무런 생각이 없었다.

위원의 다음과 같은 지적은 정확하다. '선박과 무기를 만들고 이인(夷人)의 장기(長技)를 배워야 한다는 논의가 있으면 낭비다'고 말한다. (그런데) 하루아침에 그보다 10배나 더 비용이 드는 것도 급한 일에 변통해야 하니 아까워할 것이 없다고 말한다. 만약 이서(夷書)를 번역하고 이사(夷事)를 살펴야 한다는 논의가 있으면 '쓸데없는 일이다'고 말할 것이다. (그런데) 일단 일이 생기면, 영이(英夷)의 수도와 아라사(俄羅斯)의 수도는 서로 얼마나 떨어져 있는가하는 것이나, 영이(英夷)는 어떤 길로 회부(回部)와 통행하는가를 묻고, 도대체 그 방향을 모르겠다고 한다.'[90] 일부 수구적인 관리들은 심지어 완고하게 '중국이 사이(四夷)를 막는 방법은 오면 안무(安撫)하고 배반하면 관계를 끊는 것이다. 이것은 변하지 않는 도(道)이다'고 고집했다.[91] 이처럼 여전히 '폐관자수(閉關自守)'로 돌아가는 것을 아편 전쟁이후 최선의 대책으로 삼았다.

이와 비교해서 일본의 통치자들은 서양의 충격에 직면해서 머리가 비교적 민첩했고 깨어있었다. 그들은 중국의 아편전쟁을 교훈으로 삼아, 중국의 전철을 피하기 위해서는 반드시 서양의 기술을 학습하고 옛 제도를 개혁해야 한다고 어느 정도 인식하고 있었다. 권력을 갖고 있던 막부의 노중 굴전

90) 魏源,『海國圖志・籌海篇』

91) 湯彝,「絶英吉利互市論」『阿片戰爭文學集』, p.985.

정목(堀田正睦)은 '중국은 고법(古法)에 집착했지만 일본은 패배하기 전에 서양의 법을 배워야한다'고 강조했다.[92] 이 말은 어느 정도 대표성을 띠고 있다. 따라서 일본의 통치 집단은 아편전쟁과 미국의 페리 함대가 일본에 온 이후, 주동적으로 일련의 개혁조치를 시행했다.

명치 시대(明治時代)의 저명한 기자 복지원일랑(福地源一郎)은 『막부쇠망론(幕府衰亡論)』에서 당시 막부가 국방을 강화하고 옛 제도를 개혁하려 했던 구체적인 조치로 '강호(江戶) 10리 내에서 총포의 사용을 금지하는 제도를 폐지하여, 각 번(各藩)의 번저(藩邸)에서 군사 훈련을 허가하고 강호(江戶)로 총과 무기를 운송하도록 하고 대형 선박의 건조를 금지하는 금령을 폐지해야 한다. 대삼(大森)에 대포의 포격장을 설치하여 훈련에 도움을 주고, 새로 품천포대(品川炮臺)를 건설하고, 장기(長崎)의 해군 포대를 확장하고 봉황환(鳳凰丸) 등의 군함을 건조해야 한다', '또한 강호(江戶)에 강무소(講武所)를 설립하고 양창대(洋槍隊)를 편성하고, 네덜란드로부터 윤선(輪船)을 구매하고, 장기(長崎)에서 해군의 훈련을 시작하고, 난학(蘭學)을 잘 아는 지식인을 채용하고, 번서조소(藩書調所 : 양학(洋學)을 연구하고 외교문서를 번역하는 기구)를 설치하고, 뛰어난 사람을 선발하여 막부의 요직에 앉히고, 막부의 구례(舊例) 중에서 허식(虛飾)에 해당하는 것을 모두 없애고, 쓸모없는 헌사(獻賜)를 폐지하는 등 굳게 마음먹고 누적된 폐해를 제거해야 한다. 기존의 법규를 굳건히 지키고 구례(舊例)를 금과옥조로 여기던 막부에게 이상의 조치들은 현명하고 과감한 행동이었다고 하지 않을 수 없다'고 여러 사례를 들어 말했다.[93]

어리석고 수구적이었던 청 정부와 달리 막부는 서방의 충격 아래에서 주동적으로 개혁을 진행시켰을 뿐만 아니라, 지방의 살마(薩摩)·장주(長州)·좌하(佐賀) 등과 같은 힘이 있는 번(藩)들도 앞을 다투어 번정 개혁(藩政改革)을 진행하여 서양식 선포(船炮)를 만들고 서학 인재(西學人才)와 신

92) 藤間生大, 앞의 책
93) 福地源一郎, 『幕府衰亡論』, pp.47-48.

식군대를 훈련시켰다. 이러한 상황들은 일본이 개국에서 명치유신(明治維新)으로 향하는 좋은 기초를 마련했다.

중·일 양국의 개국과정에서 국내외 조건도 차이가 있었다.

아편전쟁 후 서양의 침략은 중국에서 이미 첨예해지고 있었던 사회모순을 격화시켰고, 결국 1851년에 맹렬한 태평천국기의(太平天國起義)를 폭발시켰다. 태평군은 창끝을 곧바로 청조의 통치자에게 겨누었고 동시에 외국 침략세력도 공격했다. 청조(淸朝) 통치 집단은 태평천국이 자신들의 '내부의 치명적인 화근(心腹之害)'이고 외국의 침략은 단지 '대수롭지 않은 걱정거리(肘腋之憂, 肢體之患)'라고 여겼다.[94] 따라서 그들은 통치를 유지하기 위해 민족의 이익을 팔아먹고 '외국의 군대를 빌어 토벌을 돕고(借師助剿)' 침략자들과 결탁하여 태평천국기의(太平天國起義)를 진압했다. 그 결과, 서양 열강을 의지하고 그에 굴종하는 상태가 더욱 심해졌다.

당시 일본에서도 비록 적지 않은 농민과 도시 빈민들의 폭동이 일어났지만, 대부분이 소규모 소요였고 태평천국과는 비교가 되지 않았다. 일본 통치자들은 어떻게 서양의 충격에 대처할 것인가 하는 문제에 주의를 집중했다. 그리고 하급무사(下級武士)를 골간으로 하는 유신파도 민중의 막부 통치와 외국침략에 대한 불만을 이용하여 「존황양이(尊皇攘夷)」의 기치를 들고, 막부(幕府)의 타도·왕정복고·명치유신(明治維新)의 실현 등으로 투쟁의 방향을 설정했다.

서양 열강의 눈에 당시 중국은 그들이 동아시아로 세력을 확대하는 주요 목표였다. 따라서 그들은 독자적 혹은 공동으로(영·프 연합군의 조직을 예로 들 수 있음) 중국에 대해 반복해서 대규모 침략전쟁을 일으켰다.

이에 비해 일본은 아직 서양 열강이 동아시아로 세력을 확대시키는 주요 대상이 아니었고, 거기다가 열강 사이의 모순이나 아시아의 민족 해방 운동에 의한 견제 때문에 일본에 대해 '군대를 동원할' 여력이 없었다. 그리고 영국·미국 등은 여전히 일본을 그들의 극동 전초기지로 여기고 있었기

---

94) 『籌辦夷務始末』(咸豊朝), 卷71

때문에, 일본의 유신 세력을 지지하는 정책을 취했다. 이러한 상황들은 일본이 개국에서 유신으로 나아가는 데 비교적 유리한 국제적 환경을 제공했다.

이외에도 적지 않은 전통적 요소에 대해 고려해야 한다. 예를 들어 정치제도의 측면에서 중국은 고도의 중앙 집권제였고 일본은 지방의 독립성이 비교적 강한 막번(幕藩)체제였다는 차이가 있었다. 중국은 과거(科擧)를 통해 형성된 사대부 문관(士大夫文官)이 통치했고 일본은 군사(軍事)를 중시하는 무사(武士)들이 정권을 장악하고 있었다.

지리·경제적인 면에서 중국은 땅이 넓고 물산이 풍부했으며 소농중심의 자연 경제적 특징이 강했던 반면, 일본은 섬나라로 해외무역에 대해 훨씬 포용력이 있었다.

사상·문화적 측면에서 중국은 유교사상이 적대적인 통치지위를 차지하고 있었고 지식인들은 보편적으로 중화 문화에 대한 우월 의식을 가지고 있어서 외래문화의 수용을 가로막았다. 반면 일본은 이전부터 외래문화를 흡수하는 전통이 있어서, 고대에는 많은 중국 문화를 받아들였고 강호 시대(江戶時代)에는 서양의 난학(蘭學)을 수입했으며 막말(幕末)에도 절실한 마음으로 세계의 역사와 지리에 대한 지식을 배웠다. 이러한 요소들은 양국의 개국 과정에서도 어느 정도 영향을 미쳤다.

상술한 중국과 일본의 차이점과 공통점은 다만 양국의 근대사가 시작되는 시기에 대한 초보적인 비교였다. 양국의 근대사에서 나타난 발전과 변화, 더 나아가 두 나라에서 일어난 유신운동의 성공과 실패·득(得)과 실(失)은 본서의 다음 장절(章節)에서 더 탐색하고 연구할 것이다.

제2장

태평천국(太平天國)과 일본(日本)

아편전쟁(阿片戰爭)이 끝난 지 채 10년도 지나지 않은 1851년(함풍(咸豊) 원년)에 중국에서 태평천국기의(太平天國起義)가 폭발했다. 태평천국기의는 중국 대륙을 뒤흔들었을 뿐만 아니라 바다를 건너 가까운 일본에도 강렬한 반응을 불러일으켰다.

1. 정보래원(情報來源 정보의 출처)

—일본인의 태평천국에 관한 소식

태평천국이 반청(反淸)을 내걸고 기병(起兵)했을 때 일본은 바로 덕천막부(德川幕府)의 통치 말년이었고 명치유신(明治維新)의 전야였다.

앞장에서 서술했듯이 17세기 이후 일본의 덕천막부(德川幕府)와 중국의 청 정부(淸政府)는 각각 쇄국정책(鎖國政策)과 폐관정책(閉關政策)을 실시하고 있었기 때문에 중국과 일본 양국 사이의 경제・문화교류는 인위적인 장벽에 가로막혔고, 두 나라의 무역은 엄격한 제한을 받으며 장기(長崎)에서만 허용되었다.

1840, 50년대에 중국에서 두 차례에 걸친 아편전쟁과 태평천국기의가 잇따라 일어나서 장기를 왕래하는 중국 상선조차도 크게 감소했다. 따라서 일본인이 중국에서 일어나는 상황의 변화를 구체적으로 이해하기가 매우 어려워졌다.

그러면 당시 일본인은 태평천국과 관련된 중국의 소식을 어떻게 얻을 수 있었을까?

먼저 막부와 각 번(藩)들이 수집한 중국 관련 정보를 들 수 있는데, 그 중에는 일본에 온 중국 상인들이 제공한 풍설서(風說書)도 포함된다. 1851년 1월에 홍수전(洪秀全)이 이끄는 배상제회(拜上帝會)가 광서 계평현 금전촌(廣西 桂平縣 金田村)에서 기의를 일으키고 국호를 「태평천국(太平天國)」이라 했다. 태평군은 광서로부터 호남 · 호북 · 강서 · 안휘 · 강소 등을 거치면서 전투를 벌여 1853년 3월에 남경(南京)을 점령하여 수도로 삼고 천경(天京)으로 이름을 바꿨다.

지금까지 살펴본 자료 중에서 가장 먼저 일본에 태평천국에 관한 소식을 알려준 것은 1852년(함풍 2년, 일본 가영 5년) 겨울 두 척의 중국 상선 선주(船主) 강성여(江星畬)와 양소당(楊少棠)의 보고서이다. 이 가운데 한 보고서에 따르면, '광서의 비적(匪賊)들은 성(姓)이 주(朱)인 자를 우두머리로 하여 능십팔(凌十八) 등이 향을 피워 무리를 모아 불법행위를 도모했고 관청을 점거하고 저항하며 소란을 피웠다. 광서순무(廣西巡撫)가 군대를 일으켜 그들을 진압하려 했지만 여러 차례 패했고 그들의 세력이 창궐했다.' 황제는 크게 노했고 '특명을 내려 양광총독(兩廣總督) 서광진(徐廣縉)을 흠차대신(欽差大臣)으로 삼아서 각 로(各路)에서 군대를 모아 비적들을 소탕하게 했고 결국, 그들과의 전투에서 계속 승리하여 모신(謀臣) 홍대전(洪大全)을 체포했다. 비적들이 사기를 잃고 며칠 동안 쉬지 않고 수 십리 밖으로 달아나자 관병이 그들을 쫓아 다시 위신(僞臣) 홍수전(洪秀全)을 사로잡았다. 비적들의 기세가 사그러들어 광서에서 감히 소란을 일으키지 못하고 호남으로 달아나서 토비(土匪) 위정(韋正 : 즉 위창휘) 등을 규합하여 도주(道州)를 함락시켰다', 그 뒤 '다시 호북 원구 등지로 달아났다. 다행히 상영(向榮) 등 각성 제독(各省提督)들이 병사들을 이끌고 토비들과 전투를 벌이고 있으니 수일 내로 평정될 것'이라고 되어있다. 또 다른 보고서에 따르면, '11월에 우리 배가 출발할 때 호북의 요충지인 한구(漢口)도 이미 함락되었다'[1)]라고 되어있다.

강성여(江星畲)와 양소당(楊少棠)은 중국을 떠나온 지 얼마 되지 않았기 때문에 이 두 보고서에 나타난 상황은 비교적 사실에 가깝다. 보고서에서 비록 기의군(起義軍)의 수령을 '주씨(朱氏)'라고 했지만 홍수전(洪秀全), 위정(韋正, 위창휘 韋昌輝) 등의 이름이 보인다. 광서로부터 호남으로 진격하고 다시 호북으로 나아가는 것도 역시 태평군의 초기 진군경로와 일치한다. 중국인 선주는 정통 관념에 따라 태평군을 '적(賊)'이라 부르고 머지않아 '평정'될 수 있을 것이라고 여기고 있었다.

'비적의 우두머리 주씨'에 대해서는 같은 해 장기(長崎)에서 통역을 맡았던 관리가 중국 상인들로부터 더 상세한 정보를 얻었다. 그들의 말에 의하면, '비적의 우두머리는 주천덕(朱天德)'으로 광서 심주부 계평현(廣西 潯州府 桂平縣)에서 숯을 파는 상인이었는데, 근처의 산적들과 거래하다가 관청에 체포되었다. 뒤에 비적들이 감옥을 부수고 주천덕을 구출했고 관군과 전투를 벌여 여러 곳을 점거한 채 큰 소란을 피웠다. 그들은 채상아(賽尙阿)가 이끄는 대군을 물리치고, '청조(淸朝)를 무너뜨리고 제호(帝號)를 빼앗자', '머리를 다시 기르고 의복도 바꾸어 명대의 풍속을 부활시키자' 등의 구호를 외쳤다. 보고서에서는 태평천국을 반청복명 운동(反淸復明運動)으로 간주했고 '오합지적(烏合之賊)이기 때문에 조만 간에 망할 것'[2]이라고 보고 있었다.

1853년(함풍 3년, 가영 嘉永 6년)이 되면 중국 상인들에게서 얻는 정보의 어조(語調)에 변화가 생긴다. 같은 해 2월에 살주번(薩州藩)의 아무개가 한 편지에서 중국인들에게 얻은 정보라고 하면서 '광서, 호남, 호북 등지에서 4년 전에 이미 대명(大明)의 잔당(殘黨)들이 일어나서 청조(淸朝)의 폭정에 원한을 품고 대명(大明)을 회복하려한다. 대명군(大明軍)은 주씨(朱氏)를 3군대원수(三軍大元帥)로 삼고 연호를 천덕(天德)이라 했다'[3]고 쓰고 있다. 편지에는 또 중국에서 떠돌고 있는 다음과 같은 이야기도 기술되어 있다.

1) 『淸國騷亂話』 『海防續滙議』, 卷7
2) 『續太平年表』, 嘉永 6年條.
3) 『海外異說』, 第4冊, 嘉永 6年 2月.

작년부터 200여 일 동안 큰 가뭄이 계속되고 있어서 곡식을 수확하지 못하고 메뚜기 떼로 인한 피해가 창궐하고 있다. 백성들은 '천덕장군(天德將軍)이 이 악충(惡蟲)을 물리친다'와 '함풍황제가 이 악충을 물리친다'는 두 개의 팻말을 만들어 각각 다른 농지에 꽂았다. 그 결과 '천덕(天德)'의 팻말이 꽂힌 농지는 하루 밤 사이에 메뚜기 떼가 물러갔는데 '함풍···'의 팻말이 꽂힌 쪽은 전혀 효과가 없었다. '따라서 백성들은 200여 년 동안 지속된 청조(清朝)가 대명(大明)에 왕조를 넘겨주면 곧바로 천하가 통일되어 편안하게 살 수 있다고 여긴다.' 이 이야기는 백성들의 청조 통치자에 대한 강한 불만과 태평천국(太平天國)에 거는 동정과 기대를 반영하고 있다.

장기(長崎)에서 의사로 일하고 있던 율산대수(栗山大須)는 도원(島原)의 의사인 소천정철(小川正徹)에게 보낸 편지에서 한 풍설서(風說書)의 내용을 적고 있다. 거기에는 광서 심주부의 숯 파는 상인 주천덕(朱天德)의 기의 소식이 실려 있고 아울러 '비적들의 소굴은 광서 낭산(郎山)이고 그들 중에 여성 한 명과 화상(和尙) 한 명이 요술(妖術)을 부릴 수 있다. 주천덕(朱天德)은 천덕왕(天德王)으로 받들어지고 대명(大明)을 회복하자고 부르짖는다'[4]는 내용도 보인다. 이 풍설서(風說書)는 기의군이 백성들의 재산은 빼앗지 않고 부세(賦稅)를 가볍게 해주었다고 찬양하고 있고 끝에는 악충(惡蟲)을 물리친 이야기를 적고 있다.

같은 해 6월 2일 살주번(薩州藩)의 번의(藩醫) 탕등용동(湯藤龍棟)이 강호(江戶)의 치근관(値勤官) 지전안병위(池田安兵衛)에게 보낸 편지에서 태평천국 기의를 직접적으로 「명청전쟁(明淸戰爭)」이라고 말하고 있다. 편지에는 '명조(明朝)의 황손(皇孫)이 함풍제(咸豐帝)에게 원한을 품고 명나라 신하의 자손들과 비적들을 모아 복명군(復明軍)을 일으켰다. 그리하여 중국의 18개 성(省)중에서 이미 5, 6개 성을 점령했다'고 하고 기의에 동정을 표시했고, 기의를 일으킨 자는 '스스로를 명황제(明皇帝)의 후손이라 칭하면서 인정을 베풀고 백성들은 위무(慰撫)하자 관민(官民)이 그의 덕(德)에 복종하고 있

4) 增田涉, 『西學東漸と中國事情』, pp.263, 285.

다'[5]고 쓰고 있다.

이상에서 서술한 몇 가지 자료를 통해 중국 상인들은 1853년부터는 더 이상 태평천국을 「오합지적(烏合之賊)」으로 매도하지 않고 있으며 대부분이 「복명운동(復明運動)」으로 보면서 동정을 보내고 있다는 사실을 잘 알 수 있다.

1853~1854년 사이에 일본의 막부와 각 번(藩)이 유구(琉球), 조선(朝鮮), 네덜란드 등의 상선(商船) 및 미국, 영국, 러시아 등의 군함으로부터 수집한 정보에는 태평천국기의의 전개과정이 나타나 있다.

유구(琉球)의 관리이었던 상삼(尙森)은 국왕의 명으로 중국에 가서 상업 활동을 했는데, 그가 수집한 정보에서 '1851년에 중국 광서에서 병란이 발생했고 1852년에 태평군이 호북을 점령했다. 다음해에 남경을 함락시킨 이후 계속해서 진강(鎭江), 소주(蘇州) 등을 점령했다. 흠차대신(欽差大臣) 상영(向榮), 직예총독(直隸總督) 기선(琦善) 등이 하남(河南)과 섬서(陝西)의 군대 20여 만 명을 이끌고 남경(南京)을 포위했다'[6]고 말했다. 이것은 태평군의 진군과 청군(淸軍)이 강남(江南)·강북대영(江北大營)을 건립한 사실과 관련된 것으로 상당히 정확하다.

조선으로부터 얻은 소식 역시 적지 않다. 1853년 4월 장기봉행(長崎奉行)은 조선으로부터 보내 온 보고를 받았는데, 거기에는 '작년 봄 명(明)나라 주씨의 후예(이름은 華, 字는 元曄, 蜀四川人, 불과 24세)가 명을 부흥하려는 큰 뜻을 품고 도광제가 죽자 청의 역법을 쓰지 않고 명률(明律), 명복(明服)으로 고치고 연호를 천덕(天德)이라 했다. 광동의 여러 주에서 군대를 모았는데 그 수가 10만에 이르렀으며', '원엽을 주신왕(朱新王)으로 받들었다'는 등의 내용이 적혀있다. 이 보고에서 주목할 만한 것은 태평군의 세력을 과장하여 '여러 항구에 있는 영국을 비롯한 오랑캐(夷)들도 태평군에 포함되어 있다'고 서술하고 있다는 점이며, 심지어 '달단(韃靼 : 몽고)도 기병하

5) 小島晉治, 『太平天國革命の歷史と思想』, pp.289-290, 296.
6) 小島晉治, 『太平天國革命の歷史と思想』, pp.290, 289, 296.

여 주씨(朱氏)를 돕는다고 부르짖고 청(淸)의 구도(舊都)를 습격했다', '여러 부(府)들이 두려움에 떨고 수도에는 계엄이 내려져 있다'[7]고 까지 적고 있다.

같은 해 6월에 대마수 종의화(對馬守 宗義和)의 가신(家臣) 고천장감(古川將監), 좌수이직(佐須伊織) 등이 조선의 관리와 통역관을 통해서 이해하게 된 중국의 동란(動亂)에 관한 상황에 대해 '처음에는 일반적인 도적의 기의(起義)라고 여겼는데 나중에 가서야 명(明)의 후예가 명을 회복하기 위해 일으킨 기의(起義)라는 것을 알게 되었다'고 막부(幕府)에게 보고했다. 보고서는 '이번 소요를 일으킨 주모자는 성(姓)이 홍씨(洪氏)'라고 하고 기의군의 기율(紀律)이 엄격함을 높이 평가하면서 '가는 곳마다 재물도 빼앗지 않고 부녀자들을 범하지 않아서 백성들이 안심했고 복종하기를 원하게 되었다' 고 쓰고 있다. 또한 기의군이 도주(道州), 악주(岳州) 등을 차례로 탈취했고 무창(武昌), 구강(九江), 안경(安慶) 등을 함락시키는 과정에서 청군(淸軍)의 사상자가 아주 많아서 북경을 두려움에 떨게 하여 '끊임없이 각지의 병권을 맡은 관리들을 재촉했다'고 서술하고 있다. 조선은 기의가 '너무 광범위하게 확산되어서 쉽게 평정될 수 없을 것으로 보인다'[8]고 여기고 있었다. 11월에 대마수 종의화(對馬守 宗義和)는 이세수 아부(伊勢守 阿部)에게 보내는 편지에서 조선에서 보내 온 보고 내용을 근거로 '북경(北京)이 포위될지도 모른다'고 말하고 있고 더 나아가 북경의 황제가 조선으로 피난 갈 가능성이 있음을 예측하였다.[9]

1854년(가영 7년) 3월에 고천장감(古川將監)과 좌수이직(佐須伊織)은 다시 '북경은 이미 병란의 상황이며 열 가운데 여덟, 아홉 지역은 명군(明軍)에게 빼앗길 것이다', '만약 명군이 군량이 수송되어 오는 길을 끊어버리면 북경은 머지않아 함락될 것이다', '북경의 패군은 조선으로 달아날 수도 있다'[10]고 보고했다. 이것은 1853년 겨울, 태평천국의 북벌군이 천진에 이른

---

7) 增田涉, 『西學東漸と中國事情』, pp.263, 285.

8) 勝海舟 『開國起源』上

9) 「高麗環雜記」 『幕末外國關係文書』(三)

10) 「長崎奉行書類」 『幕末外國關係文書』(五)

역사적 사건을 반영하고 있다.

일본인은 네덜란드 상선(商船), 미국·영국·러시아 군함들로부터도 태평천국에 관한 소식을 들었다. 예를 들면, 1853년 7월 네덜란드 상선으로부터 태평군이 이미 남경을 점령했다는 소식을 들었다. 같은 해 6월에 일본 관원은 미국 군함으로부터 중국에서 발생한 기의는 '명의 황손이 일으킨 「복명운동(復明運動)」'이라는 말을 들었다. 12월에 유구에 파견된 녹아도(鹿兒島) 번사(藩士) 향전중병위(鄉田仲兵衛), 천상식부(川上式部) 등은 나패항(那覇港)의 미국 군함으로부터 홍콩의 영화서원(英華書院)에서 편찬한 한문월간(漢文月刊) 『하이관진(遐邇貫珍)』 두 권을 얻었는데, 책 속에 태평군의 남경 점령과 영국사신 본함(Bonham)의 남경 방문에 관한 기사가 있는 것을 보고 일본인들은 비로소 태평군이 기독교를 신봉한다는 사실을 알았다. 1854년 1월에 그들은 또 러시아와 영국의 군함으로부터 태평천국의 수령은 태평왕이고 예수교를 신봉한다는 사실에 대해 알게 되었고 아울러 이러한 사실들과 『하이관진』을 막부에 보냈다. 같은 달 천로성모(川路聖謨)가 러시아 군함 파노납달 호(巴魯拉達號)를 방문했을 때 '북경은 함락되었는가? 황제는 달단(韃靼)으로 피난 갔는가?'라고 관심 있는 태도로 묻자 러시아인이 '아니오'라고 대답했다.11)

요컨대 1854년 7월 막부(幕府)와 각 번(藩)이 중국 상인뿐만 아니라 조선, 유구 및 서방의 군함들로부터 얻은 정보들은 대부분이 태평군의 발전 과정을 반영하고 있다. 그리고 많은 정보들이 태평천국을 명(明)의 후예가 일으킨 「복명운동」으로 보고 있었으며, 홍수전과 배상제회에 대해서는 거의 거론하지 않고 있다. 태평군의 남경점령과 북벌(北伐)·서정(西征)에 따라 적잖은 일본인들은 태평군이 승리할 것이고, 청조는 이미 '풍전등화(風前燈火)와 같은 상황이며 심지어 황제도 조선으로 몽진(蒙塵)을 갈' 가능성이 있다고 예상하고 있었다.

강호(江戶)시대 일본의 막부(幕府)는 일본인이 배를 타고 외국에 나가는

---

11) 『川路聖謨魯使應接日記』 『大日本維新史料』.

것을 금지했다. 그러나 연해에서 어로행위를 하거나 항해할 때 폭풍을 만나 국외에 표류하거나 외국선박에 구출되어 이국땅에 가는 일이 생기기도 했다. 그 중에서 중국에 표류하는 경우가 가장 많았는데, 자연히 표류민들이 귀국한 뒤 중국에 관해 적지 않은 소식들이 알려지게 되었다.

일본선박 「영력환(榮力丸)」에 탔던 표류민들은 1853~1854년까지 중국에 머물렀고 당시 태평천국(太平天國)에 관해 직접 보고 들은 소식을 가지고 돌아왔다. 그 표류민들은 1850년에 일본연해에서 재난을 만나 53일 동안 표류한 뒤 미국 선박에게 구조되어 샌프란시스코로 갔다가 다음해 홍콩으로 보내졌다. 그들은 1853년 2월에 홍콩을 출발하여 남경으로 가서 「명청전쟁(明淸戰爭)의 상황」을 살펴볼 생각이었다. 상해(上海)에 도착한 뒤 그들은 안내원을 고용하여 남경(南京)으로 향했으나 도중에 수심이 얕아서 배가 앞으로 나아가지 못하고 상해로 되돌아왔다. 후에 그들은 다시 절강 사포(乍浦)로 보내졌고, 1854년 7월에 중국상선 「원풍호(源豊號)」를 타고 일본으로 돌아왔다. 귀국 후 문태(文太, 원명은 명리칠 名利七)라는 선원은 번학(藩學)인 상덕관(尙德館)의 관리에 임명되었다. 1856년(安政3년)에 문태가 구술한 표류기가 번학 상덕관의 굴희명(堀熙明) 등에 의해 『영력환표류기담(榮力丸漂流記談)』이라는 책으로 편찬되었다.

『영력환표류기담』에는 태평천국의 상황에 관련된 적지 않은 기사가 수록되어 있다. 문태 역시 태평천국을 '명청전'으로 보았고 기의는 1849년 광서에서 발생했으며, 수령은 본래 명조의 후예로 광서에 흘러든 농민이라고 말하고 있다. 문태는 '태평천국은 아편전쟁 이후 백성들의 생활이 도탄에 빠져 민심이 흉흉해진 상황 속에서 무리를 지어 광서성을 공격하면서 시작된 기의'라고 보았다. 그는 계속해서 '태평군이 기세를 몰아 진격해 나갔고 홍콩의 영국인들에게 대포를 비롯한 무기를 사들였기 때문에 기병한 지 4년 만에 이르는 곳마다 대적할 자가 없게 되었다. 태평군은 90여 성을 공격했고 600여 척의 배를 탈취하였으며 병사는 20만에 이르렀다. 점령한 지역에서는 모두 명나라의 옛 법을 실시했고 의복, 기장(旗章), 두발(頭髮)까지도 명의 제도를 부활시켰다'고 서술했다. 그는 또한 기의군의 기율이 엄격하여 백성들의 지지를 얻었다고 칭찬하면서 「명군(明軍)」이 남경(南京)을 점령하게 된 상세한 과정과 상해의 부유한 신사층, 외국인의 태평천국에 대한 두려움 등을 묘사했다. 문태 일행은 사포(乍浦)에 도착한 이후에 「명군(明軍)」이 8월 5일에 상해(上海) 성안으로 진격했다가 격렬한 전투 끝에 다시 후퇴했다는 소식(1853년 9월 7일에 유여천(劉麗川)이 주도한 소도회 기의군(小刀會 起義軍)이 상해현성(上海縣城)을 점령한 사건을 말함)을 들었다. 그들은 또한 「명군」이 두 차례나 북경(北京)으로 진공했고 '20여 만 명의 병사, 200척의 배를 갖추고 있어 파죽지세와 같은 형세'라는 소식을 들었다.[12] 문태는 직접 태평천국 부근에 갔었던 일본인이었고 태평천국과 관련된 구체적 상황에 대해 많이 알려주었다. 그러나 애석하게도 그는 남경에 가본 적이 없어서 태평천국의 진상에 대해 더 깊이 이해할 수 없었기 때문에 시종일관 태평군을 「명군」이라고 서술했다.

태평천국에 대한 더 자세하고 정확한 소개는 아무래도 일본에 온 중국인이 가져온 각종 중국서적이었다. 중국서적들을 통해서 일본인은 태평천국을 더욱 심도 있게 이해할 수 있었다.

1854년(함풍 4년, 가영 7년)에 광동인 나삼(羅森)은 미국 선교사 윌리암스(Williams, 衛廉士)의 요청으로 미국 해군준장 페리가 군함을 타고 조약에 관해 의논하기 위해 일본에 왔을 때 통역을 맡았다. 그는 일본에 있는 동안 수많은 일본 관리들과 접촉했고 필담(筆談), 차서(借書) 등의 형식으로 태평천국의 상황을 소개했다. 어떤 일본 관리가 미국 사절단을 접대하기 위한 연회에 참석했다가 나삼과 횡빈빈관(橫濱賓館)에서 태평천국에 관해 필담을 나누었는데, 그 내용이 『금천유기(金川游記)』에 기록되어 있다.

일본 관리가 물었다. '소도회(小刀會) 태평왕(太平王)의 이름이 무엇인가?'

나삼(羅森)이 대답했다. '홍수천(洪秀泉(홍수전 洪秀全))이 태평왕(太平王)이고 소도회(小刀會)가 아니다.'

---

12) 「榮力丸漂流記談」『海表叢書』, 卷3

문: '그들의 세력은 어떤가? 이미 남경(南京)을 점령했는가?'

답: '이미 남경이 함락되었다.'(태평천국이 이미 남경을 점령하였음을 가리킴)

문: '미리간(米利干, 미국)은 태평왕(太平王)을 지원하는가?'

답: '지원하지도 반대하지도 않는다.'

문: '영국을 비롯한 오랑캐들은 청조를 지원하는가?'

답: '그들은 지원하지 않고 단지 자위할 뿐이다.'

문: '청조 황제가 조선으로 달아났다는 소리를 들었는데 사실인가?'

답: '나는 그런 말을 들은 적이 없다. 그대는 어디서 들었는가?'

문: '태평왕이 자신의 뜻을 이루어 옛 풍속을 되찾을 수 있을까?'

답: '뜻을 이룬다면 그렇게 될 것이다.'

문: '승패는 어떻게 될 것 같은가?'

답: '하늘에 달려있다.'

문: '천도(天道)가 누구에게 돌아갈 것으로 보는가?'

답: '알 수 없다.'

문: '홍수천(洪秀泉)은 명(明)의 후손인가 그렇지 않은가?'

답: '후손이다.'

문: '연호가 천덕(天德)인가?'

답: '예전에는 그랬다.'

문: '지금은 무엇인가?'

답: '지금은 태평왕이라고 한다.'

문: '태평왕 이외에 또 왕(王)이 있는가?'

답: '현재 4명이 있다고 한다.'

문: '4왕(四王)의 이름은 무엇인가?'

답: '기억이 안 난다. 단지 홍수천(洪秀泉)이 우두머리라는 것만 알고 있다.'

문: '중국인들 중 반 이상이 적(賊)에 동조하는가?'

답: '인의(仁義)만이 백성들을 복종하게 할 수 있다.'[13)]

위의 문답을 통해 일본관리가 태평천국에 관해 큰 관심을 지니고 여러 의문을 제기했다는 것을 알 수 있다. 그리고 나삼도 비교적 사실에 부합하는 대답을 하면서 와전된 사실은 바로잡고 있다. 예를 들어 홍수전은 태평왕이지 소도회가 아니라고 한 것, 연호는 천덕(天德)이 아니고 태평왕이라고 한 것, 그리고 황제는 조선으로 달아나지 않았다는 것 등이 있다. 나삼은 태평군에 대해 나쁜 감정을 가지고 비난하지 않고 청과 태평천국 쌍방의 승패를 알 수 없다고 하면서 '인의(仁義)만이 백성을 복종시킬 수 있다'고 말하였다.

나삼(羅森)은 자신이 태평천국에 관해 기술한 책을 일본 인사(日本人士)들에게 빌려주었다. 그는 『일본일기(日本日記)』에서 '평산겸이랑(平山謙二郎)은 사람됨이 순후(純厚), 박학(博學)했는데 부지런히 내게 와서 중국의 치란(治亂)에 관해 물었다. 나는 평소에 기록해 두었던 일들과 치국책을 보여주었다'라고 썼다. 평산겸이랑은 나삼이 보여준 저술들을 빌려본 뒤 필사(筆寫)했고 그 뒤에 여러 종류의 『남경기사(南京紀事)』라는 필사본이 나타났다. 얼마 지나지 않아 또 『만청기사(滿淸紀事)』라는 목활자(木活字)로 된 개정판이 나왔다. 『만청기사(滿淸紀事)』에서 나삼(羅森)은 아편전쟁(阿片戰爭) 직후의 상황부터 홍수전(洪秀全)이 기의(起義)를 일으키게 된 과정을 서술했다.

그는 홍수전에 대해 '어릴 때부터 담력과 지략이 있었고 영걸(英傑)들과 함께 지냈다. 중년에 이를 때까지 공부를 했지만 가난했고 뜻을 이루지 못한 것을 답답해하고 있었다'고 썼다. '홍수천(洪秀泉)은 홍콩에서 영국 목사에게 예수교를 배웠고 성서를 읽은 후 광서에서 포교했다. 풍운산(馮雲山)도 마카오에서 입교하여 광서에서 포교했는데 관청의 체포를 피하기 위해 1848년에 반기를 들었다.' '홍수천(洪秀泉)은 향민(鄕民)을 이끌고 머리와 의복의 모양을 바꾸었으며 백성들을 약탈하지 못하게 했다. 그들의 기율(紀律)은 엄격했고 엄숙한 자세로 행군했으며 명(明)을 회복하려 했다.'[14] 그는

---

13) 『金川游記』: 克堂生寫本

14) 羅森, 『滿淸紀事』, 勝海舟, 『開國起源』上

계속해서 기의군(起義軍)이 광서로부터 남경에 이르는 동안 벌였던 청군과의 교전상황을 서술했다. 그의 서술은 세밀한 부분에서 약간의 가감(加減)이 있지만 태평군의 진군과정과 거의 일치한다. 책의 말미에 상해 소도회의 기의에 대해서도 기술되어 있다.

『만청기사(滿淸紀事)』의 내용이 비록 간략하기는 하지만 일본인에게 맨 처음 태평천국의 진상을 구체적으로 소개하여 일본인에게 중시되었다. 막말의 저명한 사상가인 길전송음(吉田松陰)이 감옥에 갇혀있을 때 친구가 『만청기사(滿淸紀事)』의 필사본을 보내주었다. 얼마 뒤인 1855년(안정 2년) 봄에 길전(吉田)은 그 책을 『청국함풍난기(淸國咸豊亂記)』라는 제목으로 일역(日譯)하여 보급했다. 길전(吉田)은 『청국함풍난기(淸國咸豊亂記)』를 통해 이전에 나온 태평천국에 관련된 소식들을 바로잡았다. 그는 머리말에서 '청국 상인의 풍설서(風說書)는 너무 제멋대로 말하고 있다. 주신왕(朱新王), 천자친정(天子親征) 등은 모두 헛소리이고, … 주(朱)아무개가 24세밖에 안 되었다고 하는 것은 항우(項羽)가 24세에 기병한 사실을 억지로 가져다 붙인 것이다. 이런 헛소리들은 모두 명의 부흥을 말하기 위해 날조한 것'[15]이라고 기술하였다.

태평군이 승리하면서 강남으로 진군했기 때문에 중국상선의 일본항해가 중단되었다가 1854년 7월이 되어서야 비로소 중국선박 「풍리호(豊利號)」와 「원풍호(源豊號)」가 장기(長崎)에 들어왔다. 이 두 선박의 선주(船主)와 화주(貨主)는 '태평천국은 광서, 광동의 무뢰배들과 연계되어 있는 오합지졸들로 홍수전(洪秀全), 양수청(楊秀淸) 두 명이 주모자이다', '그 무리들은 머리를 기르고 홍건(紅巾)을 두르고 있어서 관병이 홍건적(紅巾賊) 혹은 장발적(長髮賊)이라 부른다.' '지금 각처의 도적들이 아직 소탕되지 않았지만 봄이 되면서 전투에서 적지 않은 승리를 거두어 도적들의 세력이 약화되었다'[16]는 등의 정보를 제공했다. 이러한 보고들이 청정부의 입장에서 태평군을

---

15) 『吉田松陰全集』, 第三卷, pp.258-259, 218.
16) 『幕末外交關係文書』(七)

비난하고 있지만 홍·양(洪·楊)이 수령이고 태평군의 북벌이 좌절된 사실 등을 잘 말해주고 있다.

「풍리호(豊利號)」와 「원풍호(源豊號)」가 가져온 『월비대략(粵匪大略)』이라는 필사본은 더 큰 영향을 끼쳤다. 1854년 겨울에 녹천산방(綠天山房)이 훈점(訓點)을 넣어 번역하여 널리 읽혀졌다. 이 책은 첫머리에 광서성의 산수가 험하고 「옛날부터 도적이 많은 지역」이라고 기술하였다. 1850년(도광 30년)에 '심주(潯州) 계평현(桂平縣) 금전촌(金田村)에서 역비(逆匪) 홍수전(洪秀全), 양수청(楊秀淸), 소조귀(蕭朝貴), 풍운산(馮雲山), 위정(韋正), 호이광(胡以洸), 범연덕(范連德), 라와왕(羅亞旺) 등이 배상제회(拜上帝會)를 결성했고 홍수전은 자칭 태평왕이라고 칭하여 마침내 10월에 기의를 일으켰다.' 『월비대략』은 연월에 따라 전투상황을 기록하여 태평군이 금전기의부터 남경에 수도를 정하기까지의 경과, 북벌군이 양주(揚州)를 출발하여 천진(天津)에 이르렀다가 산동에서 곤란을 겪게 되는 과정 등을 기술하고 있다. 그리고 끝머리에 1854년(함풍 4년), 흠차대신(欽差大臣) 승보(勝保)가 산동(山東) 임청주(臨淸州)를 탈환하자 '도적들이 다시 산동 고당주(高唐州)로 달아났고, ···현재 승보도 고당주에 주둔하고 있는데 승보가 남쪽으로 진격하면 평정될 것으로 보인다'[17)]고 쓰고 있다.

『월비대략(粵匪大略)』은 많은 관방자료(官方資料)를 사용했기 때문에 『남경기사(南京紀事)』보다 더 상세하게 태평천국의 역사를 기록하고 있다. 따라서 녹천산방(綠天山房)은 서문에서 '이 책을 보고서야 그 시말과 국내의 정보들이 잘못되어 있음을 알게 되었다'고 말했다. 『남경기사』와 『월비대략』이 일본에 들어옴으로써 일본인들은 비로소 비교적 전면적이고 진실하고 구체적으로 태평천국을 이해하게 되었다. 그러나 『월비대략』은 완전히 청정부의 입장에 서서 태평천국을 「도적」이라 간주하고 태평천국이 기독교를 신봉한다고 비난하면서 북벌군의 좌절을 과장하였다. 이러한 사실들

---

17) 北京大學文科硏究所編, 『太平天國史料』, 開明書店, 1950, pp.498-499, 『粵匪大略』은 현재 중국에 남아있지 않아서 『太平天國史料』를 편찬할 때 일본에서 출판된 판본을 이용하였다.

은 모두 일본의 여론에 영향을 미쳤고 1854년 7월 이후가 되면 일본의 태평천국에 대한 태도에 변화가 나타나기 시작하였다.

1854년 겨울에 장기(長崎)에 머물고 있던 중국 선주(船主) 강성여(江星畬), 양소당(楊少棠)이 장기봉행(長崎奉行)에게 중국에서 온 『도광함풍내지소란기실(道光咸豊內地騷亂紀實)』이라는 편지를 제공했는데 태평군이 기의를 일으킨 지 4년이 되는 기간 동안의 상황이 기록되어 있다. 편지에는 당시 전국 각지의 민중들이 잇달아 「반란을 일으키는」 상황이 묘사되어 있다. 예를 들어 태평군이 무한을 점령했을 때 '장강연안에서 도적떼들이 봉기했고 강남, 산동, 서주(徐州) 등지에서도 도적들이 출몰했다. 각지에서 도적들이 창궐하여 상인들의 왕래가 불가능하였으며, 화물의 운송이 제대로 이루어지지 못하였다'[18]는 내용이 있다.

1860년 6월(함풍 10년, 만연 원년(萬延 元年))에 태평군이 소주(蘇州)를 점령한 지 1개월 뒤) 소주 상인 정가당(程稼堂)이 가족들을 이끌고 장기(長崎)로 피난 왔다. 그는 『피난기략(避難紀略)』에서 소주(蘇州) 태평군에 관해 직접 보고 들은 것을 기록했는데 그 속에는 태평군의 군기와 포고(布告)에 관한 기술도 포함되어 있다. '같은 해(1860년 6월을 가리킴) 16일 새벽에 충왕(忠王)이라는 적수(賊首)가 백성을 안심시키는 고시(告示)를 붙였는데, 대략 "이번 소주 평정은 백성들을 속이고 압박하는 탐관오리를 제거하고 백성을 구제하기 위한 것이지 백성들을 죽이려고 온 것이 아니다. 내일부터 병사들 중에 백성들을 죽이거나 부녀자들을 추행하는 자가 있으면 모두 참수(斬首)할 것이다. 백성들은 절대로 두려워하지 말고 노약자와 부녀자들 중에 다른 지역으로 가기를 원하는 자는 모두 가도록 허락한다"는 내용이었다. 2, 3일 사이에 성문을 열었다. 포고문이 내려진 다음 날부터 성안은 평온해졌다. 백성들은 모두 충왕(忠王)이 어질다고 여겼고 성을 나가면 도중에 곤란을 당할까 두려웠기 때문에 성내에 편히 살고 성밖으로 나가려하지 않는 자가 비교적 많았다.'[19]

---

18) 『太平天國文獻史料集』, pp.413-417.

19) 『太平天國文獻史料集』, pp.413-417.

『피난기략』에는 소주에서 대일무역에 종사했던 왕씨 십이가(王氏十二家) 선주(船主)들이 모두 흩어진 상황도 묘사되어 있다. 12가(家)의 굉풍선(宏豊船), 길리선(吉利船), 길륭선(吉隆船) 등은 각각 사포(乍浦), 오송구(吳淞口) 등지에서 하역을 할 수 없었기 때문에 중·일(中日)무역이 영향을 받았다. 당시 상해의 관부(官府)와 외국세력은 이미 결탁하기 시작했고 태평천국이 상해로 진군하는 것을 방어했다. 그러나 정가당(程稼堂)은 상해가 태평군을 막아낼 수 있는지의 여부에 대해서는 회의적이었고 '소문에 의하면 상해에는 돈을 가지고 프랑스 인들에게 방어에 협조해 주도록 요청하는 사람들이 있다고 한다. 그런데 나라의 봉록을 먹는 자들조차 위험을 벗어나고 이익을 도모하기 위해 외국인들에게 부탁한다고 하니 어찌 도적들과 피를 흘리며 싸우고 방어할 수 있겠는가? 이것은 결코 온전한 계책이 아니다'[20]라고 여겼다. 따라서 그는 주저 없이 가족을 모두 데리고 상해에서 배를 타고 일본으로 피난 왔을 것이다.

1860년대 초에 일본인이 태평천국을 이해하게 된 정보는 주로 일본 선박이 상해에 머무를 때 보고 듣거나 수집한 자료를 통해서 이루어졌다.

1862년(동치 원년, 문구 2년)에 덕천막부는 중국과의 무역을 발전시키기 위해 근립조칠랑(根立助七郎) 등의 관리 몇 명을 파견하여 「천세환(千歲丸)」을 타고 상해로 항해하게 했고 각 번(藩)들도 번사(藩士)들을 보냈다. 이것은 쇄국(鎖國)이래 일본의 막부가 처음으로 중국에 보낸 관방 선박이며 동시에 개국이후 막부가 중국과 관계를 맺기 위한 첫 번째 시도였다. 「천세환」은 4월 29일에 장기(長崎)를 출발하여 5월 6일에 상해에 도착했고 상해에 2개월 가량 머물렀다. 「천세환」의 승객들은 적지 않은 저작, 일기 등을 통해 항해의 기록과 상해에 관한 견문을 남겼다. 그 가운데에는 태평천국에 관한 소식들이 포함되어 있었다.

당시 태평천국의 두 번째 상해 진공(上海進攻)이 있었기 때문에 「천세환(千歲丸)」의 승객들은 태평천국이 상해에 끼친 영향과 태평군의 포성을 직

20) 『太平天國文獻史料集』, pp.413-417.

접 들을 수 있었으며 태평군과 청군 사이의 전투를 보고 싶어 했다. 장주(長州) 번사(藩士) 고삼진작(高杉晉作)은 『유청오록(游淸五錄)』에서 '5월 7일 새벽에 창 소리와 대포 소리가 들렸는데 장모적(長毛賊 : 태평군)과 청군이 싸우는 소리라고 했다. 나는 마음속으로 '이 말이 사실이라면 실전을 볼 수 있겠지'라고 생각하며 기뻐했다. 5월 10일 황혼녘에 네덜란드 사람이 와서 '장발적(長髮賊)이 상해 3리 밖에 이르렀으니 내일 아침에 틀림없이 포성을 들을 수 있을 것이다'고 알려 주자 관리들은 크게 놀랐지만 나는 속으로 기뻤다'[21]고 기술하였다. 「천세환」의 승객들은 태평천국에 관한 많은 정보를 수집했는데 그 중에는 태평군은 신의를 지켜서 호주성(湖州城)에 진입한 뒤 '약속을 어기지 않았고 한 사람도 해치지 않았다'[22]는 내용도 보인다.

그러나 그들이 접촉한 사람들 중에는 강남(江南) 각지에서 태평군을 피해 상해로 온 지방관리와 지주 신사(地主紳士) 들이 더 많았다. 그리하여 그들로부터 태평군에 대한 비난과 원망을 들었다. 따라서 태평군에 대한 반감이 생기게 되었다. 예를 들어 중국 신사(中國紳士) 안록(顔霔)은 고삼진작(高杉晉作)에게 '저는 작년 겨울 장발적(長髮賊)을 피해 여기에 왔습니다. 금년 봄 3월에 집은 불타 없어지고 집안의 서적과 재산도 함께 소실되어 저의 상황을 말하자니 참담합니다'라고 했다. 고삼(高杉)은 그에게 「듣고 있자니 눈물이 나는 군요」[23]라고 동정을 표시했다. 좌하(佐賀) 번사(藩士) 납부개차랑(納富介次郎)도 '도적 떼들 때문에 피난 온 피난민들이 거처할 곳이 없어서 길가를 헤매기도 하고 배 위에서 살기도 했는데, 비와 이슬을 맞으며, 생계를 꾸리기 어려운 처지를 보니 정말 불쌍했다'[24]고 썼다.

「천세환(千歲丸)」의 승객들은 상해에서 청 정부의 부패상과 외국군대가 태평군을 방어하는 현상을 직접 목도하였다. 대수(大樹) 번사(藩士) 봉원장(峰源藏)은 '청은 상해 성의 성문을 지킬 병력도 부족하고 현재 영국, 프랑

---

21) 高杉晉作, 『游淸五錄』
22) 日比野輝狁錄, 『贅狁錄』
23) 日比野輝狁錄, 『贅狁錄』
24) 日比野輝狁錄, 『贅狁錄』

스 양국에게 방어를 맡기고 있다'고 말하였다. 그는 '현재 상해의 상황은 안으로는 장모적(長毛賊)의 진공, 밖으로는 양인(洋人)들의 압박이 있어서 청조는 성내에서 근근히 연명하고 있는 상태이다. 그들은 꼼짝할 수 없다'[25]고 여겼다.

「천세환(千歲丸)」은 적지 않은 중국 서적들을 싣고 돌아왔는데 상해의 책방이나 개인으로부터 구입한 것도 있었고, 번사(藩士)들이 태평천국의 상황을 이해하기 위해 필사한 것도 있었다. 그 중에서 지주의 입장에서 태평천국을 본 것으로는 『순비수문록(盾鼻隨聞錄)』, 『금릉계갑척담(金陵癸甲摭談)』, 『월비기략(粵匪紀略)』 등이 있고 태평천국의 문헌으로는 『천리요론(天理要論)』, 『태평조서(太平詔書)』, 『태평예제(太平禮制)』, 『천명조지서(天命詔旨書)』, 『자정신편(資政新編)』 등이 있다. 이상의 책들은 모두 진귀한 자료들이다. 태평천국 자체의 문헌은 당시 일본에서 중시되지 못했지만 청(淸)의 문인이 쓴 두 권의 책은 곧바로 번역되어 널리 알려졌다. 한권은 좌하(佐賀) 번의 선비 중모전창지조(中牟田倉之助)가 필사한 왕곤(汪堃)의 『순비수문록(盾鼻隨聞錄)』으로 낭화이등(浪華伊藤)이 교점(交點)을 달아 3권의 책으로 낸 것이고, 다른 한 권은 사개학(謝介鶴)의 『금릉계갑척담(金陵癸甲摭談)』 2권을 이하(伊賀) 번의 고견저지개(高見猪之介)가 교점(交點)을 단 책이다. 이 두 권의 책은 태평천국의 경과에 대한 기술이 아주 상세하고 『금릉계갑척담』에는 수십 명의 태평천국 지도자들에 대한 소전(小傳)이 들어있다. 그리고 이 책들은 명치유신전후 일본인이 태평천국을 이해하는 중요한 참고서가 되었다.

1864년(동치 3년, 명치 원년)에 「건순환(健順丸)」이라는 일본 무역선이 중국에 왔다. 이 배는 막부관리인 산구석차랑(山口錫次郎) 등이 이끌고 2월 9일에 병고(兵庫)를 출발하여 2월 21일에 상해에 도착한 이후 한 달 반 동안 머물렀다. 당시 항해의 기록인 『황포지(黃浦志)』에서도 태평천국의 상황들에 관해 다루고 있다.

---

25) 峰源藏, 『淸國上海見聞錄』

2. 강호군담(江戶軍談)

—일본인의 태평천국(太平天國)에 대한 인식

막말(幕末) 일본인은 각종 경로를 통해서 태평천국에 관한 소식을 듣고 있었는데 그렇다면 그들은 도대체 태평천국을 어떻게 바라보고 있었을까? 실제로 당시 일본사회의 각 계층의 인식과 반응은 같지 않았다. 이러한 차이는 그들 각자가 얻은 정보의 내원(來源) 및 자신들의 입장, 지위가 달랐기 때문이다. 이 절에서는 일본인들의 태평천국에 대한 인식들을 구체적으로 고증하려 한다.

먼저 태평천국의 점령지역에 가서 직접 관찰했던 표류민 문태(文太)의 인식을 살펴보자. 문태는 원래 백기하촌군 장뇌촌(伯耆河村郡 長瀨村)의 보통 어민이었다. 따라서 그의 견해는 어느 정도 일본 서민의 생각을 반영하고 있다고 생각된다. 문태가 『영역환표류기담(榮力丸漂流紀談)』에 태평천국에 대해 묘사한 몇 가지 점은 주목할 만한 가치가 충분히 있다. 우선 그는 태평천국기의를 아편전쟁의 결과라고 여겼다. 영국의 침략과 청 정부의 부패 때문에 중국은 어쩔 수 없이 토지를 할양하지 않을 수 없었고 배상금을 지급해서 물가는 치솟고 백성들의 생활은 갈수록 어려워졌다. 따라서 '민심이 떠나고 모두들 반란을 생각하고 있었는데' 기의군이 깃발을 들자 전국을 휩쓸었다. 둘째 그는 태평군의 엄격한 기율에 대해 '민간의 금은을 모두 몰수했고 공가(公家)에서 의복 등을 분배했다. 군용(軍用)을 제외한 미곡세(米穀稅)는 일괄적으로 면제해 주었다. 따라서 백성들은 어떠한 어려움도 없었다.' '폭정을 베풀지 않아서 사람들이 모두 안심했고' 민심을 얻을 수 있었다고 쓰고 있다. 셋째 그는 태평군의 외교정책에 대해 '기병 할 때부터 외국에게 각 국의 상관(商館)을 보호할 것이니 청조를 돕지 말 것, 자신들도 외국의 원조를 바라지 않는다는 것, 앞으로 일이 수습되면 평화롭게 교역할 수 있을 것 등을 선포했다'고 말했고 그들의 생각에 동의했다. 그는 또 「명군(明軍)」의 장수들이 '멀리 생각하고', '모두 영걸이다'이라고 칭찬했고 '본서에서 기술한 명청교전(明淸交戰)의 승패여부를 아직 알 수 없지만 당시의 상황을 고려했을 때 대부분 명인(明人)이 승리했을 것이다'[26]고 여겼다. 이상에서 문태(文太)는 태평천국(太平天國)에 대해 깊은 공감을 표시했지만 그는 결코 태평천국의 성격을 제대로 이해할 수 없었고 복명운동(復明運動)으로 보고 있었다는 것을 알 수 있다.

문태(文太)와 유사한 인식이 당시 일본에서 나온 태평천국을 소재로 한 민간 문학 작품에서도 보인다. 이것은 아주 흥미로운 현상으로 태평천국의 기의가 발생한 후 몇 년 사이에 일본에서 태평군을 묘사한 여러 종류의 소설이 나타났는데, 이는 민간 작가와 많은 일본 민중들이 태평천국에 대하여 관심과 흥미를 크게 보여주는 것이다. 그 소설들은 민간에서 유행하는 말들을 가지고 전쟁을 주제로 쓴 「군담(軍談)」소설이었는데, 대다수는 미농지(美濃紙)를 쓰고 삽화를 넣어 여러 권의 책으로 만든 통속적인 작품이었다. 어떤 책은 지도와 주인공의 그림이 있어서 중국의 화상전연의소설(畵像傳演義小說 : 그림을 그린 연재 소설)과 유사했다. 또 어떤 것은 일반 백성들이 쉽게 이해할 수 있게 히라가나를 사용해서 쓰여지기도 했다. 이러한 작품들은 왕왕 풍설서(風說書)에서 얻은 태평천국(太平天國)에 관련된 정보를 줄거리로 했고 민중들의 구미에 맞추기 위해 허구를 가미하기도 했다. 현재 볼 수 있는 군담소설은 모두 7종이 있는데, 그 중 1854년(가영 7년, 안정 원년이기도 함)에 출판된 것이 4종이고, 그 이후에 출판된 것이 3종이다.[27]

먼저 『운남신화(雲南新話)』 또는 『당토탄옥기(唐土炭屋記)』로 불리는 소설은 미농지(美濃紙)의 소형판(小型版) 5권 1책으로 「가영칠년신고(嘉永七年新稿)」라고 주석이 붙어있다. 책머리에 운남왕(雲南王) 주창(朱彰)의 전기(傳記)와 초상이 있고 본문에도 삽화가 있다. 책에는 '아편전쟁(阿片戰爭)의 패배로 중국은 토지를 할양하고 배상금을 지불해야 했기 때문에 국세(國勢)가 기울어 간신들이 횡행(橫行)하고 백성들의 생활은 견딜 수 없는 지

26) 『榮力丸漂流記談』 『海表叢書』, 卷3
27) 日本 東京大의 小島晋治교수가 北京太平天國史硏究會로 『雲南新話』, 『新說明淸合戰記』, 『韃靼勝敗記』, 『外邦太平記』, 『滿淸紀事』 등을 보내주어 日語原書를 볼 수 있었다. 이에 감사를 표한다.

경이 되었다. 운남(雲南) 무정현(武定縣)에 주창(朱彰)이라는 명 황실의 후예가 있었는데 무리를 조직하여 기의를 일으켰고 「운남왕」이라고 불리었다' 고 기술하였다. 작자는 기의군을 '대적할 자가 없고 인정을 베풀었으며 군령이 엄격하여 조금도 제멋대로 함이 없었다. 행군하는 과정에서 창고를 열어 백성들을 구제했고, 백성들은 단식호장(單食壺漿)을 마련하여 그들을 맞이했다.' '몇 년 만에 운남, 귀주, 광서, 사천, 호광, 강서 등 6개 성 수 천 리가 운남왕에게 귀속되었다'고 찬양했다. 또한 이 소설은 운남왕의 대군이 남경을 함락시킨 과정을 소개하고 있는데, 이것은 태평군이 남경을 점령했다는 소식이 막 일본에 전달되었고, 민간 작가에 의해 작품화되었음을 말해준다. 더욱 흥미로운 것은 작자가 계속해서 운남왕이 청영(淸英)연합군을 대파한 이야기를 쓰고 있다는 점이다. 그 내용은 '영국이 군함 70여 척, 8만 이상의 군대를 이끌고 청군을 원조하러 왔다가 운남왕의 복병을 만났다. 영국군은 수천 문(門)의 대포를 잃고 복건으로 달아났는데, 다시 맹장(猛將) 범문호(范文虎)의 화선(火船)에게 공격받았다. 영국 군함은 겨우 배 몇 척만을 남긴 채 본국으로 달아나 버렸다'는 것이다. 이 이야기에는 일본 민간의 태평군에 대한 동정과 서양 침략자에 대한 원한이 나타나 있다.

또 다른 소설 『외방태평기(外邦太平記)』는 모두 5권이고 당토황여전도(唐土皇輿全圖), 경사총도(京師總圖) 주인공의 초상 등이 책머리에 실려 있다. 제1권에 태평군이 남경을 점령한 소식을 적고 있다. 책의 내용을 보면, '명(明)의 후예 주화(朱華)는 자(字)가 원엽(元曄)으로 성격이 관대하고 어질며 대범했는데' 당시 청조는 폭정을 일삼았고 백성들은 편치 못했다. 원엽은 이백옥(李白玉) 등과 명조(明朝)를 회복할 것을 모의(謀議)하고 광동, 복건, 절강 등을 점령하였다. 그들은 강서 파양호(鄱陽湖)에서 조원종(趙元宗)을 격파하고 기세를 몰아 석두성(石頭城, 현재의 남경)으로 진격하자 수장(守將)들이 달아나거나 항복하여 군대의 수가 20만에 이르렀다. '함풍 3년 5월 원엽이 즉위하여 천덕제(天德帝)라 칭했으니 이 해가 천덕(天德) 원년이다.' '천덕왕(天德王)이 50만 대군을 이끌고 북경(北京)을 공격하려고 석두성에서 여러 장군들을 모아 계획을 논의했다.' 책의 내용은 「명군」과 청군 사이의 공방전을 중심으로 서술되어 있는데, 명군에 대한 우호적인 태도를 잘 보여주고 있다.

더욱 전기(傳奇)적인 색채가 강한 것이 『신설명청합전기(新說明淸合戰記)』라는 군담소설로 1854년 산풍헌(山豊軒)에서 출판된 책이다. 권두(卷頭)에 중국 지도 위에 담홍색(淡紅色)으로 「명군(明軍)」의 점령지역을 표시하고 있는데, 광동, 광서, 호북, 호남, 안휘 등이 포함되어 있다. 작자는 '지금 명이 점령한 지역은 이미 48국, 4도(島)로 일본의 영토보다 더 넓다'고 설명하였다. 이 소설도 아편전쟁 시기의 배경 설명으로부터 시작하여 청정부의 부패를 묘사하고 '밖으로는 제번(諸蕃)이 이반하고 안으로는 만민이 복종하지 않는다. 문무관원(文武官員)은 단지 향락만을 일삼고 방비(防備)를 갖추지 않아서 전국이 평온하지 않고 정도(政道)는 밝지 않아 도적들이 들끓고 백성들은 도탄에 빠져있다'고 하여 기의는 정의로운 것이라고 설명하였다. 저자는 계속해서 주인공인 여걸(女傑) 동화양(東花孃)이 호남에서 명(明)나라 복왕(福王)의 후예 주오(朱烏)를 찾아내 주오를 도와 복명기의군(復明起義軍)을 모아 강서(江西) 남창(南昌)을 국도로 삼고 연호를 천덕(天德)이라 했다고 하고 「명군(明軍)」과 청영군(淸英軍)의 격전까지 이야기를 전개하였다.

이 책의 특색은 태평천국과 일본인들이 잘 알고 있던 「국성야(國姓爺)」 정성공(鄭成功)을 연계시켜 정성공의 후예 정천린(鄭天麟), 정성공의 부장(部將) 감휘(甘輝)의 자손 감조(甘照)도 특별히 대만(臺灣)으로부터 달려와서 기의군에 참가했고 여러 차례 공을 세웠다고 쓰고 있다는 점이다. 정성공은 일본인의 영웅이기 때문에 그를 연계시킨 것이고 그렇게 함으로써 민중의 구미에 맞출 수 있었을 뿐 아니라 일본인의 기의군에 대한 많은 동정을 표현했을 것이다.

『청명군담(淸明軍談)』은 당시 일본 민간에서 비교적 널리 읽히던 소설로 청위숙(靑衛塾)에서 출판되었으며, 작자는 청위주인(靑衛主人)이다. 이 책도 태평천국을 「명청전쟁(明淸戰爭)」으로 묘사하였다. 책의 내용을 보면, 명대(明代) 당왕(唐王)의 후예 주화(朱華)는 자(字)가 원엽(元曄)으로 사천(四川)에서 태어났다. 뒤에 광서(廣西) 심주부(潯州府) 계평현(桂平縣)으로 옮겨 가서 대대로 숯을 팔고 있었는데 현(縣)의 관리의 모함에 걸려 옥에 갇혔다. 그는 의적(義賊) 홍무룡(洪武龍)에게 구출된 뒤 기의를 일으켜서 복명(復明)을 대업(大業)으로 내걸고 천덕(天德)을 연호로 정했고 남경으로 진격했다. 작자는 소설의 행간에서 기의군에 대한 호감을 드러냈고 「남경으로 진공한 뒤 홀아비와 과부들을 무시하지 않았고 문사(文士)들을 예(禮)로 대하여 대업(大業)을 이루었다」고 서술하였다.

묵제사(墨堤舍)에서 간행한 『달단승패기(韃靼勝敗記)』는 작자가 청위산인(青衛散人)으로 『청명군담(清明軍談)』의 속편인 듯하다. 이 소설은 남방에서 「후명군(後明軍)」이 기의했을 때 북방 달단(韃靼)의 객이객왕(喀爾喀王)도 청조에 모반을 일으켰고 동북의 만주족(滿洲族)의 옛지역을 공격하여 흑룡(黑龍), 애단(艾丹), 영고탑(寧古塔) 등 3성(城)을 점령했고 천덕왕(天德王)과 연합했다는 것이 주요한 줄거리이다. 저자는 청군이 패배하여 영국에게 구원을 요청할 수밖에 없었는데 「후명군(後明軍)」은 황하(黃河) 입구에서 작은 배를 이용하여 영국 군함을 교묘하게 빼앗고 영국 지휘관을 사로잡았다고 기술하였다.

이 책은 기의군 수십만 대군이 남경을 점령하여 수도로 삼고 천덕을 연호로 삼았으며 명의 풍속과 의복을 회복했고 '인정을 베풀고 무위(武威)을 진작하여 전국 18성(省)을 떨게 했다', 또한 달단(韃靼) 객이객왕(喀爾喀王)은 '대청(大清)은 가혹한 정치를 실시하여 민심이 이반 했지만 후명(後明)의 천덕제(天德帝)는 민심을 얻었고 지혜롭고 용감한 사(士)들이 보좌하고 있다'고 여겨서 '남경으로 특사를 파견하여 천덕제와 연합하기로 결정했다'는 등의 내용으로 되어있다.

『청적이문(清賊異聞)』의 저자도 청위산인(青衛散人)이고 천축루(天竺樓)에서 출판했는데 『달단승패기(韃靼勝敗記)』보다 훨씬 늦게 간행되었다. 이 책은 소문을 근거로 하여 남경정권의 「내분」에 대해 쓰고 있다. 내용을 살펴보면, 주원엽(朱元曄)은 남경에서 칭제(稱帝)한 뒤 사천으로 가서 황비(皇妃)를 취하려 했는데 황후(皇后)가 되려했던 이백옥(李白玉)이 불만을 품어

내분이 일어났다. 이백옥이 대장 홍무룡(洪武龍)을 살해하려 하자 홍무룡은 천덕제(天德帝)와 결별했다. 이것을 기회로 삼아 청군은 남경을 공격했고 그 과정에서 천덕제가 죽고 신왕조(新王朝)는 5년 만에 멸망하여 '대청(大淸)은 다시 평온해졌다'고 하였다. 이 책은 다른 책들과 달리 기의군의 내분을 다루고 있고, 비록 허구라고는 하지만 태평천국에서 발생한 천경 사변(天京事變), 석달개(石達開)의 이탈 등과 관련이 있는 것 같다.

그밖에 『만청기사(滿淸紀事)』 혹은 『소도회화(小刀會話)』로 불리는 5권으로 된 소설이 있는데 작자는 알 수 없고 금성각(金聖閣)에서 간행되었다. 이 책에서 주목할 만한 점은 이 소설의 주인공인 소도회(小刀會) 총대장(總大將) 홍수천(洪秀泉)과 제2인자인 양수영(楊秀榮)이 태평천국의 영수 홍수전, 양수청 등의 이름과 비슷하다는 점이다. 그러나 이 소설의 줄거리는 완전히 허구이고 홍·양(洪·楊)의 생애나 소도회의 사실(史實)과 전혀 다르다. 책의 내용을 살펴보면, 양주(揚州) 감천현(甘泉縣)의 의적 홍전충(洪全忠)이 관청에 잡혀서 사형에 처해지자 그의 아들 홍수천(洪秀泉)이 복수를 하기 위해 은사(隱士) 소의(蘇意)에게 요술을 배워 소도(小刀 : 작은 칼)를 표지(標誌)로 삼아 「소도회」를 결성하고 '하늘을 대신하여 도를 행한다'는 기치로 하여 반청 기의(反淸起義)를 일으켰다. 홍전충(洪全忠)의 족형제(族兄弟)인 양수영(楊秀榮)도 기의에 참가했다. 소도회는 각지를 돌아다니며 전투를 벌이다가 결국 운남(雲南) 임남현(臨南縣) 석병성(石屛城)에서 포위되었다.

이상 7종의 군담소설은 대다수가 주씨(朱氏) 후예의 복명(復明)을 주제로 삼고 복명에 대한 희망과 동정을 표시하고 있다. 이것은 일본의 일반 서민들이 막부의 부패와 무능에 대해 불만을 품고 있었고 천황이 다시 정권을 잡았으면 하는 심정을 반영하고 있다. 이 소설들은 허구로 된 줄거리를 생동감 있고 재미있게 꾸며서 어떤 것은 직접적으로 어떤 것은 암시적으로 태평천국의 입장에 동조하고 있다.

그러면 일본의 통치 집단인 덕천막부(德川幕府)의 태평천국에 대한 반응은 어떠했을까? 이 문제에 대한 자료는 비교적 적고 단지 몇 가지 기록만이 있는데 주로 태평천국에 대해 불안과 걱정을 나타내고 있다. 당시 일본 막부의 통치도 위기에 직면해 있었기 때문에 청조의 통치자로 하여금 동병상련을 느끼게 했다. 또한 중국 국내 전쟁 상황과 청(淸)정권의 안위에 큰 관심을 가지고 있었고 더 나아가 그러한 상황이 일본에 영향을 미칠 수 있다는 걱정 때문에 여러 차례 명령을 내려 태평천국에 관한 정보를 수집하게 했다. 1854년 6월에 막부는 고천(古川)과 좌수(佐須)의 보고를 접한 후 곧바로 장기봉행(長崎奉行)에게 명하여 중국의 동란(動亂)상황에 대해 더 자세히 조사하도록 했다. 같은 해 6월 3일에 막부 노중(老中)이 장기봉행에게 보내는 편지에서 '북경이 포위되어 양식의 보급로가 끊겼는데 황제의 처지는 어떤가?'[28]라고 관심있게 물었다.

중점적으로 연구해야 할 것이 당시 일본 무사계급, 특히 막말 유신파(維新派)들의 태평천국에 대한 견해이다. 막말 유신파의 대다수는 하급 무사(下級武士)였는데 그들은 막부의 통치에 대해 강한 불만을 품고 있었고 내정의 개혁, 외적방어 등을 요구했으며 아울러 천황의 집권과 대정(大政)의 봉환을 희망했다. 따라서 그들은 당연히 복명(復明)을 목표로 하는 태평천국에 동정적이었다. 그러나 1854년 이후 유신파(維新派)의 언론을 살펴보면 오히려 대다수가 태평천국과 대립적인 입장을 취했다. 이것은 무엇 때문일까?

막말(幕末)의 저명한 사상가 좌구간상산(佐久間象山)은 태평천국의 상황에 대해 큰 관심을 가지고 있었다. 그는 '현재 청국의 천덕란(天德亂)에 관해 여러 가지 소문이 있지만 우리는 결코 정확하게 이해하지 못하고 있다'고 말했고 '중국의 병란(兵亂)은 우리나라에 큰 영향을 미치기 때문에 사람을 보내 자세한 조사를 해야 한다'[29]고 여겼다.

유신사상가(維新思想家) 길전송음(吉田松陰)도 태평천국을 크게 중시했다. 그는 감옥에 수감된 어려운 상황 속에서 나삼(羅森)의 『남경기사(南京

---

28) 『幕末外國關係文書』(六)

29) 信夫清三郎, 『日本政治史』, 第1卷, p.221.

紀事)』를 일역(日譯)하여 『청국함풍란기(淸國咸豊亂記)』를 펴냈다. 길전(吉田)은 책을 집필하기 5일 전에 적천담수(赤川淡水)에게 보내는 편지에서 '홍전(洪錢 : 홍수전 洪秀全)은 중화인(中華人)으로 중화인들을 이끌고 만주적(滿洲賊)을 공격했으니 정당하다. 만주족이 천하를 통일하여 천자를 세웠으니 명을 받들어 도적을 토벌하는 것도 정당하다. 그러면 2경(京) 18성(省)의 민족 중에서 결국 누가 정당하고 누가 반역을 저지르고 있는 것인가?'라고 물었다. 그는 '만약 홍전(洪錢) 일당이 처음부터 변발을 하지 않고 호복도 입지 않고 천자(天子)의 땅에서 살지도 않았으며 천자의 땅에서 나온 곡식도 먹지 않고 숭정제(崇禎帝 : 명의 마지막 황제) 때 만들어진 역법(曆法)을 따르면서 오늘에 이르렀다면 나는 그들이 정당하다고 본다. 그러나 중국에 과연 그런 사람이 있는가? 그렇지 않음으로 홍전(洪錢)은 의롭다고 할 수 없다. 따라서 우리나라의 황통(皇統)만이 면면히 이어져 하늘처럼 무궁하고 번국(藩國 : 다이묘)들도 산하(山河)처럼 끊임없이 이어지며, …이러한 의(義)는 만국(萬國) 중에서 가장 뛰어나기 때문에 중국 이외의 어떤 나라에도 미칠 수 없다'[30]고 여겼다.

따라서 길전(吉田)은 통치와 정통관념의 옹호라는 입장에서 출발하여 태평군이 원래 청조 천자의 역법을 받들고 천자의 땅을 밟고 천자의 땅에서 나온 양식을 먹었으면서도 기병하여 반란을 도모했으니 반란군이라고 여겼다. 그는 또한 일본의 천황과 같이 「만세일계(萬世一系)」로 내려온 이후의 「왕정복고(王政復古)」만이 비로소 정통에 부합한다고 생각했다. 따라서 그는 태평군에 동정적인 전문(傳聞), 풍설(風說), 민간 군담소설 등을 모두 「헛소리」 혹은 「헛소문」이라고 비난했다. 이것은 길전(吉田) 개인의 견해가 아니라 어느 정도 많은 일본 무사들의 생각을 반영하는 것 같다.

1862년에 「천세환(千歲丸)」을 타고 상해에 간 번(藩)의 번사들은 태평천국에 대해 더 많이 비판했다. 그들은 태평군이 기독교를 신봉한다는 것에

---

30) 吉田松陰, 『野山獄文稿』, 市古宙三, 『近代中國の政治と社會』(東京大學校出版會, 1977, p.114)에서 재인용

가장 큰 거부감을 지니고 있었는데, 그 이유는 일본에서 기독교는 가장 위험한 사교(邪教)로 여겨져서 엄격하게 금지되고 있었기 때문이었다. 그들은 상해(上海)에서 기독교가 만연해 있는 것을 두 눈으로 목도하였고 태평천국(太平天國)으로부터 얻은 정보, 특히 『천리요론(天理要論)』과 같은 태평천국의 문헌 등에서 기독교적 색채가 짙은 것을 발견하고 태평천국에 대해 더욱 더 많은 반감을 가지게 되었다. 일비야휘관(日比野輝寬)은 '장발적(長髮賊)이 명말 대의(明末大義)로 기병한 것은 비난할 수 없지만 사교로 백성들을 현혹하고 대란(大亂)을 일으켜서 10개 성(省)에 재앙이 미치게 한 것은 비난을 면할 수 없다'[31]고 여겼다.

납부개차랑(納富介次郎)은 『상해잡기(上海雜記)』에서 '장발적(長髮賊)이 비록 명(明)을 명분으로 삼고 있지만 현재 천주교로 백성들을 현혹하고 따르지 않는 자는 주살하고 있다'고 하면서 태평천국이 유교사상을 비난하는 사실에 대해 반대했다. 구판현서(久坂玄瑞)는 「천세환(千歲丸)」이 상해에서 얻은 견문에 근거하여 '근년 중국의 절반이상의 지역이 사교에 휩쓸려 주대(周代) 공자(孔子)의 도(道)가 땅에 떨어졌으니 정말 가련하구나!'[32]라고 한탄했다. 상해에서 지주, 관료들로부터 태평천국에 대한 멸시와 악담을 듣고 일본 무사들은 태평천국을 더욱 비난하게 되었다.

일반적으로 1854년 7월 이전의 정보는 대다수가 태평천국에게 유리했고, 1854년을 전후에 어느 정도 일본 서민들의 의식을 반영한 표류기나 민간 군담소설들이 등장하여 태평천국에 대해 대부분 긍정적인 평가를 내렸고 성공하기를 기대했다. 그러나 1854년 7월 이후 중국 관방(官方)의 소식과 서적이 전해지면서 일본의 여론은 차츰 청 정부에게 유리하게 되었다. 일본의 무사계급은 정통 관념, 충효 사상, 민중 반란에 대한 공포, 반 기독교 감정 등으로 인해 태평천국에 대해 더욱 비판적이었고 실패할 것이라고 장담했다.

---

31) 주 22)참조

32) 久坂玄瑞, 『海腕痴言』

3. 추동유신(推動維新 유신을 일으키게 하다)
— 태평천국(太平天國)이 일본에 끼친 영향

태평천국은 도대체 일본 사회에 어떤 영향을 끼친 것일까? 왜 태평천국이 일본의 명치유신을 일으키게 하였다고 말하는 것일까?

그 이유는 두 가지 측면에서 분석할 수 있는데, 먼저 태평천국이 일본의 정치사상에 끼친 영향을 살펴보자. 태평천국기의는 여러 경로와 방식을 통해서 일본에 전달되었고 일본 사회의 각 계층에게 큰 반향을 일으켰고, 특히 변혁을 요구한 유신파들을 강하게 자극했다. 그들은 자신들의 입장에서 출발하여 일본 사회의 현실에 맞게 태평천국의 경험과 교훈을 분석하여 흡수하였으며, 이러한 결과 일본은 반드시 유신을 해야 한다는 결론에 도달했다.

막말의 저명한 유신사상가 길전송음(吉田松陰)은 『청국함풍란기(清國咸豐亂記)』에서 '중국의 치란(治亂)은 종종 우리나라에 큰 영향을 끼치기 때문에 우리나라로부터 멀리 떨어진 구미의 오랑캐들이 미치는 영향과 비교할 수 없다'[33]고 지적했다. 따라서 '중국의 일대 변란(一大 變亂)'이라고 할 수 있는 태평천국도 일본에 큰 영향을 미쳤다. 길전(吉田)은 역사적인 사실을 예로 들어 '옛날 태평보자(太平寶字) 시기 당(唐)에서 안록산(安祿山)이 모반을 일으켰을 때 우리 천조(天朝)는 성을 쌓고 방어를 강화하게 했는데 이것은 고대(古代) 조정(朝廷)의 행동방식을 보여주는 것이고 지금도 같은 식으로 행동해야함을 의미한다'[34]고 했다. 계속해서 그는 중국의 변란을 거울삼아 아편전쟁과 태평천국기의에서 교훈을 얻고 대책을 세움으로써 내우외환이 겹치는 것을 막고 청 정부(清政府)의 전철을 밟아서는 안 된다고 주장했다.

아편전쟁이 끝난 뒤 얼마 되지 않아 발생한 태평천국 운동은 일본의 지식인들에게 큰 위기의식을 고취시켰다. 그들은 중국의 「내란」이 일본에 파

33) 주 15)참조
34) 주 15)참조

급되어 일본에서도 「외란」과 「내란」이 발생하지 않을까 근심했다. 이미 1853년(가영 6년) 6월 2일에 살주번의(薩州藩醫) 탕등용동(湯藤龍棟)은 한 편지에서 '중국의 병란(兵亂)상황으로부터 전 세계가 이미 혼란이 발생하는 시대에 접어들었음을 알 수 있다'고 하면서 '일본에서 10년 이내에 전쟁이 발생할 것'[35]이라고 예측했다. 천세환(千歲丸)을 타고 상해에 갔었던 번사(藩士)들은 서양 열강들이 상해에서 제멋대로 행동하는 것과 기독교 세력의 확대를 직접 보았고 태평천국도 기독교를 신봉한다는 소리를 들었다. 따라서 그들은 '청의 쇠퇴는 기독교 때문이고 기독교의 확대는 개항장에서 시작되었으니 중국을 거울삼아야 한다'[36]고 여겼다. 그들은 청 정부가 '밖으로는 양이(洋夷)가 창궐하고 안에서는 도적 떼가 날뛰는' 비참한 상황에 있음을 탄식했고 '이웃나라의 상황은 사람을 정말 걱정스럽게 한다'[37]고 말했다. 그들은 외환이 내란을 일으키고 내란은 다시 외환을 심화시킨다는 결론을 내렸다. 따라서 서양의 침략을 받고 있던 일본도 대규모의 민중폭동이 발생할 수 있다고 예측했고 큰 불안과 공포감을 느꼈다. 길전(吉田)은 '만약 국가가 혼란스러워 유민(流民)들이 봉기하면 기회를 보고 있던 서양 오랑캐들이 침입할 것이고 유민들이 오랑캐들과 결탁, 내우외환이 결합하는 가장 위험스런 상황이 발생할 것이다'고 지적하면서 '민생을 안정시키고 민심을 바로잡는 것이 급선무이다'[38]고 주장했다.

일본의 각계 인사들은 또한 태평천국의 성패가 일본의 해안 위기를 가중시킬 수 있을 것이라고 우려했다. 태평천국에 관한 많은 정보들은 영국이 태평천국기의에 간여하고 있다고 했는데, 영국이 청 정부를 돕고 있다는 정보도 있었고 혹은 태평천국을 지지한다는 정보도 있었다. 문태(文太)는 『영력환표류기담(榮力丸漂流紀談)』에서 '영국인의 교활함은 세계 최고이다'고 하면서 영국은 늘 외국의 내전을 이용해서 침략하기 때문에 만약 명

35) 주 5)참조
36) 주 22)참조
37) 주 22)참조
38) 주 15)참조

군(明軍), 즉 태평군이 이길 것 같으면 명군을 지원하여 명군이 승리한 뒤에 이익을 도모할 것이고 더 나아가 명군과 결탁하여 바다 건너 일본을 공격할 수도 있다고 주장했다. 문태(文太)는 '당토(唐土 : 중국)는 본래 우리나라가 외국을 막아내는 방패막이이다', '일단 그 방패막이가 일본을 공격하면 두려운 결과가 나타날 것이다', '즉 우리나라는 계속되는 오랑캐의 침략을 받아서 영원히 편한 생활을 할 수 없게 될 것을 모든 사람들이 크게 걱정하고 있다'는 등의 우려를 표시했다. 『영력환표류기담』의 편찬자인 굴희명(堀熙明)은 애석해하면서 다음과 같이 말했다, '아아, 만약 표류민이라도 남경에 가서 중국의 전황을 살필 수 있다면 우리나라의 해안방어에 도움이 될 터인데 불행히도 그렇지 않으니 정말 애석하다.'39)

염곡탕음(鹽谷宕陰)은 『방춘혹간(防春或間)』에서 '만약 청이 망한 후에 오랑캐 영국이 강남을 분점(分占)하면 영파(寧波), 사포(乍浦)는 그들에게 점령될 것이고 큰 우환이 발생할 것이다'40)라고 서술했다. 천세환(千歲丸)을 타고 상해에 간 중모전창지조(中牟田倉之助)의 경우는 '영국이 청조를 도와 장모적(長毛賊)을 막는 한편 몰래 장모적에게 좋은 무기를 공급하고 그들에게 예수교를 전도하고 있다. 사실 장모적이 청조의 천하를 탈취한다고 해도 곧바로 영국의 음모에 빠질 것이다'41)고 여겼다. 도진담로(島津淡路)도 '근래 청국의 내란이 언제 일본에 파급될지 모르니 연안지역은 늘 방어에 주의를 기울여야 한다'42)고 했다. 통구다삼랑(樋口多三郎)은 영국이 청정부를 도와서 명군(明軍)과 큰 전쟁을 치르고 '미국이 이것을 기회로 삼아 일본에 올 수도 있다'43)고 여겼다.

막말(幕末) 유신파(維新派)들은 아편전쟁과 태평천국의 역사적인 교훈을 통해 중국에서 대외전쟁에 실패하고 민변(民變)이 발생한 원인이 주로 청

---

39) 주 12)참조
40) 『海防續滙議』, 卷7, 卷2
41) 『子爵中牟田倉之助傳』, 市古宙三의 앞의 책에서 재인용
42) 주 40)참조
43) 『幕末維新外交史料集成』(二)

정부의 부패한 정치와 폭정 때문이라고 여겼다. 천세환(千歲丸)의 승객 납부개차랑(納富介次郎)은 말했다. '현재 청조의 쇠퇴는 폭정 때문이다. 만약 사해(四海)에 인정(仁政)을 실시한다면 군사들을 모아 도적 떼를 소탕하는 것이 손을 뒤집는 것처럼 쉬워질 것이다.'[44] 건순환(健順丸)일행들도 중국이 쇠퇴하고 란(亂)이 발생하게 된 원인이 중국의 내정에 있다고 보고 '중국 전역에 걸친 부정, 부패현상이 장모적을 평정하지 못하게 하고 있다. 듣자하니 간신들이 장모적에게 뇌물을 받고 전투를 하려하지 않거나 출정하는데 늑장을 부리며 군수품이 부족하다고 한다. 어떻게 패배하지 않을 수 있는가!'[45]라고 했다. 이러한 인식에 기초해서 유신파들은 일본이 서양의 침략을 방어하고 태평천국과 같은 전국적인 규모의 민변(民變)이 발생하는 상황을 방지하기 위해서 빨리 위로부터의 개혁을 추진하여 막부의 폐정(弊政)을 폐지하고 유신(維新)을 실행해야 민중을 통제하고 외적에 대한 방어를 강화할 수 있다고 여겼다. 그리고 이러한 상황이 명치유신을 추진하도록 만들었다.

저명한 유신파 고삼진작(高杉晉作)은 1862년에 천세환(千歲丸)을 타고 상해로 가서 서양 세력이 중국에서 창궐하는 현상을 목도하고 태평군의 위력을 직접 경험함으로써 그의 사상은 존왕양이(尊王攘夷)에서 막부를 무너뜨리는 유신 사상으로 바뀌게 되었다. 고삼진작과 함께 상해로 갔던 대촌번(大村藩) 난학자(蘭學者 : 서양을 공부한 학자) 봉원장(峰源藏)은 청 정부가 외국의 침략 세력을 이용해서 태평군을 방어하고 상해에서조차 영국과 프랑스군에게 수비를 맡기면서 해관(海關) 수입(收入) 역시 영국, 프랑스에게 관리하게 하는 상황을 직접 보고 크게 한탄했다. 그는 '청조의 운명이 문약(文弱)하게 되고 외이(外夷)에게 의존할 수밖에 없는 상황에 이른 것은 진실로 모든 나라에게 거울이 된다'[46]고 말했다. 고하번(古河藩) 난학자(蘭學者) 응견천석(鷹見泉石)도 '원래 대국의 위세를 지니고 예의지국(禮儀之國)으로

44) 納富介次郎, 『上海雜記』
45) 『黃浦志』, 市古宙三의 앞의 책, p.125에서 재인용
46) 주 25)참조

불리던 청국도 오랑캐 영국에게 모욕을 당하고 전쟁에 패배하는 수모를 당했다. 그리고 내란이 계속 발생하여 농민폭동이 일어날 형세이다'[47]라고 외쳤다. 더욱이 그는 일본이 만약 더 이상 개혁하지 않는다면 더욱 위험해질 것이라고 보았다.

태평천국은 일본을 뒤흔들었고 유신 운동을 위한 좋은 국제적 조건을 조성하였다. 왜냐하면 태평천국이 서양 열강 세력을 견제하게 되면서 일본에 대한 압력이 경감되어 일본이 유신을 통해 민족의 위기를 벗어나서 독립적인 자본주의의 길을 걷는데 유리했기 때문이다. 1850, 60년대 영국, 프랑스, 미국, 러시아 등 서양 열강은 일본을 노리고 있었다. 미국 함대는 두 차례 일본에 와서 개국을 강요했다. 영국, 프랑스, 러시아 등의 함대들도 다투어 일본 연해를 순항했고 대마도(對馬島)를 두고 쟁탈전을 벌였다. 일본은 바로 중국과 같이 열강의 침략 대상이 되려는 급박한 상황에 처해있었다. 1851년에 중국에서 폭발한 태평천국기의는 서양 열강의 주의를 끌었다. 1860년 이전 열강은 비록 공공연한 간섭을 하지는 않았지만 끊임없이 군함을 남경에 보내 상황을 살피게 했고 여러 차례 무력을 발동하여 위협과 도발을 자행했다. 그리고 청 정부를 도와서 소도회(小刀會)와 홍건군(紅巾軍)의 기의를 진압했다. 서양 열강이 동양으로 침략하는 것은 지대물박(地大物博)한 중국을 주요 목표로 삼았기 때문에 당분간 다른 지역의 힘을 축소시키더라도 중국을 버릴 수 없었다. 더욱이 태평군이 장강(長江)하류 지역에서 계속 확대되고 상해까지 진군하는 상황은 서양 열강으로 하여금 중국에서 얻을 수 있는 이익에 힘을 집중시키게 했다. 그리고 제2차 아편전쟁은 청 정부를 더욱 위축시켜 서양 열강과 결탁하여 태평천국을 진압하게 만들었다. 서양 열강의 공개적인 무장개입으로 태평군은 심한 타격을 입게 되었다. 이러한 상황은 당분간 서양 열강의 일본 침략을 느슨하게 했고 일본에 대한 정책을 바꾸게 만들었다. 영국의 주일공사(駐日公使) 아이가극(阿爾柯克 : 즉 아례국, 알코크)은 본국에 보내는 보고서에서 '우리는 대일(對日)

47) 주 5)참조

정책에 신중해야 합니다. 다시 말해서 우리는 중국에서 이미 태평천국 혁명으로 어려움을 겪었고, …이 모든 것을 명심해야 한다'고 말했고, '아시아지역의 국민과 민족은 어느 국민, 어느 민족이든 강하게 다루지 않으면 유럽인에게 굴복하지 않을 것'이라고 인식하였다. 그는 일본에서도 민중폭동의 위기가 잠재해 있는 것을 보았기 때문에 일본의 변혁은 '외부나 아래로부터의 압력을 견딜 수 없어 추진하는 것이 아니라 위로부터 점진적으로 대중에게 이르러야 한다'[48]고 희망했다. 그러므로 영국은 일본의 유신파를 지지하는 정책을 취했다. 당시 극동의 형세와 열강의 태도는 일본의 명치유신에 유리한 국제적 조건을 제공하여 일본이 막부를 타도하고 유신을 추진하는 과정에서 외부의 간섭을 감소시켰고 개혁을 통해 민족적 위기를 벗어나서 독립적이고 부강한 길을 걷는 호기(好機)를 만들어 주었다. 유신파 구판현서(久坂玄瑞)는 1862년(문구 2년)에 기초한 『해완치언(解腕痴言)』에서 명확하게 지적했다. '영국과 프랑스는 아직까지 우리나라에 전쟁을 도발하지 않고 있는데, 이것은 장모적의 세력이 크기 때문이다'. 이처럼 당시 일본인들은 이미 주변의 상황을 바르게 인식하고 있었던 것이다

4. 역필출교(亦必出巧 새로운 정책의 제기)

— 홍인간(洪仁玕)의 예언

끝으로 한 번 살펴보아야 할 필요가 있는 것이 태평천국의 지도자들이 일본에 대해 지녔던 인식이다. 태평천국의 지도자들은 결코 일본과 직접 접촉해 본 적이 없었기 때문에 이 부분에 관한 자료가 아주 적다. 현재 볼 수 있는 유일한 사료가 홍인간이 지은 『자정신편(資政新篇)』에서 보이는 말들이다.

홍인간(洪仁玕)은 자(字)가 겸익(謙益)으로 광동(廣東) 화현(花縣) 사람이

48) 阿爾柯克, 『日本滯在三年記』

다. 그는 천왕(天王) 홍수전(洪秀全)의 집안 동생이고 홍수전이 창립한 배상제회(拜上帝會)에 최초로 참가한 사람 중의 한 명이다. 1851년(함풍 원년)에 태평천국의 금전촌 기의(金田村起義)가 일어난 후 홍인간은 광서로 가기는 했지만 곧바로 기의에 참여하지 않았다. 그리고 1852년에 청 정부의 박해를 피하기 위해 홍콩으로 갔다. 그는 홍콩에서 외국 선교사들과 접촉했고 세계정세, 서양의 역사, 문화, 과학기술 등에 관한 지식을 얻었다. 그는 1859년(함풍 9년)에 여러 가지 어려움 끝에 태평천국의 수도 천경(天京, 남경)으로 갔고 오래지 않아 홍수전에 의해 「개국정충군사정천부조강간왕(開國精忠軍師頂天扶朝綱干王)」으로 봉해져 정치를 맡게 되었다.

홍인간(洪仁玕)은 간왕(干王)에 봉해진 후 정치, 경제, 사회개혁 등을 통해 태평천국(太平天國)을 흥성하게 만들기 위한 정치 강령으로 『자정신편(資政新篇)』을 제출했다. 『자정신편(資政新篇)』은 비록 실현되지 못했지만 근대 중국에서 처음으로 서양을 배우고 자본주의로 발전시키기 위해 내놓은 정강(政綱)이어서 중국 근대사상 중요한 지위를 점하고 있다. 홍인간은 『자정신편』의 「법법류(法法類)」에서 세계 각 국의 상황을 개괄하면서 역사 발전에 발맞추기 위해 외국의 선진 문물을 학습하고 구제(舊制)를 개혁하여 '시대에 맞는 제도를 만들어 상황에 맞추어 실행해야 한다'고 주장했다.

그는 또한 '이처럼 가능성이 있는 시기에 분투해야 한다', '서양 열강과 어깨를 겨뤄야 한다', '신천(新天), 신지(新地), 신세계(新世界)의 건설' 등을 역설했다. 그리고 그는 계속해서 영국, 미국, 프랑스, 독일, 러시아, 터키, 페르시아, 이집트, 태국 등의 상황을 서술한 다음 일본에 대해 '일본은 미국과 통상을 통해 여러 기술을 모방하고 있으니 앞으로 일본도 기술 분야에서 반드시 앞서게 될 것이다'[49]고 평가했다. 홍인간은 날카로운 관찰력으로 일본이 개국한 이후 적극적으로 서양을 배워 신속한 발전을 이루게 될 것이라고 예측했다. 명치유신 후 일본 근대화의 과정은 과연 그의 예측이 맞았음을 보여주었다.

49) 『太平天國印書』 下冊, 江蘇人民出版社, 1979, pp.678-692.

제3장

명치유신(明治維新)과 중국

1864년(동치(同治) 3년)에 태평천국(太平天國)의 수도 천경(天京)이 청군(淸軍)의 공격으로 함락되었다. 1868년(동치 7년)에 태평군의 잔여세력과 염군(捻軍)이 연합하여 북방에서 4년간 분전(奮戰)했지만 결국 패배하여 태평천국은 실패로 끝났다. 바로 이 해(일본 경응(慶應) 4년, 명치 원년(明治元年)으로 바꿈)에 일본에서는 일본 역사상 획기적인 사건 — 명치유신(明治維新) — 이 발생하여 하급 무사를 중심으로 하는 유신 세력이 덕천막부(德川幕府)의 통치를 무너뜨리고 명치천황(明治天皇)을 수반으로 하는 신정권(新政權)을 수립했다. 명치 정부(明治政府)는 서양을 본받아 일련의 개혁을 실행했고 일본은 민족적 위기를 벗어나서 차츰 자주적인 자본주의의 길을 걷게 되었다.

명치유신은 일본의 역사 발전에서 전환점이었을 뿐만 아니라 아시아 각국, 특히 중국의 근대사 발전에 중대한 영향을 끼쳤다. 이 장에서는 주로 청일전쟁(淸日戰爭) 이전 중국의 각 정파에 속하는 인물들이 일본의 명치유신에 대해 가지고 있었던 다양한 견해들을 소개하고자 한다.

1. 최초의 반응

— 「공일론(攻日論)」과 그 반대론자들

부패한 청조(淸朝)의 통치자들은 오랫동안 문호를 굳게 닫은 채 거드름을 피우고 있었다. 아편전쟁(阿片戰爭) 이후 비교적 개명한 관료 사대부들이 비록 눈을 크게 뜨고 세계를 보기 시작했지만, 그들은 다만 중국을 침략한 서양 열강만을 주목했고 같은 동아시아의 이웃나라 일본을 여전히 중시하지 않았다. 대다수의 중국인들은 일본의 상황에 대해 정확하게 알지 못했고 심지어 일본의 지리적 위치, 정치에 대한 기본적인 상황도 제대로 파악하지 못했다. 위원(魏源)의 『해국도지(海國圖志)』나 서계여(徐繼畬)의 『영환지략(瀛環志略)』과 같이 세계의 역사·지리를 연구한 명저(名著)들 조차도 전대(前代) 사람들이 말했던 잘못된 인식을 그대로 받아들여, 일본이 주로 장기(長崎), 살산사마(薩山司馬(살마(薩摩)), 대마(對馬) 등 3개의 큰 섬으로 이루어졌다고 기술하였다. 이것은 일본 지리에 관한 지식이 몹시 빈약했음을 보여준다. 적지 않은 중국의 관료 사대부들의 눈에 일본은 여전히 「동이소국(東夷小國)」이었고, 1868년에 있었던 일본의 명치유신과 같은 중대한 사건도 곧바로 중국의 조야(朝野)에게 주목받지 못했다.

명치유신 이후 일본은 개혁을 추진함과 동시에 차츰 대외적인 침략과 확장을 추구하는 군국주의의 길을 걷게 되었다. 명치천황의 즉위 때 쓰여 진 어필신(御筆信)」에서 '만리(萬里)의 파도를 개척하고', '국위(國威)를 사방에 선포해야함'을 제시했다. 당시 일본 자체는 서양 열강과 불평등 조약으로 인해 압박을 받고 있기는 했지만 통치 집단은 이미 대외적인 확장을 통해 영토, 자원, 재부(財富) 등을 약탈하여 시장을 확대함으로써 국내의 모순을 외부로 돌리려고 성급하게 시도했다. 어떤 사람은 '유럽에게 잃은 것을 아시아에서 취해야 한다'고 공언하고 침략의 칼끝을 맨 먼저 동아시아의 이웃나라인 중국과 조선에 겨누었다.

1870년(명치 3년)에 일본 외무성(外務省)은 「외무급무지조(外務急務之條)」에서 중국과 조약을 맺어 사절을 파견함으로써 확장을 도모하자는 주장을 제시하면서, '세계의 형세가 완전히 바뀌어서 옛날과 비교할 수 없는데 바다를 사이에 둔 가까운 나라끼리 사절의 왕래가 없다는 것은 실로 멀리 내다보는 정치가 아니다'[1]라고 여겼다. 같은 해 명치 정부는 정식으로 외무권대승(外務權大丞) 유원전광(柳原前光) 등을 파견하여 조약체결과 무역에 관한 담판을 진행하도록 하였다. 청 정부의 총리아문(總理衙門)은 처음에 '깊게 신임하면 규정을 정하지 않는다(大信不約)'는 이유를 들어 조약체결을 거절했다. 안휘(安徽) 순무(巡撫) 영수(英翰)를 비롯한 관리들도 '일본과 조약을 체결하고 무역하는 것은 영・프 이외에 대환(大患)을 하나 더 보태는 꼴이다'라고 여겼다. 그런데 조정이 관리들의 의견을 구할 때 직예총독(直隸總督) 이홍장(李鴻章)은 오히려 일본과 조약을 체결해야 한다고 주장했다. 그는 '일본이 이미 서양 각국과 무역하고 있고 그 예(例)에 따라 우리나라에 조약체결을 요청하러 온 것은 옳은 듯합니다', '듣건대 일본이 서양인들과 조약을 맺고 많은 기기(機器)와 병선(兵船)을 구매하는 한편, 창포(槍炮)와 철로(鐵路)를 만들고 서양에 사람을 파견하여 각종 기술을 배우게 한다고 합니다. 아마도 자강(自强)을 통해 모욕을 당하지 않으려는 것 같습니다. 제 생각에는 일본이 중국과 가깝고 서양과 멀기 때문에 그들을 잘 위무(慰撫)한다면 우리에게 도움이 될 수도 있을 것이나 그들의 요청을 거절한다면 틀림없이 우리의 적이 될 것입니다'[2]라고 말했다. 이홍장(李鴻章)의 견해는 일본의 명치유신과 중・일 관계에 대한 비교적 정확한 판단으로 조정의 동의를 얻었다.

1871년(동치 10년, 명치 4년) 일본 정부는 또 다시 대장경(大藏卿) 이달종성(伊達宗城)을 전권특사(全權特使)로 임명하고 중국에 파견하여 천진(天津)에서 이홍장(李鴻章)과 담판을 통해 조약을 체결하도록 지시하였다. 일본측은 '서양과의 예(例)에 따라 모든 조항을 정하고', '모든 권리를 서양과 동일하게 하는' 특권을 얻어 내려했지만 중국 측의 반대에 부딪히고 말았다. 결국 쌍방은 『중일수호조규(中日修好條規)』에 서명했고 기본적으로 평등한 외교 관계를 체결하였다. 일본의 통치 집단은 이 조약에 대해 만족하지 못하여, 다음해 다시 유원전광을 중국에 파견하여 조약의 수정을 요구했지만 청 정부에게 거절당했다.

---

1) 『日本外交文書』 제3권, p.191.
2) 『李文忠公全書』, 卷17

당시 일본 명치정부 안에서 정한론(征韓論)을 둘러싼 논쟁이 벌어졌고 통치 집단은 반대파인 사족(士族)의 불만을 완화시키고 내란을 일으키려는 마음을 대외로 돌리기 위해 돌연 대만(臺灣)을 침략했다. 일본 정부는 1871년에 유구(琉球)의 선원이 대만(臺灣) 남부의 목단사(牡丹社)에서 고산족(高山族)에게 살해된 사건을 빌미로 삼아 1874년(동치 13년, 명치 7년)에 3,000명의 침략군을 파견하여 대만 남부의 낭왕교(琅王喬)에 상륙했다. 일본군의 방화, 살인, 약탈은 곧바로 고산족(高山族)의 영웅적인 저항에 부딪혔다. 결국 서양 열강의 중재로 연약한 청 정부는 일본과 타협했고 『중일대만사건전약(中日臺灣事件專約)』을 체결했다. 이 조약에는 일본의 대만침략을 '보민의거(保民義擧)'로 명기했고 '무혈(撫恤)'의 명목으로 일본에게 은 50만냥을 배상하도록 되어있었다. 이것은 결국 일본 통치 집단의 팽창욕을 부추겼다. 1876년(명치 9년)에 일본은 무력으로 조선을 위협하여 『강화도 조약(江華島條約)』이라는 불평등 조약을 체결했고 1879년(명치 12년)에 유구를 무력으로 병탄하여 충승(沖繩 : 오키나와) 현(縣)으로 만들었다.

일본의 부상(浮上), 특히 1874년에 무력으로 대만(臺灣)을 침략한 사건은 중국의 관신 사대부(官紳士大夫)들을 깜짝 놀라게 했다. 이전에 「동이소국(東夷小國)」으로 여겨지던 일본조차도 감히 중국을 우습게 보다니 도대체 일본 국내에 어떤 변화가 발생한 것일까? 중국의 관신 사대부들은 일본의 근황에 대해 주의 깊게 이해·분석하기 시작했고 명치유신을 평한 문장들이 나타났다.

현재까지 살펴본 자료들 중에서 비교적 이른 시기에 명치유신에 대해 어느 정도 구체적으로 평론한 것으로는 1894년에 절강(浙江) 해녕인(海寧人) 진기원(陳其元)이 쓴 『일본근사기(日本近事記)』가 있다. 진기원은 중국과 일본의 교섭사와 일본의 대만 침략과정을 서술하고 군대를 일으켜 일본을 정벌하자는 강소안찰사(江蘇按察使) 응보시(應寶時)의 견해에 동의를 표시했다. 그리고 많은 지면을 할애하여 응보시가 강소순무 장수성(張樹聲)에게 보내는 편지를 인용했는데, 응보시와 장수성은 둘 다 일본의 명치유신을 권력을 찬탈한 역성혁명으로 여겼고 전적으로 부정적인 태도를 취한 것으로 보인다. 응보시는 편지에서 '예전에 일본의 국왕은 2000년 동안 성(姓)을 바꾸지 않았고 나라 안의 72개 섬에는 각각 도주(島主)가 있어서 제후(諸侯)가 되었다'고 말했고, 막부의 장군을 일본 국왕으로 잘못 알고서 천황(天皇)이 다시 집정한 것을 '찬국(簒國)'이라고 했다. 즉, 그는 '천황이 찬국하여 전왕(前王)을 폐하고 각 도주(島主)의 권력을 빼앗았다. 도주들은 권력을 잃고 새로운 정권에 회의적이며, 유민들은 옛날을 생각하며 울분을 쌓고 있다. 그들은 자나 깨나 일만 생기면 그 틈을 타서 봉기하려 한다'고 쓰고 있다.

진기원(陳其元)은 명치정부가 서양을 모방하여 변법 개혁을 진행하는 것에 대해 더욱 반감을 가지고 있었다. 그는 일본의 명치유신을 비난한 뒤 '모든 것을 서양인들처럼 하고 망령되게 자강(自强)을 이루려한다', '저들은 어리석고 일찍이 조선에 원수를 갚으려는 생각을 가지고 있었으며 나라 안에서 모두 서양식 옷을 입고 서양의 말을 흉내 내고 책을 불살라서 변법을 이루려 한다. 그런데 온 나라가 불편해하고 사람들은 난을 일으키려한다'고 했다. 심지어 그는 명치정부가 아직 안정되지 않은 틈을 타서 군대를 파병하여 일본을 정벌하고 막부의 복벽을 돕자는 터무니없는 생각을 했고, '정병 10,000명을 선발하여 장기(長崎)를 경략하고 왜도(倭都)로 진공하자'고 건의했다. 또한 '일본에 있는 전왕의 장수, 신하, 유민들 중에 거사를 일으켜 복고(復古)하려는 자들이 옛 왕의 후예를 찾아내어 왕으로 삼는다면 구제(舊制)를 회복할 수 있을 것이라고 호소해야 한다. 각 도주(島主)들 중에 진정으로 일을 추진하려고 하는 자를 왕으로 봉(封)하여 독립된 나라를 이루게 해야 한다. 이것은 일본인들의 오랜 바람임으로 대군을 일으켜 일을 도모한다면 이겨낼 자가 많지 않을 것이다'[3]라고 주장했다. 당시 중국은 이미 서양 열강의 침략으로 잠식당하고 있는 상황이었는데도 세계정세를 제대로 이해하지 못했던 관료들은 오히려 제멋대로 정일론(征日論)을 고취하고 일본의 유신정권(維新政權)을 무너뜨려 막부체제(幕府體制)를 회

3) 陳其元, 『日本近事記』『小方壺齋輿地叢鈔』, 10帙

복하자고 했으니 참으로 황당할 뿐이다.

그러나 당시 중국 사대부들 중에는 다른 의견도 있었다. 예를 들어 절강(浙江) 가흥인(嘉興人) 김안청(金安淸)은 『동왜고(東倭考)』에서 명치유신을 중국의 전국시대 조(趙) 무령왕(武寧王)의 변법(變法)에 비유하면서 긍정적인 태도를 취했다. 그는 명치유신의 「대정봉환(大政奉還)」에 대한 실제 상황을 진기원(陳其元), 응보시(應寶時) 등보다 더 명확하게 이해했고 '지금의 왜왕(倭王)이 장군들은 몰아내고 자주적인 권력을 가지게 되었다'고 해석했다. 그는 또한 전국시대의 조 무령왕은 호복기사(胡服騎射)를 배우고 변법으로 부강을 도모했고 현재 일본의 명치천황은 '시서(詩書)를 불태우고 의복을 바꾸었으니 그의 원대한 뜻은 조 무령왕에 비견할 만하다. 비록 나라 안의 모든 사람들이 따르는 것은 아닐지라도 우려할 필요가 없다'[4]고 하여 정일론(征日論)을 강하게 비판했다.

이상이 근대 중국인의 일본 명치유신(明治維新)에 대한 최초의 전혀 다른 두 가지 반응이다.

2. 한바탕의 설전(舌戰)
—이홍장(李鴻章)과 삼유례(森有禮) 사이의 논쟁

1876년 1월 24일(광서(光緒) 원년 12月 28日)에 일본의 주화공사(駐華公使) 삼유례(森有禮)가 보정(保定)에 있는 직예총독(直隸總督)의 관저를 방문하여 직예총독 겸 북양대신 이홍장(李鴻章)을 만나서 주로 조선 문제(朝鮮問題)에 관해 회담을 진행했다. 회담의 논의가 명치유신에 이르렀을 때 두 사람 사이에 상대를 날카롭게 공격하는 논쟁이 전개되었다. 이 설전은 양무파(洋務派)의 영수인 이홍장이 일본의 명치유신 및 그들의 서학(西學) 학습에 대해 지닌 견해를 보여주었다. 아래에 회담의 일부분을 소개한다.

---

4) 金安淸, 『東倭考』, 『小方壺齋輿地叢鈔』再補編, 第10帙

두 사람이 만나서 몇 마디 문안인사를 나눈 뒤 이홍장이 삼유례에게 중서 학문에 관한 그의 견해를 물었다.

삼(森) : '서양의 학문은 아주 유용한데 중국의 학문은 단지 30%만 취할 만하고 나머지 70%는 구식이라서 이미 쓸모가 없습니다.'

이(李) : '일본의 학문 중에서 서학(西學)이 70%를 차지합니까?'

삼 : '아직 50%도 안 됩니다.'

이 : '일본의 의관(衣冠)이 모두 바뀌었는데 어떻게 50%도 안 된다고 합니까?'

정영녕(鄭永寧(일본공사관의 서기관) : '그것은 외관이고 사실 요체는 아직 완전하게 배우지 못했습니다.'

이 : '우리나라는 상하가 모두 편안하고 기존의 기술을 배울 뿐 서양처럼 자신의 마음속에서 새로운 방법을 생각해 내는 사람은 한 사람도 없습니다.'

두 사람은 또한 일본이 명치유신 이후에 실시한 일련의 개혁에 대해 담론했다.

이 : '근래 귀국의 거사는 아주 잘 한 일이라고 생각합니다. 다만 귀국이 이전의 의복을 바꾸고 서양식을 모방하는 일에 대해서는 이해를 못 하겠습니다.'

삼 : '그 이유는 아주 간단하여 조금만 설명을 드리면 될 것입니다. 우리나라의 옛날 의복은 각하께서 아시듯이 넓고 편해서 무사안일한 사람에게 적당하지만 일을 많이 하는 근면한 사람에게는 전혀 맞지 않습니다. 따라서 옛날 의복은 과거의 상황에 맞고 현재의 시세(時勢)에는 몹시 불편합니다. 지금 구제(舊制)를 신식으로 바꿔서 우리나라에게 적지 않게 이익이 되고 있습니다.'

이 : '옛부터 내려오는 의복을 입는 것은 조상의 유지(遺志)에 대한 추모의 정에 속함으로 자손들은 마땅히 존중하고 만세(萬世)까지 보존해야만 옳은 것입니다.'

삼 : '만약 우리 조상이 아직 살아있다면 틀림없이 현재의 우리와 같이 하셨을 것입니다. 지금부터 1000년 전 우리 조상이 귀국의 의복이 지닌 우수한 점을 보고 곧 받아들였습니다. 무슨 일이든 다른 나라의 장점을 잘 배우는 것이 우리나라의 좋은 전통입니다.'

이 : '귀국의 선조가 우리나라의 의복을 받아들인 것은 참 현명했습니다. 우리나라의 의복은 만들기 편하고 귀국에서 생산되는 원료로 만들 수 있습니다. 지금 서양의복을 모방하려면 막대한 비용을 지불해야 합니다.'

삼 : '그렇기는 하지만 우리가 보기에 귀국의 옷보다 멋지고 편리합니다. 귀국처럼 머리를 길게 늘어뜨리고 헐렁한 신발을 신는 것은 우리 일본인에게 맞지 않습니다. 그 이외에도 우리에게 맞지 않는 부분이 있지만 근면은 부유하게 되는 기초이고 태만은 가난하게 되는 근원이라고 말씀드리고 싶습니다. 각하께서 아시듯이 우리나라의 옛날 옷은 헐렁해서 불편했고 태만하게 지내기는 좋지만 근면하게 생활하기에는 불편합니다. 우리나라는 게을러서 가난하게 되기를 바라지 않고 열심히 일하여 부유하게 되기를 원했기 때문에 옛것을 버리고 새것을 취한 것입니다. 현재 옷을 바꾸는 데 드는 비용은 뒷날 엄청난 보상을 받을 수 있을 것입니다.'

이 : '말을 듣고 보니 이해가 됩니다. 하지만 귀국이 옛 의복을 버리고 서양식을 따르는 것은 독립정신을 포기하고 서구의 지배를 받는 것인데도 각하께서는 조금도 수치스럽지 않습니까?'

삼 : '전혀 수치스러울 것이 없습니다. 우리는 그러한 변혁들에 대해 자랑스럽게 생각합니다. 그 변혁들은 결코 외압을 받은 것이 아니고 전적으로 우리 스스로 결정한 것입니다. 이것은 바로 우리나라가 옛날부터 아시아, 미국, 그리고 기타 다른 나라에 대해서도 장점을 발견하면 그것을 받아들여 우리나라에 이용했던 것과 같은 맥락입니다.'

이 : '우리나라는 결코 그런 형태의 변혁을 시행하지 않을 것입니다. 다만 무기, 철로, 전신 및 기타 기계 등은 필요하고 또한 서양의 가장 좋은

장점이기 때문에 그들에게서 받아들이지 않을 수 없습니다.'

삼 : '무릇 앞으로의 일은 누구도 그 좋고 나쁨을 확정할 수 없습니다. 그것은 바로 귀국이 400년 전(淸의 入關)에는 누구도 현재 귀국에서 입는 옷(만주족의 옷)을 좋아하지 않았던 것에서도 알 수 있습니다.'

이 : '그것은 우리나라 국내의 변혁이었지 결코 서양의 풍속을 받아들인 것이 아니요.'

삼 : '그러나 변혁은 어쨌든 변혁이었고, 특히 당시 귀국은 그러한 변혁을 강요하여 귀국의 인민들로부터 혐오감을 일으키지 않았소.'[5)]

이상과 같이 세 치의 혀를 가지고 벌어진 날카로운 쟁론은 언뜻 보면 단지 의복문제만을 둘러싸고 벌어진 것 같지만 실제로는 이홍장(李鴻章)의 명치유신(明治維新) 및 중국에서 실시하려는 개혁에 대한 기본적인 태도를 보여준다. 그는 서양의 무기, 철로, 전신 등을 배울 수는 있지만 역법이나 의복 등 조상 대대로 내려온 방식을 바꾸는 일, 특히 정치제도를 변혁하는 것은 강하게 반대했다. 따라서 그는 일본의 명치유신을 비난했을 뿐만 아니라 '우리나라는 결코 그런 형태의 변혁은 시행하지 않을 것입니다'라고 단정 지어 말했던 것이다.

일찍이 1874년(동치 13년) 12월 10일에 이홍장은 황제에게 올린 상주문에서 명치유신에 대한 자신의 견해를 밝힌 적이 있다. 그는 상주문에서 '듣건대 그 나라가 근년에 실시한 구제도의 개혁에 대해 번민(藩民)이 복종하지 않아서 처음에는 적지 않게 떠들썩했는데 시간이 지나자 새로운 제도에 익숙해지고 있습니다. 의복과 역법을 바꾼 것에 대해서도 처음에는 식자(識者)들의 비난을 받았습니다. 그러나 서양병법의 수용, 철로건설, 기차의 제조, 전보의 개설, 석탄·철광산의 개발, 서양 돈의 주조 등은 국가의 통치와 백성들의 생활에 이롭지 않은 것이 없습니다. 또한 많은 학생들을 서양에 파견하여 기술을 배우게 하고 많은 차관을 끌어들이고 있으며 영국과 암암리에 결탁하여 그들의 세력이 날로 커지고 그들이 품은 뜻이 적지 않았습

---

5) 木村匡, 『參先生傳』, 金港堂, 1909, pp.919-1002.

니다. 상황이 이렇기 때문에 동토(東土)의 맹주라고 칭하면서 중국을 멸시하여 대만(臺灣)을 침략하는 일을 저지른 것입니다'[6]라고 적고 있다. 이 상주문을 통해서 우리는 이홍장이 양무파(洋務派)의 입장에서 출발하여 일본이 명치유신 이후 적극적으로 서양의 군사·공업기술의 학습, 차관의 도입, 유학생 파견 등을 추진하는 일에 대해 긍정적으로 평가하고 있으며 일본의 개혁에 자극을 받아 양무(洋務)를 진행하려는 결심이 강해졌다는 것을 알 수 있다. 그러나 이홍장은 일본이 정치제도를 개혁하는 것에 대해 반감을 가지고 명확하게 반대의 뜻을 표시했으며, 일본이 개혁을 통해 「동토의 맹주」라고 칭하는 것에 대해서도 우려하지 않을 수 없었다.

3. 주마간산(走馬看山)
— 초기 일본시찰 여행기의 명치유신에 대한 평가

근대 중국인의 명치유신에 대한 인식은 차츰 심화되어 나갔다. 처음에는 많은 사람들이 명치유신을 제대로 이해하지 못하거나 반감을 품고 있었는데, 일본 현지의 탐방을 통해 원래의 생각을 바꾸거나 많은 부분을 이해하게 된 사람들이 나타났다.

1876년(광서 2년)에 절해관위원(浙海關委員) 이규(李圭)가 황제의 명으로 미국 건국 100주년기념 박람회에 참가했다. 그는 도중에 일본을 방문하여 장기(長崎), 신호(神戶), 대판(大阪), 횡빈(橫濱) 등을 방문함으로써 명치유신 이후 일본에 가서 현지 조사를 한 첫 번째 중국 관리가 되었다. 백문(百聞)이 불여일견(不如一見)이라 했던가, 명치유신 직후의 새로운 활력이 그에게 깊은 인상을 남겨주었다. 이규는 『환유지구신록(環遊地球新錄)』에서 '크고 작은 학교, 우체국, 전보국, 개광국(開礦局), 윤선회사(輪船會社) 등은 모두 서양을 모방하고 있으며 더욱 주의를 기울이고 있어 거의 서양의 수준과

6) 『李文忠公全集·奏稿』, 卷24

겨룰 수 있을 정도'라고 했다. 그는 명치유신은 일본이 역사적으로 약국(弱國)에서 강국(强國)으로 바뀌는 전환점이라고 여기면서 '내가 생각하기에, 일본이라는 나라는 함풍(咸豊) 초기에 여전히 대장군(大將軍)들이 정권을 쥐고 있었고 임금의 자리는 허명(虛名)에 불과하여 국세(國勢)가 흥하지 못했다. 그런데 명치유신을 통해서 최근에 서학(西學)을 숭상하고 서양의 법을 받아들이는 등의 유익한 변화들 속에서 결연하게 옛 방식을 바꾸는 자들이 아주 많다. 이리하여 중앙을 강하게 하고 지방을 약화시켜 동해(東海)의 맹주를 자처할 수 있게 되었고, 대장군들은 마침내 국정을 전단(專斷)하지 못하게 되었다'라고 말했다.

1877년(광서 3년)에 청 정부는 처음으로 공식적인 주일(駐日) 사절단을 파견했다. 초대 일본 공사로 파견된 사람은 한림원 시강(翰林院侍講) 하여장(何如璋)이었고, 그의 부임일기(赴任日記)인 『사동술략(使東述略)』에서 명치유신에 대한 견해를 서술했다. 그는 명치유신의 원인을 '일본은 근래 200년 동안 강대국들이 차례로 핍박해 들어와서 크게 문호를 개방했다. 우국지사들은 정치·법령이 서양과 맞지 않으면 나라를 강고하게 할 수 없고 외국으로부터 모욕을 막아내기 힘들어 먼저 천황(天皇)의 권위를 세우고 막부(幕府)를 제거하자고 제창했다. 그러자 여러 번(藩)들에서 부랑자들이 떼를 지어 일어나 호응했고 도시를 휩쓸었다. 덕천막부(德川幕府)는 근거지를 상실하여 날로 세력이 작아졌고 한 두 재능있는 인재들이 그 기회를 이용하여 변화를 이끌어낸 것이다'고 분석했다. 하여장은 명치유신의 성과를 긍정적으로 평가했지만 동시에 유신이 반드시 큰 저항에 직면할 것이라고 예측했기 때문에 유신의 성공 여부에 대해서는 여전히 회의적이었다. 그는 '공실(公室)을 강화하고 사문(私門)을 막고 폐번치현(廢藩置縣)을 실시하여 수백 년에 걸친 적폐(積弊)를 차례차례 고쳐서 손바닥을 뒤집듯이 진행시키고 있기는 하지만 어찌 쉬운 일이겠는가!'라고 했다.

중국이 일본에 공사관(公使館)과 영사관(領事館)을 설치하여 외교관이 상주하게 된 뒤 중국의 관리, 문인들이 계속해서 일본으로 건너갔다. 그들은 일본 각지를 유람하면서 일본인들과 폭넓은 교류를 가졌고 많은 유람기와 시가(詩歌)를 지었다. 그들은 명치유신의 진전 상황을 직접 보고 들을 수 있었기 때문에 그들 중 대다수는 자신들의 저작에서 명치유신에 대해 동의를 표시하고 긍정적으로 평가했다. 왕도(王韜)와 왕지춘(王之春)은 각각『부상유기(扶桑遊記)』와『동유일기(東遊日記)』에서 명치유신 후 철도, 전신, 전등 등이 받아들여짐으로써 누리게 된 편리함은 '하나같이 놀라워서 눈이 휘둥그레진다'고 묘사했다. 또한 일본의 학교, 교육제도를 '정말로 좋은 제도이다'라고 칭찬했다.

그러나 완고한 보수파의 입장에서 색안경을 끼고 일본을 관찰하여 명치유신에 대해 하나하나 못 마땅해 하는 사람들도 있었다. 그들은 중국의 문화적 우월감에서 일본이 서양을 배우는 것을 불만스러워했다. 1880년(광서 6년)에 강서 길안부 연화청(江西 吉安府 蓮花廳)의 동지(同知)였던 이소포(李筱圃)는『일본기유(日本紀遊)』에서 일본은 명치유신 후 '멀리서 온 사람들은 거절할 수 없을 뿐만 아니라 온 힘을 들여 서양의 법을 모방하고 있어서 갈수록 나라가 빈곤해지고 세금은 나날이 가혹해져서 백성들은 덕천막부(德川幕府)의 인자함과 은혜로움을 다시 회복하려 하고 있다'[7]고 지적했다.『일본잡기(日本雜記)』라는 책도 일본이 서양을 배우고 유신을 시행해서 빈곤해졌다고 하여 명치유신에 대해 완전히 부정적이었다.

『일본잡기(日本雜記)』의 저자는 '일본은 명치 이전에 풍요롭다고 일컬어졌는데 외국과의 통상 이후 서양 각 국의 부강함을 부러워하며 많은 업무방식을 바꾸고 서양 법을 받아들이고 의복을 바꾸고 역법을 고쳤으며 심지어 음식, 칼, 숟가락 같은 하찮은 것들까지도 서양을 모방하지 않는 것이 없다', '명치 신정부(明治新政府)는 의복을 모두 서양식으로 바꾸었지만 모든 백성들로 하여금 따르게 할 수 없었다. 그리하여 머리를 짧게 자르고 서양식 옷을 입은 채 나무로 만든 신발(게다)을 신은 사람도 있다. 이것은 동양인의 머리에 서양인의 발, 서양인의 머리에 동양인의 발을 하고 있는 것이니 제대로 된 사람이 아니다'라고 풍자했다. 저자는 또한 일본이 역법을

7) 李篠圃,『日本紀遊』『小方壺齋輿地叢鈔』, 第10帙

개혁한 것을 '일본의 역법은 옛날부터 중국과 같았는데 명치유신으로 역법을 바꾸어 서양식으로 하고 윤년(閏年)도 두지 않고 있다. 새로운 역법이 반포되었지만 백성들은 모두 불편해하고, …고인(古人)들이 법은 심한 폐해가 없는 이상 가볍게 고치지 않는다고 했는데 일본은 2000년 동안 써오던 역법에 무슨 폐단이 있다고 그것을 가볍게 고쳐버렸는지 모르겠다' 고 심하게 비판했다. 더 나아가 저자는 심지어 일본이 서양 기계를 모방해서 만들고 서양식으로 군대를 훈련시키는 일도 비난하여 '현재 일본 내에서 무기, 선박, 옷감, 양전(洋錢), 양지(洋紙), 초석(硝石), 암모니아, 성냥, 가스등 등을 만드는 데 서양 기계를 사용하고 스스로 만들어내는 것은 하나도 없다', '또 서양식으로 군사를 훈련시키면서 부강은 저절로 이루어질 것이라고 여기고 있다. 그러나 그들은 서양식을 좋게 여기는 것이 재물을 낳는 것이 아니라 재물을 소비해버리는 것이라는 것을 모르고 있다. 지금 외국과 통상하여 서양식을 따르고 국가의 재정이 부족하여 백성들에게 세금을 가혹하게 거둬들이지 않을 수 없다', '서양인들은 모든 일들이 서양을 본 떠 이루어지는 것을 보고 일본을 치켜 올려 주고 있지만 서양 방식 때문에 빈곤에 이르게 되고 허명을 쫓아서는 실효를 거두기 어렵다는 것을 모르고 있다. 부(富)와 강(强)은 쉽게 말할 수 있는 것이 아닌 것이다'[8]라고 했다.

『일본유기(日本紀遊)』와 『일본잡기(日本雜記)』는 수구파의 입장에서 일본의 재정적 어려움을 모두 명치유신 이후 서학을 학습하고 개혁을 추진했기 때문이라고 했다. 그리고 계속해서 '조상 대대로 내려오는 법은 바꿀 수 없다'고 하면서 모든 것을 굳게 지켜나가야 한다고 여겼다.

1879년(광서 5년)에 쓰여진 『일본쇄지(日本瑣志)』는 통계자료를 통해 일본의 정치, 경제 상황을 구체적으로 분석하여 명치유신이 실패할 것이라고 결론지었다. 저자는 '서양을 모방하여 폐번치현(廢藩置縣)한 이후 예전의 작록(爵祿)을 잃게 된 자들이 몇인지 알 수 없으니 이것은 난(亂)의 싹이 잠복해 있는 것이다. 더욱이 국가의 재정이 날로 축소되어 백성들에게서 세

8) 작자미상, 『日本雜記』『小方壺齋輿地叢鈔』, 第10帙

금을 보다 많이 거두어들이지 않을 수 없어서 백성들이 원망하고 있으니 이것도 난(亂)의 싹이 숨어있는 것이다'고 하여 일본에 심각한 정치, 경제적 위기가 잠복하고 있다고 여겼다. 그는 '근 11년간 일본의 국채는 362,626,284원이고 외채는 12,624,072원이다'라고 통계수치를 제시했고, '지금 지폐(紙幣)가 날이 갈수록 많아져서 앞으로 나라 안의 금은(金銀)은 날개를 단 듯 폭등할 것이고 지폐는 가치가 하락하고 물가가 올라서 백성들은 생활하기 힘들어질 것이다. 중국이 명대(明代)에 지폐를 남발하는 폐단이 있었는데 오늘날 일본에서 그 현상이 나타날 줄은 몰랐다', '20년 내에 난(亂)이 일어난다'고 하여 지폐의 남발과 화폐 가치 하락이 지닌 위험성을 지적했다.

그는 일본 정부의 28년 국채상환계획을 믿을 수 없다고 하면서 '그것은 단지 눈을 가리고 아웅 하는 것과 같다. 현재 내우외환이 잠재한 상황에서 어떻게 28년 동안 장기적인 질서가 유지되고 아무런 사고가 없겠는가?'라고 여겼다. 이와 함께 일본 정부의 심각한 수입 초과, 금, 은의 해외유출, 인구 과잉, 사회치안 등의 문제를 지적하여 '작년 동경(東京)의 범죄는 모두 2467건으로 재작년보다 509건이나 늘어났고 이것은 범죄가 날로 늘어나고 있음을 말해준다'고 했다. 그러나 그는 '진실로 집권자의 말처럼 12,500,000원을 개척비용으로 사용하여 지력(地力)을 충분히 활용하고 실이나 베를 짜서 수출하고 국회를 개설하여 민심을 수습한다면 10년 안에 일본은 가난에서 벗어나 부유해지고 약소국에서 강대국이 될 것이니 그 가능성은 헤아릴 수 없이 크다'고 하여 일본에 여전히 희망이 있음을 인정했다. 이 밖에도 그는 일본의 기계공업이 나날이 발전하고 있는 것을 보고 '일본이 만든 양산(洋傘), 양화(洋貨), 성냥 등의 물건을 보니 서양인들에 미치지는 못하지만 크게 뒤지지도 않는다'[9]고 보았다.

이상에서 본 것처럼 『일본쇄지(日本瑣志)』의 저자는 비록 명치유신에 대해 지나치게 비관적으로 분석하고 있지만 표면적인 현상을 넘어서서 일본 사회에 잠복하고 있는 각종 문제들을 발견했으며, 그의 관찰 역시 심도 깊

9) 작자미상, 『日本瑣記』 『小方壺齋輿地叢鈔』, 第10帙

고 날카로워서 남달리 뛰어난 점이 있었다.

일찍이 주일공사관(駐日公使館)의 직원이었던 진가린(陳家麟)은 1887년(광서 13년)에 지은 『동차문견록(東槎聞見錄)』에서 명치유신으로 추진된 각 개혁들에 이(利)와 폐(弊)가 있음으로 따로따로 분석해야 한다고 여겼다. 그는 '학교의 건립, 광산의 정비, 철도 개통, 은행 설립 및 기계, 전선, 교량, 수도, 농무(農務), 상무(商務) 등은 모두 이정(利政)이다', '복제 개혁(服制改革), 한학 폐지(漢學廢止), 형벌 개정(형률(刑律)에서 서양의 것을 받아들여 태(笞), 장(杖)을 없앴기 때문에 근래에 도적들이 빈번하게 나타난다), 지폐 제조(지폐를 남발하여 민간에서 이루어지는 크고 작은 교역에 현금이 사용되지 못한다), 부세(賦稅)의 인상 및 용인(用人, 외국에 다녀온 사람이나 외국어를 할 수 있는 사람을 그 재능에 관계없이 임용하기 때문에 관계(官界)의 수준이 제각각이다), 궁실(宮室, 크고 작은 관서(官署)가 모두 서양식으로 개조되었다), 음식(역시 서양식이다), 춤 등은 폐정(弊政)이다'고 분석했다. 이러한 관점은 당시 일반 지식인들의 명치유신에 대한 대표적인 견해였을 것이다.

4. 인식의 심화

—황준헌(黃遵憲) 등의 명치유신(明治維新) 연구

앞서 소개한 견해들은 대부분이 수박 겉 핥기 식의 피상적인 일본 방문에서 생긴 인상들이었다. 1880년대 주일공사관(駐日公使館) 직원들과 일본을 현지 조사할 목적으로 파견된 관리들은 명치유신에 대해 비교적 광범위하고 심도 깊은 조사·연구를 진행했고 내용도 풍부하고 참고할 가치가 있는 저작들을 냈다. 그 중에서 영향력이 비교적 컸던 책이 황준헌(黃遵憲)의 『일본국지(日本國志)』와 고후혼(顧厚焜)의 『일본신정고(日本新政考)』이다. 이 두 책은 일본의 명치유신(明治維新)에 대해 깊고 세밀히 조사하고 연구했지만 두 저자 사이의 입장이 달라서 명치유신에 대해서도 완전히 다른 견해를 보여주었다.

형부 주사(刑部主事) 고후혼(顧厚焜)은 1887년(광서 13년)부터 1888년까지 청조(淸朝)의 명을 받아 명치유신 이후의 신정(新政)을 고찰하고 각지의 기관, 학교, 공장, 기업, 군대 등을 조사하여 『일본신정고(日本新政考)』를 펴냈다. 이 책은 양무(洋務), 재용(財用), 육군(陸軍), 해군(海軍), 고공(考工), 치법(治法), 기년(紀年), 작록(爵祿), 여지(輿地) 등 9부(部) 90목(目)으로 편성되어 있고 상당히 구체적으로 기술되어 있기 때문에 중국인이 명치유신의 조치들을 이해하는 데 큰 도움이 되었다. 그러나 그가 내린 결론은 명치유신을 크게 비난·질책하고 심지어 신랄하게 풍자하기까지 했다. 그는 명치유신 이후 일본이 '국채는 쌓이고 국고는 비었으며, 한문(漢文)을 가벼이 여기고 양문(洋文)을 중시하며, 옛 수도(즉 교토)는 폐하고 새로운 수도(즉 도쿄)는 흥한다. 뜻있는 사람들은 옛날을 회상하면서 관직을 사퇴하고 시골에 가서 농사를 짓는데 일이 한가할 때는 한숨이 끊이지 않았다. 그러나 요직에 있는 자들은 서양식을 잘 따르는 것이 최선이라고 여기고 있으니 마치 낡은 정치를 완전하게 버리지 않으면 부국(富國)도 강병(强兵)도 불가능하다고 여기는 듯하다'고 말하고는 연달아 '아, 이것이 무슨 말인가?, 이것이 무슨 말인가?'라고 질책했다.

그는 또한 '서양의 법이 이렇게 빠르게 전통에 스며들어 이 나라는 이다지도 가볍게 전통을 버리고 서양법을 제도화시켜 버렸는가!'라고 개탄했다. 물론 그 역시 시대의 대세 때문에 서양의 선진문물을 완전히 거부하지는 못하여, '일본의 육(陸)·해군(海軍)은 번개와 바람처럼 빠르고 대포는 하루가 다르게 새로워지고 서신(書信)은 전선을 타고 만 리를 날아다니며 땅 속의 보석들은 광사(礦師)에 의해 판별되고 있으니 진실로 쓸모 있는 것들이다'고 인정했다. 그러나 그는 정치제도는 결코 바뀔 수 없는 것이라고 여겼기 때문에 '일본인들은 색다른 것을 좋아하고 자랑하여 변하기 시작하면 바꾸지 않는 것이 없으니 이것을 어떻게 설명할 것인가!', '하루아침에 법도(法度)와 전장(典章)을 모두 무용지물이라 여기고 폐기하는 것이 어찌 이 나라의 복(福)이리오!'[10]라고 비판했다.

결국 고후혼(顧厚焜)은 대대로 내려온 법(法)을 바꾸는 것에 반대했고 정치제도를 변화시키는 것을 용납하지 못했다. 이것은 아마도 중국에도 변법유신(變法維新)이 일어나면 관료사대부들의 안신입명(安身立命)을 동요시킬 수도 있다는 점을 염려했던 것 같다.

황준헌(黃遵憲)은 초대 주일참찬관(駐日參贊官)으로 1877년(광서 3년) 초대 공사(公使) 하여장(何如璋)을 따라서 일본으로 출사(出使)했다. 그는 일본에 있었던 5년 동안 일본 내 각 분야의 인사들과 교류하고 일본의 역사와 당시 상황을 깊이 조사하면서 명치유신 이후 일본의 정치, 경제, 문화 등 각 방면의 자료를 대량으로 수집했고 특히 일본정부의 각 기관이나 각 지방에서 펴낸 각종 공보(公報), 법령, 통계표 등의 기초 자료들을 수집하였다. 그는 1879년(광서 5년)부터 1887년(광서 13년)까지 8년의 시간을 투자하여『일본국지(日本國志)』라는 대작을 완성했다.

『일본국지(日本國志)』는 40권, 50만 자이고 국통지(國統志), 인교지(隣交志), 지리지(地理志), 직관지(職官志), 식화지(食貨志), 병지(兵志), 형법지(刑法志), 학술지(學術志), 예속지(藝俗志), 물산지(物産志), 공예지(工藝志) 등 12류(類)로 구성되었다. 황준헌은 고후혼과 달리 중국이 변법유신(變法維新)을 통해 독립적인 부강의 길로 나가는 방법을 찾으려했다. 따라서 그는『일본국지(日本國志)』에서 명치유신의 경험과 교훈에 주안점을 두었다. 그는「범례(凡例)」에서 '이 책에 기록된 것들이 모두 현재의 일들은 상세하고 과거의 일들은 간략하며, 우리와 가까운 것은 자세하고 먼 것은 간단하다. 대체로 서양법에 대해서는 더욱 자세하게 갖추어 놓았는데 쓰일 때가 있기를 바란다'[11]고 한 것으로 보아 실제로 중국의 변법유신을 위해 참고로 제공하려한 것이다.

황준헌(黃遵憲)의 명치유신에 대한 인식도 전환을 겪었다. 황준헌 자신의 말에 따르면 그가 1877년 막 일본에 도착했을 때 '당시는 명치유신 초기라서 모든 것이 시작되고 있었고 전반적인 형태도 정해지지 않았기 때문에

10) 顧厚焜,『日本新政考』序
11) 黃遵憲,『日本國志』凡例

혹자는 일본이 내실 없는 나라라고 했고, …논의가 분분했다.' 그가 친분을 가지고 있던 사람들도 대부분 변법에 불만을 가지고 있던 구학자(舊學者)로서 '은근한 말로 풍자했고 한숨과 탄식이 끊이지 않게 들렸다.' 이러한 상황에서 황준헌은 명치유신에 대해 처음에는 회의적인 태도를 취했다. 그러나 그는 명치유신을 좀더 깊이 조사하면서 점차 자신의 관점을 바꾸었다. 즉, '경험이 많아지고 견문이 넓어짐에 따라 변통(變通)의 의미를 잘 알게 되었다. 그리고 이제는 일본인들이 서양식으로 개종하고 옛 것을 고쳐 새로운 것을 취하여 스스로 일어설 수 있다는 것을 믿는다'고 말했다. 뒤에 황준헌은 구미의 여러 국가에서 '그들의 정치, 학술이 일본과 큰 차이가 없음'을 보았고 서양인들이 일본에 관해 이야기하게 되면 '곧바로 손을 떼고 경탄했을 뿐 별다른 이견이 없었다.' 이러한 경험들은 그로 하여금 명치유신의 성공을 믿게 하였으며 '일본이 발전하는 속도는 아직껏 어느 나라에서도 그 유례가 없었다'[12]고 찬탄하게 만들었다.

황준헌은 명치유신을 높이 평가했다. 그의 『일본잡사시(日本雜事詩)』에 명치유신을 묘사한 시(詩)가 실려 있는데 그 시 아래 쓰여 진 주(注)에서 '명치 원년(明治 元年) 덕천씨(德川氏)가 무너지고 왕정이 복고되니 위대 하도다, 중흥(中興)의 공(功)이여!'라고 했다. 그는 『일본국지(日本國志)』에서 명치유신의 원인, 동력, 의의 및 실행한 각종 정치, 경제, 문화, 군사, 개혁 등을 모두 분석·평가했다. 그는 '포악한 정치가들이 계속 학정(虐政)을 일삼자 백성들이 마음속에 원한을 가득 품고 있던 차에 외세에게 모욕을 당하고 내분이 이어지는' 역사적 배경에서 명치유신이 일어난 것이라고 보았다. 그는 다음과 같이 지적했다. '일본도 원래 중국처럼 문호를 굳게 닫고 있었는데 튼튼한 군함과 대포들이 해안을 넘보게 되자 비로소 꿈에서 깨어나고 취기(醉氣)가 가시는 듯해졌다. 그러나 일본은 온 나라의 상하(上下)가 모두 발분(發奮)하여 부강을 도모하고 서양을 학습하는 변법유신을 단행함으로써 독립된 지위를 유지할 수 있었을 뿐만 아니라 세계의 강대국과 경

12) 黃遵憲, 「日本雜事詩定稿本自序」

쟁하려하고 있다. 이것은 중국의 애국지사들이 깊이 생각해야할 만한 것이 아닌가? 일본이 해낼 수 있는 일을 중국이 왜 해낼 수 없단 말인가?'

황준헌(黃遵憲)은 특히 유신지사(維新志士)의 역할을 강조하여 '2, 3명의 호걸들이 때를 잘 만나서 형세의 이로움을 이용하고 앞장서서 힘써 공(功)을 도모했기에 국시(國是)를 정하고 나라의 근본을 튼튼하게 할 수 있었다'고 여겼고, 유신지사(維新志士)들이 어떤 난관이나 죽음도 두려워하지 않는 사실에 대해 '정말 어떻게 그처럼 용맹할 수가 있는가!'라고 칭송했다. 그는 또한 관제(官制), 세제(稅制), 폐제(幣制), 법제(法制), 병제(兵制), 학제(學制) 등의 분야에서 명치유신을 통해 나타난 제도적 변화를 구체적으로 소개했다. 그는 명치 정부(明治政府)가 힘써 '물산을 장려하고 상무(商務)를 진흥시키는' 정책을 제창하고 국가가 민간상인들에게 자금을 원조하여 공장, 윤선회사(輪船會社) 및 광산 개발, 철도 건설, 체신 업무의 개설 등을 추진함으로써 자본주의적 공상업(工商業), 문화 교육, 과학 기술 등을 발전시킨 것을 높이 평가했다. 그는 민권 신장, 헌법 제정, 국회 개설 등에 동조했고 아울러 일본이 '10년 이내에 틀림없이 국회를 개회할 것'이라고 예측했다.

요컨대 황준헌(黃遵憲)의 『일본국지(日本國志)』는 명치유신에 성공한 경험을 바탕으로 중국의 변법유신(變法維新)이 나아갈 길을 알려주어 지식인들에게 신선한 자극이 되었다.

5. 의론분분(議論紛紛)
—청일전쟁(淸日戰爭) 전 중국인의 명치유신 인식(認識)

1880~90년대에 일본 명치 정부(明治政府)의 주도로 각종 부르주아적 성격의 개혁이 차례차례 완성되자 중국인들은 갈수록 명확하게 명치유신의 성과를 볼 수 있게 되었다. 중국 근대 유신 사조의 흥기 역시 중국인의 명치유신에 대한 이해를 도왔고, 이로 말미암아 명치유신에 대한 이해가 반전(反轉)됨과 동시에 중국 변법유신 운동(變法維新運動)의 발전을 촉진시켰

다. 중국에서 변법유신을 주장하는 인사들은 거의 모두가 일본을 이야기했고 명치유신을 추켜세웠다. 앞서 소개한 황준헌(黃遵憲) 이외에 유신파의 대표적인 인물인 정관응(鄭觀應), 왕도(王韜), 강유위(康有爲) 등도 있는 힘을 다해 명치유신을 본받아야 한다고 제창했다.

정관응(鄭觀應)은 『성세위언(盛世危言)』이라는 유명한 책에서 '조사에 따르면 일본은 동해에 있는 섬나라로 물산도 많이 있다. 최근에 서양을 본받아 부강해지려고 힘껏 노력하고 있다. 외국에서 들어오는 모든 물건에 대해서 지방관들을 시켜 연구하게 하고 상인들을 불러모아 자금을 끌어들여서 양화(洋貨)를 만드는 국(局)을 설치하게 한다. 만약에 적자가 생기면 그것을 메울 방법을 찾고 모든 장정(章程)을 상인들 스스로 처리하게 함으로써 온갖 폐해를 모두 해결할 수 있다'고 지적했다.

왕도(王韜) 역시 『도원문록외편(弢園文錄外篇)』에서 '일본은 동해의 작은 나라일 뿐인데 하루아침에 갑자기 진흥(振興)에 뜻을 두고서 적폐(積弊)를 일소하였다. 그 나라의 모든 제도는 서양을 본받아서 들여온 것이고 그들은 다만 서양의 것들이 깊숙이 스며들지 않을까 걱정한다. 수 년 만에 스스로 선박, 총, 대포들을 만들 수 있게 되었고, 병사를 훈련시키고 광산을 개발하여 동전을 주조하고 있다. 더욱이 의복, 문자, 주택 등에 관련된 법도 고쳐서 서양을 따르지 않는 것이 없다. 민간에 따르기를 원하지 않는 자가 있으면 그렇게 하도록 허락했다'고 말했다.

유신파(維新派)의 영수인 강유위(康有爲)는 일찍이 1870년대 말 이미 일본 서적들을 읽었고 명치유신의 성과들을 이해하기 시작했다. 그리고 일본을 부러워하는 마음이 생겨서 일본 서적을 번역하고 명치유신을 연구해야 한다고 주장했다. 강유위 자신의 회상에 따르면 '예전에 황제의 위엄이 다하여 유구(琉球)가 멸망당했을 때 일본에 가서 장사를 하는 고향 사람이 있었는데 일본 서적의 목록을 가져와서 보여 주었다. 나는 그에게 부탁하여 책을 구한 뒤 책들을 읽으면서 크게 놀랐다. 그 나라의 변법이 얼마나 맹렬하게 진행되고 있으며 성과가 이미 나타나고 있음을 알게 되었다. 나는 민간에 서국(書局)을 열어서 그 책들을 번역시켰지만 사람들이 모두 믿지 않으니 일을 이룰 수 없었다'[13]라고 하였다.

1888년(광서 14년)에 강유위는 광서제에게 올리는 제1차 상서(上書)에서 '일본은 험하고 작은 섬인데 근래에 군신(君臣)이 변법(變法)을 통해 진흥을 꾀해서 10년 사이에 온갖 폐해들이 제거되었고 남으로는 유구(琉球), 북으로는 하이(蝦夷 : 사할린)를 정벌했습니다. 그러자 서양의 대국들도 눈만 흘길 뿐 어떻게 하지 못하고 있습니다'[14]라고 했다. 그 뒤 그는 거의 매번 상서를 올릴 때마다 명치유신을 본받아 중국에서 변법을 실행해야 한다고 주장했다.

그러나 중국의 관료 사대부들 사이에는 명치유신을 경시하거나 반대하는 사람들도 많았다. 완고하고 수구적인 유생(儒生)들은 여전히 명치유신에 대해 온갖 험담을 마다하지 않았다. 예를 들면, 1885년(광서 11년)에 사명부차객(四明浮槎客)이라는 사람이 일본을 방문했을 때 「죽지사(竹枝詞)」를 지었다. 「죽지사(竹枝詞)」는 일본이 서양을 배우는 것을 '나라의 법이 하나하나 나날이 변하여, 도대체 어느 나라도 기준이 되지 못하네. 어제의 미국법이 곧바로 변하여, 오늘은 다시 서둘러 대영(大英)을 받드네'라고 풍자했다. 그는 일본의 개혁이 '조령모개(朝令暮改)와 같은 어린아이들의 장난'이라고 질책했고, 계속해서 '풍속조차 바꾸니 참으로 황당하다. 조상 대대로 내려온 역법과 의복도 사라져버렸다', '문명개화라니 얼토당토않다. 마치 우물 안 개구리와 같다'[15]고 일본의 변법(變法)을 조소했다.

이순정(易順鼎)이라는 또 다른 유생(儒生)도 「토일본격문(討日本檄文)」에서 일본이 서양의 학문을 배워 유신을 추진하는 사실을 맹렬하게 비난했고 '다른 사람의 의복을 흉내 내고 있으니 참으로 그 어리석음을 뭐라 할 수 없고, 제멋대로 유신이라고 부르니 그 이름을 더욱 더럽히고 있다'[16]고 했다.

1893년(광서 19년)에 일본을 방문한 황경징(黃慶澄)은 이상과 같은 완고

---

13) 康有爲, 「進呈日本明治變政考序」『中國近代史資料叢刊 · 戊戌變法』, 第3冊, p.4.

14) 「中國近代史資料叢刊 · 戊戌變法」 第3冊, p.129.

15) 四明浮槎客, 『東洋神戶日本竹枝詞』

16) 易順鼎, 『盾墨拾餘』 卷3

한 인식에 대해 비판을 가했다. 그는 일본의 명치유신을 모방하여 '신법(新法)을 실시하고, 역법과 의복까지 바꾸는 이유는 새로운 생각으로 국기(國氣)를 진흥시키기 위함이니 비록 수많은 나라들이 비난하더라고 개의치 않고 있다'고 평가했다. 그리고 명치유신이야말로 '호걸이 국정을 도모하고 있는 격이니 그 멀리 내다보는 생각은 나무 밑에 앉아서 토끼를 기다리는 자들과 이야기할 수 있는 바가 아니다'[17]고 여겼다.

황경징(黃慶澄)은 방일(訪日) 기간 중에 신호(神戶)의 중국영사관(中國領事館)에서 영사(領事)인 정효서(鄭孝胥)와 명치유신(明治維新)에 대해 흉금을 터놓고 토론했다. 정효서는 자세한 현지조사를 통해 명치유신의 이해득실(利害得失)에 대해 구체적으로 분석했다. 그는 명치유신이 성공한 이유는 주로 공상업(工商業)을 발전시키고 문화・교육 사업을 진흥시키는 데 있다고 여겼다.

그는 '일본이 외국과 통상을 하게 된 이후로 근면을 특별히 중시했다. 각 지역의 학교에서 인재를 선발하여 특기를 가르치고, 학당(學堂)에서 농상(農商)을 강의하는 한편 이와 관련된 별도의 부서를 설치하여 운영하였다. 단체를 모으는데 상인의 힘을 중시하여 그들에게 이권(利權)이 모두 돌아가게 했고 상패(賞牌)를 만들어서 여러 재주를 독려하여 유민(遊民)이 줄어들었다. 철도가 나라 안에 두루 건설되어 각지가 교통하게 되었고, 민간에 경찰이 널리 배치되어 도둑들이 소탕되었다. 그들이 외관에 힘쓰는 것 같지만 내실이 있고, 서양인들을 본받는 것 같지만 서양 것은 일부분이다'고 말했다. 그러나 그는 '진실로 이로움이 드러나고 있기는 하지만 해(害)도 따르고 있다'고 지적했다.

명치유신의 정치, 법률 방면의 개혁에 대해 정효서(鄭孝胥)는 다른 견해를 가지고 있었다. 즉 그는 '조세가 너무 무거우면 백성들이 이겨낼 수 없고, 형법(刑法)이 너무 가벼우면 백성들에게 두려움이 없어진다. 패거리들

---

17) 黃慶澄, 『東遊日記』
18) 동상

이 날로 번성하면 간사한 자들이 그 무리를 선동할 것이고, 의원(議院)이 개원된다면 정부의 지위가 불안정하게 될 것이다. 병사를 훈련시킨다고는 하지만 일정한 양식이 없으면 사졸(士卒)들에게 굳은 의지가 없을 것이다. 이것은 군주를 위한다는 정책들이 오히려 권력을 잃게 하고 군주는 허수아비가 되는 것이다'라고 하였다.

이상의 저작(著作), 문장(文章), 주절(奏折), 시사(詩詞), 의론(議論) 등은 여러 각도에서 청일전쟁(淸日戰爭) 이전에 중국 지식인들이 지녔던 갖가지 명치유신에 대한 인식을 보여주고 있다. 명치유신이 중국 근대 정치에 미친 거대한 영향은 무엇이라 해도 무술유신 운동(戊戌維新運動)에서 찾을 수 있다.

제4장

무술유신(戊戌維新)과 일본(日本)

일본에서 명치유신(明治維新)이 있은 다음 30년 후인 1898년에 중국에서 무술유신 운동(戊戌維新運動)이 일어났다. 무술유신은 정치 개혁 운동임과 동시에 애국구망(愛國救亡) 운동이자 사상계몽(思想啓蒙) 운동으로 이 사건은 중국 근대사에서 매우 중요한 지위를 차지하고 있다.

중국의 무술유신은 일본 명치유신의 영향과 청일전쟁의 자극을 받아 일어났다. 중국의 유신파(維新派)는 명치유신을 모범으로 삼아 정치 무대에서 한 차례 나타났다가 금방 사라진 변법이라는 연극을 연출하였다. 본장에서는 중국의 무술유신과 일본과의 관계에 관한 문제를 구체적으로 연구하고자 한다. 중국의 유신운동은 왜 일본을 스승으로 삼아서 일본식의 모델을 채택하려 하였는가? 일본 조야의 인사들은 중국의 이러한 개혁운동을 어떻게 바라보고 있었는가? 특히 무술유신과 명치유신은 목표나 방법에서 유사하면서도 결과에서는 왜 하나는 성공하고 하나는 실패하였을까?

1. 이강적위사(以强敵爲師 강적을 스승으로 삼다) —청일전쟁(淸日戰爭)과 유신파(維新派)의 일본관(日本觀)

역사의 발전은 종종 매우 희극적이다. 고대 1천년간 일본인들은 줄곧 겸손하게 중국을 스승으로 삼아 모든 것을 중국으로부터 배웠다. 그러나 근대로 들어선 지 채 반세기도 되지 않아 중국인들은 오히려 서둘러 일본에게 가르침을 청하게 되었다. 이러한 역전 현상이 나타나게 된 원인은 바로 명치유신의 성공에 있었다. 변화의 결정점은 또한 1894년 (광서 20년, 일본 명치 27년)~1895년의 청일전쟁(일본에서는 일반적으로 이것을 「일청전쟁(日清戰爭)」이라 한다)에 있었다. 앞장에서 서술한 바와 같이 청일전쟁(清日戰爭)이 발발하기 직전 많은 중국 사대부들은 아직도 일본을 업신여기면서 「조그마한 3개의 섬」으로 이루어진 「동이(東夷)의 소국(小國)」으로 간주하였고, 일본의 유신 개혁 또한 대수롭지 않게 여겼을 뿐 아니라 심지어 풍자하며 비웃기도 하였다. 당시 일본 국민들은 마음속으로 중국에 대한 경외감(敬畏感)을 지니고 있었으며 전쟁이 발발했을 때에도 많은 일본인들은 일본이 승리할 수 있을지에 대해 의심하였다.

청일전쟁의 결과 노쇠한 청제국은 신흥의 일본에게 일거에 격파 당하였다. 청 정부가 십수 년간 공을 들여 경영하고 막대한 자본을 쏟아 부어 건립한 북양함대는 전군이 궤멸 당하였으며, 수십만에 달하는 상군(湘軍)과 회군(淮軍)이 일본군의 진공 앞에 차례로 무너졌다. 결국 청 정부는 굴욕적으로 화의를 청할 수밖에 없었다. 1895년 4월 17일에 이홍장(李鴻章)과 일본 정부 전권대신(全權大臣) 이등박문(伊藤博文)·육오종광(陸奧宗光)은 일본의 시모노세키(下關) 춘범루(春帆樓)에서 국권을 상실당하는 모욕적인 「마관조약(馬關(시모노세끼) 條約)」을 체결하였다. 조약에는 배상금 2억 냥의 은(銀) 이외에 대만(臺灣)·팽호(澎湖)와 요동반도(遼東半島, 요동반도는 후에 러시아·프랑스·독일의 3국 간섭으로 반환되었다)를 할양하고 사시(沙市)·중경(重慶)·소주(蘇州)·항주(杭州)를 개방하였으며, 일본이 중국의 통상(通商) 해안(海岸)에서 공장을 설립하는 것을 허가하였고, 조선(朝鮮)의 독립(이어 조선을 일본의 보호국(保護國)으로 하였다)을 승인하는 등의 조항이 포함되어 있었다.

청일전쟁(清日戰爭) 이후 일본은 마치 횡재한 벼락부자처럼 계속해서 중국으로부터 2억 3천만 량의 백은(白銀, 2억 냥의 배상금에 3천만 냥의 '요동반환비(遼東返還費)'를 더한 것이다)을 빼앗아 일본의 재정 능력을 크게 증대시키고 일본의 공업과 군사의 근대화를 촉진하였다. 일본정부는 이 거대한 자금에 힘입어 금본위(金本位) 화폐제도(貨幣制度)를 수립하여 일본의 화폐는 국제 화폐 금융체제로 들어가게 되었다. 일본은 또한 대만과 조선에 대한 식민 통치를 통해 대량의 재부(財富)와 원료(原料)를 약탈하였다. 이 전쟁의 결과는 일본의 군국주의적 침략 야욕을 크게 팽창시켜 중국과 아시아의 광대한 지역에 대해 대규모의 침략 전쟁을 감행하게 하였다. 이와 동시에 동아시아에서 제국주의 각 국의 쟁탈 경쟁은 더욱 가열되었다.

청일전쟁 이후 제정(帝政) 러시아는 프랑스·독일과 연합하여 일본이 요동반도를 반환하도록 압박하고 자신은 여순(旅順)과 대련(大連)을 강점하였다. 일본과 러시아의 갈등은 날로 첨예화하였으며 마침내 중국의 동북 지역을 전장으로 한 러일전쟁이 발발하였다. 전쟁은 중국인들뿐 아니라 일본인들에게도 심각한 고통을 가져 왔다. 이밖에 청일전쟁 중에 청조 통치 집단의 부패와 무능함이 남김없이 폭로되어 일본 국민들의 생각이 중국을 존경하던 것에서 점차 경멸하는 쪽으로 바뀌게 되었다.

중국에 대해 청일전쟁과 마관(시모노세키) 조약이 가져온 결과는 엄청난 것으로, 중국으로 하여금 전에 없었던 민족의 위기에 직면하게 하였다. 거액의 배상금은 중국의 재정 위기를 심화시켰으며, 청 정부는 거액의 외채를 도입하기 위해 어쩔 수 없이 해관(海關)·수세(收稅) 등의 주권 이익(主權利益)을 담보로 삼을 수밖에 없었다. 외국의 자본가는 마관 조약에 의지하여 다투어 중국에 공장을 설립하고 광산을 개발하였으며, 중국의 값싼 원료와 노동력을 이용하여 막대한 이윤을 착취하였으며, 또한 중국의 민족자본주의(民族資本主義) 공상업(工商業)을 압박하였다. 대만(臺灣)과 팽호(膨湖)의 할양은 중국으로 하여금 부유한 섬을 상실하게 하였을 뿐만 아니라 중국의 영토를 약탈·분할하려는 제국주의 열강의 야욕을 자극하였다. 그들은 마치 굶주린 이리와 같이 중국에 덤벼들어 경쟁적으로 해항(海港)을 강제로 조차(租借)하고 세력 범위를 구획하여 중국 과분(中國瓜分)의 광풍(狂風)을 일으켰다.

청일전쟁의 실패와 마관 조약의 체결이 가져온 과분(瓜分) 위기(危機)와 망국 위협은 중화민족의 각성을 자극하였으며 중국인의 애국구망(愛國救

亡) 운동을 불러 일으켜 민주 혁명(民主革命)의 거름이 가속화되었다. 무술 유신 운동은 바로 이러한 역사 배경 하에서 발생한 것이다. 어떻게 해야 중국을 구할 수 있을 것인가? 이것은 당시 모든 중국인에게 주어진 가장 첨예하고 가장 절박한 문제였으며 또한 시대가 진보적 중국인에게 부여한 중대한 임무였다. 강유위를 영수로 하는 유신파(維新派)는 위로부터 아래로의 유신 변법을 통해 중국의 위기를 구하고 자본주의의 길로 나아가고자 하였다.

중국의 많은 애국적 지식인들은 마관 조약의 체결을 엄청난 치욕이자 고통으로 여겼다. 1895년 (광서 21년) 5월 2일에 강유위는 당시 수도인 북경에서 시험을 치르고 있던 각 성의 거인(擧人) 1300여 명과 연합하여 광서제(光緒帝)에게 글을 올려 화약(和約)을 거절하고 변법을 시행하자는 주장을 제기하였는데, 이것이 중국 근대사상 유명한 「공거상서(公車上書)」이다. 지식인들의 이러한 청원은 유신 변법 운동이 이미 하나의 정치 운동이 되었음을 나타내는 것이다.

강유위는 '일본인들이 내침하여 토지를 분할하고 배상을 요구하는 것은 우리 청조 200년 역사에 없었던 치욕이며 천하 신민(臣民)이 발분(發憤)·통탄(痛歎)할 일이다!'라고 하였다. 그는 '이러한 절박한 위험을 겪으면서 반드시 와신상담(臥薪嘗膽)하는 계책을 세워야 할 것'이라고 주장했다.[1] 소를 잃고 난 후에 외양간을 고치는 것, 이것이 바로 중화를 진흥시키는 하나의 기회였다. 그렇다면 청일전쟁의 치욕스러운 교훈을 정리하여 먼저 왜 일본이 중국을 격파할 수 있었는가를 물어야 할 것이다. 이 문제를 풀기 위해 이웃 나라인 일본에 대한 많은 중국인들의 인식에 큰 변화가 나타나게 되었다.

강유위는 일본이 청일전쟁에서 승리한 원인을 전적으로 유신 변법에 귀결시켰다. 그들은 「공거상서」에서 다음과 같이 주장하였다. '일본은 조그만 섬나라에 불과하나 구법(舊法)을 변혁하여 유구(琉球)를 멸하고 우리를 침

1) 康有爲, 「上清帝第三書」, 中國史學會 編, 『中國近代史資料叢刊·戊戌變法』, 神州國光社, 1953.

략하였으니 이러한 전철을 귀감으로 삼아야 할 것이다.'[2] 강유위는 또 다른 상서(上書)에서도 말하기를 '일본은 작은 3개의 섬으로 되어 있으며 토지나 인구는 중국의 10분의 1도 되지 않는다.' 그러나 유신 변법을 통하여 '나라는 날로 부강해져 유구를 멸하고 우리의 요동과 대만을 분할하였다.' '일본과 같은 소국도 변화하여 저와 같이 강력해졌으니 그 효험이 분명하고 큰 것이 아니겠는가?'[3]

유신파(維新派)의 또 다른 대표 인물인 양계초(梁啓超) 역시 말하기를 '일본은 막부의 전횡과 번국(藩國)에 대한 정벌이 있고 또한 러시아·독일·미국의 공격을 받아 나라가 거의 나라로서 존립할 수 없는 상황에서 명치유신 이래 개혁을 실시하여 30년이 못되어 유구를 빼앗고 우리의 대만을 떼어갔다.'[4] 일본이 미약했다가 강성하게 된 경험으로부터 다음의 사실을 증명할 수 있다. '대체로 지금의 일본은 열강의 경쟁 사이에서 자존의 방책을 도모하였으니 여기에는 변법을 제외하고는 다른 방도가 없다.'[5] 그들은 여기에서 교훈을 얻어 중국을 구하려고 한다면 오직 변법 유신이 있을 따름이며, 유신을 하려고 한다면 서방을 배워야 한다고 생각하였다. 이미 일본이 서방 국가에게서 배워 효과가 있어 명치유신을 성공적으로 진행하였으니, 그렇다면 중국인이 왜 일본으로부터 배울 수 없겠는가? 멸망으로부터 살아남아 생존을 도모하고 변법자강(變法自强)하려면 오직 와신상담(臥薪嘗膽)하여 열심히 어제의 적(敵)인 일본으로부터 배워야 한다. 따라서 강유위는 마침내 명확하게 '강적을 스승으로 하는 것을 꺼리지 말자'라는 구호를 제출하게 되었던 것이다.[6]

중국(中國)의 유신파(維新派)가 일본을 스승으로 삼은 것은 서방 국가를 배우고 변법 유신하기 위한 하나의 첩경(捷徑)이었다. 강유위는 말하기를

---

2) 康有爲, 「上淸帝第二書」『戊戌變法』, 第2冊, p.153.
3) 康有爲, 「上淸帝第四書」『戊戌變法』, 第2冊, p.179.
4) 梁啓超, 「變法通義」, 『戊戌變法』, 第3冊, p.13.
5) 康有爲, 「上淸帝第五書」『戊戌變法』, 第2冊, p.195.
6) 康有爲, 「日本變政考」序 北京古宮博物館 藏書

'같은 문자를 바탕으로 하여 그들의 과정을 따라 한다면 규모를 다스리고 조리를 상세히 하는 것이 쉬울 것이니 유럽의 언어를 번역하는 만가지 어려움에 비하겠는가?' 그는 또한 생동감 있게 비유하여 말하기를 '집을 짓는 것에 비유한다면 구미(歐美)에게는 설계를 시키고 일본의 장인(匠人)에게는 짓게 하여 우리가 거처하는 것이다. 밭을 경작하는 데 비유하자면 구미가 종자(種子)를 구하여 관개(灌漑)하고 일본이 김매고 수확하여 우리가 먹는 것이다.'[7)]

더욱이 양계초는 일본이 서방 국가로부터 배운 성과를 충분히 이용해야 한다고 주장하였다. '서양의 여러 학문 서적 가운데 그 정밀한 것은 일본인이 모두 번역해 놓았다. 우리는 그들이 성공한 것을 따라 이용하여야 할 것이니 이는 우리가 서양을 소로 삼고 일본인을 농부로 삼아 우리는 앉아서 그것을 먹는 것과 같다. 그 비용은 천만금이 아니니 중요한 책은 모두 모아야 할 것이다.'[8)] 따라서 그들은 일본을 배우기만 하면 일은 반이되 공(功)은 배가되고 나중에 왔으면서도 상석에 앉을 수 있을 것이라고 낙관적으로 생각하였다. 강유위는 일찍이 광서제 앞에서 말하기를 '서양은 300년 간 노력한 후에 다스려졌고 일본은 30년 간 (개혁을)실시한 후에 부강해졌습니다. 우리 중국은 국토가 넓고 인구가 많으니 3년 간 변법(變法)을 시행한다면 자립할 수 있을 것이며 이후로는 왕성하게 날로 번성하여 부강함으로 만국을 통제할 수 있을 것입니다.'[9)]

중국의 유신파들이 왜 일본 모형을 취하여 변법 유신을 하였는가에는 보다 깊은 원인이 있다. 그들은 중국이 부강해지고 중국에서도 자본주의가 발달하기를 희망하였으나 본디 미약하고 힘이 없으며 권세가 없었으며 또한 군중을 발동시키거나 더욱이 폭력적인 수단을 취하고자 하지 않았다. 그들은 다만 변법을 이루고자 하는 바람을 그들의 영명한 성왕(聖王)인 광서제(光緒帝)에게 기탁하고 있었다. 그들은 일본이 막부를 타도하고 유신을

---

7) 康有爲, 「進呈日本明治變政考書」『戊戌變法』, 第3冊, p.4.
8) 梁啓超, 『飮冰室文集』, 第2卷, p.54.
9) 「康南海自編年譜」『戊戌變法』 第4冊, p.145.

행하는 과정에 민중의 항쟁과 무진전쟁이 가져온 중요한 작용을 홀시 하였으며 명치유신을 다만 명치 천황(明治天皇)의 "성명 신정(聖明 新政)"의 결과라고 여겼다. 따라서 그들은 일본처럼 천황이 명령하고 위로부터 아래로 개혁을 실시함으로서 군주 입헌(君主立憲) 국가를 건립하는 것이 바로 중국의 유신 변법이 마땅히 모방해야 할 가장 이상적인 모범이라고 생각하였다. 그들은 프랑스나 미국과 같이 광대한 인민이 참가하여 폭력적인 수단을 사용하는 혁명 운동을 두려워하였다. 강유위는 일찍이 광서제에게 프랑스 대혁명의 공포를 과장하여 설명하기를 '도시가 폐허가 되었다', '흐르는 피가 들을 이루었고, 죽은 자가 무수히 많았다.' 심지어 '일반적으로 살육과 변란의 참상 가운데 근세 혁명의 환란만 한 것이 없다'라고 여겼다.[10] 그들이 보기에 프랑스 혁명의 모델은 결코 배울 수 없는 것이었다.

이외에 일본을 스승으로 삼는 것은 여러 가지 유리한 조건을 가지고 있었다. 중국과 일본은 매우 가까이 있고 교통이 편리하였으며 풍속이 유사하고 문자가 서로 이해하기 쉬웠다. 양국이 처한 사회의 성격이나 서방국가로부터 받은 충격과 압박은 비슷하였으며 '옛것을 지키는 정치와 풍속이 우리와 같으니 갱신(更新)하는 법에서는 일본을 버리고 다른 길을 갈 수 없다.'[11] 또한 일본의 명치유신은 그 시기가 오래되지 않았으므로 모방하기가 쉬웠다. '미국과 프랑스의 민정(民政)이나 영국·독일의 헌법(憲法)은 그 나라가 멀리 떨어져 있고 풍속이 다르며 변법이 시행된 지 오래되어 그 흔적이 없어져'[12] 본받기 어려웠다.

중국의 유신파는 일본을 배울 것을 주장했을 뿐만 아니라 또한 일본·영국과 연맹을 결성하여 공동으로 러시아의 확장에 대처해야 한다고 주장하였다. 그런데 청일전쟁 이후 러시아가 등장하여 요동 반도를 반환하도록 간섭하자 청 정부안에서는 친러시아 경향이 우위를 차지하게 되었다. 외교와 군사의 대권을 장악한 이홍장이 바로 친러파였다. 1896년(광서 22년)에

10) 康有爲, 『進呈法國革命記序』, 第2冊, p.718.

11) 康有爲, 『日本變政考』

12) 康有爲, 「上清帝第六~書」 『戊戌變法』, 第2冊, p.198-199.

이홍장은 러시아로 가서 일본을 겨냥하여 『중·러 밀약』을 체결하였다. 그러나 러시아는 곧바로 그들이 요동 반도의 반환에 간섭한 실제의 의도를 드러내었다. 1897년에 러시아는 독일이 교주만(膠州灣)을 강점하였다는 것을 구실로 군대를 파견하여 여순(旅順)·대련(大連)을 점령하였고 일본·영국과의 갈등은 날로 격화되었다.

이러한 상황을 겨냥하여 유신파는 영국·일본과 연합하여 러시아에 대항할 것을 적극 주장하였다. 강유위는 거듭 '영국·일본과 밀약(密約)'하는 것이 '러시아를 물리치는 상책'임을 주장하였다. 그는 '일본과 우리의 관계는 입과 입술과 같으니 러시아와 독일이 동방에서 뜻을 얻은 것은 그들의 이로움이 되지 못한다. 예전 동사(東事)의 일에서 그들은 비록 나라는 적으나 이미 오래 전에 변법 자강하게 하여 무위(武威)를 떨쳐 자립(自立)을 꾀하였다. 그들이 이미 (청일 전쟁에서) 승리하고 요동을 얻으려 하였으나 얻지 못하였으니 반드시 러시아와 독일에 대해 원한을 가지고 있을 것이다. 그들이 청(淸)에 와서 연합하여 원조하고자 하는 것은 그들의 진정일 것이다.'[13]

유신파의 이러한 주장과 당시 일본 정부가 러시아를 누르고 중국을 달래려는 태도에는 상호 관계가 있었다. 청일전쟁 이후 일본의 일부 관방 인사들은 일본과 중국이 제휴하여 공동으로 서방 국가, 특히 러시아의 확장에 대처해야 한다고 극력 주장하였다. 일본 정부 역시 청 정부에 대해 중국의 군사 훈련을 돕고 중국 학생의 일본 유학에 자금을 원조하겠다는 뜻을 표시하였다.

따라서 유신파 인사인 양심수(楊深秀)는 '근래 일본이 러시아인들이 철도를 부설하려고 강요하는 것을 근심하여 중국과 일본이 서로 도와야 함을 깊이 생각하고 있다. 또한 대만 할양의 급박함을 우려하여 협조하기 위한 대 회의를 열려 하고 있다. 우리를 아는 인사가 우리의 자립을 돕고 우리가 유학하도록 초청하고 그 경비를 제공하겠다는 우호의 뜻을 보이면서 옛날

13) 「江南海自編年譜」『戊戌變法』, 第4冊, p.138.

의 원한을 풀려하려는 뜻의 편지로 중국에 주재하는 공사 시야문웅(矢野文雄)을 통하여 역서(총리아문)로 알려왔다. 우리와 일본은 가까운 거리에 놓여 있으니 만약 우리가 자강하여 원수를 갚을 수 있다면 실시하지 않을 수 없을 것이며, 지금 우리가 미약하고 아직 자립할 수 없으니 마땅히 그들의 후회하는 마음의 참 뜻을 받아들여야 할 것이다.'[14]

1898년(광서 24년)초 일본 육군참모부 신미광신(神尾光臣) 대좌(大佐) 등이 호북(湖北)에 와서 장지동(張之洞)과 회합하였으며, 한구(漢口)에서는 일찍이 유신파 인사인 담사동(譚嗣同)과 만난 적이 있었다. 이때 신미(神尾) 등의 참회하는 태도는 자못 간절하였다. 그는 말하기를 '귀국(貴國)과 우리 일본은 형제의 나라로서 귀국은 우리에게 우호적이었으나 뜻밖에도 조선에서의 일로 원수 사이가 되었고, 또한 귀국이 한 차례의 전투에서 패배하여 다시 수습하지 못하게 되었습니다. 그 후로 각 국의 마음을 열어 위기가 아침의 이슬과 같이 분명하게 되었으니 뒤돌아보면 그 회한이 어찌 다 하겠습니까? 그러나 귀국이 멸망한다면 화는 필시 우리에게까지 미칠 것이니 우리가 귀국과 연합하지 않는다면 장차 누구와 하겠습니까?'[15]

호남 유신파의 중심인사인 당재상(唐才常)은 이러한 교묘한 말을 듣고 그 진위를 의심하였다. 그는 말하기를 '지금 일본이 우리와 연맹하기를 원하고 있고, 또한 중국·영국과 연합하여 그 생사를 서로 의지하고자 하니 천재일우(千載一遇)의 기회가 어찌 이와 같이 다행일 것이며 어찌 이와 같이 빨리 올 수 있겠는가! 대체로 러시아와 연합하는 것은 후회해도 소용없는 일로 그들은 하루 만에 다른 무리를 이루게 될 것이다. 일본·영국과 연합하는 것은 반드시 이익이 될 것이다.'[16] 이러한 생각은 당시 중국 유신파 사이에서 어느 정도 대표성을 지니고 있었다.

상해의 유신파는 재화(在華) 일본인과 연합하여 상해 아세아 협회(上海亞細亞協會)를 창립하였다. 이 회의는 일본의 주호(駐滬 : 즉 상해) 총영사(總

---

14) 『戊戌變法檔案史料』, p.248.
15) 唐才常, 『論中國宜與英日聯盟』, 「戊戌變法」, 第3冊, pp.104-105.
16) 唐才常, 앞의 책

領事)인 소전절만수지조(小田切萬壽之助)와 유신파 정관응(鄭觀應)·정효서(鄭孝胥) 및 제당(帝黨) 관원(官員)인 문정식(文廷式) 등이 발의한 것이었다. 1898년 4월 28일에 정관응의 저택에서 창립대회를 거행하였는데, 회의에 참석한 사람은 상해에 있는 일본 삼정(三井)·삼맥(三麥)회사의 총판(總辦)과 중국 유신파 인사 장건(張謇)·왕강년(汪康年) 등이 있었다. 회의에서는 소전절(小田切)을 회장으로, 정관응을 부회장으로 추대하고 회원은 모두 24명이었으며, 매월 보름에 정관응의 집에서 회의를 개최하기로 결정하였다. 뒤이어 입회한 상해의 관상(官商)과 유명 인사는 100여 명에 달하였다.

당시의 신문은 다음과 같이 선전하였다. '이 회는 중국 일본의 연합과 동문(同文 : 즉 한문의 사용)의 아름다움을 드러낸 것으로 진실로 아시아 제일의 성사(盛事)이며 발전의 전환점이 될 것이다.'[17] 소전절(小田切)은 일찍이 정관응에게 이 회의 창립 목적은 '중국의 변법을 원조'하기 위한 것이라고 밝혔다. 또한 외국인을 초청하여 '정사(政事)에 참여시키고' '공상의 업무를 진흥시킬 것'을 건의하였다. 정관응 역시 중국와 일본은 '함께 아시아에 있으니 서로 공격하는 것은 입과 입술(즉, 중국과 일본)의 화를 부르는 것으로 다만 다른 사람에게 이익이 될 뿐이다. 중국은 마땅히 마음을 열고 과거의 원한을 생각하지 말고 일본과 함께 아시아를 일으켜 세운다는 약속에 따른다면 아마도 서양 국가의 침해를 받지 않게 될 것이다'[18] 이와 같이 일본을 모방하고 영국과 연합하자는 것이 당시 중국 유신파의 일치된 관점이었다.

2. 역보역추(亦步亦趨 일마다 다른 사람을 모방하다)
— 백일유신(百日維新)과 일본

1898년(광서(光緖) 24년, 음력(陰曆) 무술년(戊戌年))에 중국의 변법유신(變法維新) 운동은 한층 고조되어 어떻게 변법을 실행할 것인가 하는 것이 이

17) 『大公報 - 興亞大會集議記』, 『湘報』, 제69호에서 轉載함
18) 鄭觀應, 『盛世危言』, 卷7

미 시간상의 문제로 떠오르고 있었다. 강유위(康有爲)를 수장으로 하는 중국(中國) 유신파(維新派)는 '우리나라의 변법은 일본을 모방하기만 하면 된다'라고 주장하였다.[19] 그들은 일본의 명치유신(明治維新)이 성공한 사실을 갖고 변법유신(變法維新)의 필요성과 가능성을 충분히 설명하고 있을 뿐만 아니라 중국 유신에 생동감 있는 모델과 풍부한 경험, 교훈을 전해준다고 생각하였다. 명치유신의 진행 속도와 조치는 변법의 경로와 방법을 나타내고 있었으며 명치유신의 이폐(利弊)와 곡절(曲折)은 중국 변법유신(變法維新)의 귀감이 될 수 있다는 생각이었다. 따라서 강유위는 일본을 중국 유신의 향도이자 탐험대이며 물깊이를 재는 잣대이며, 약을 맛보는 신농(神農)이자, 길을 아는 말(馬)로 비유하면서 '우리가 그 이익(利益)을 취하고 그 해악(害惡)을 버린다면 이보다 기쁜 일이 어디 있겠는가?'라고 말하였다.[20]

일본의 유신을 모방하기 위하여 유신파는 일본의 명치유신을 연구하고 이해하려고 노력하였다. 황준헌(黃遵憲)은 『일본국지(日本國志)』에서 최초로 일본 명치유신의 각각의 제도와 조치를 체계적으로 소개하였으며 아울러 중국의 실제 상황에 맞추어 평론을 덧붙였다. 이 책은 1887년에 완성되었지만 실제로 1895년에야 비로소 출판되었고 이후 다시 수정하여 1898년에 수정본(修訂本)이 출판되었다. 이 책은 유신 인사가 일본을 학습하는데 많은 도움이 되었으며 광서제 역시 1892년 2월에 대신들에게 어람(御覽)을 위해 진정(進呈)할 것을 명하였다.

강유위 본인은 일찍이 1886년에 일본의 명치유신을 연구하기 시작하였다. 1897년에 『일본서목지(日本書目志)』를 저술하였고, 딸 강동미(康同薇)의 도움을 받아 『일본변정고(日本變政考)』를 편찬하였는데 주로 일본 사적(史籍)을 번역하고 명치유신의 경과와 완성을 편집 서술하였다.

유신파는 일본 유신 지사의 족적을 선전하는 데 주력하였다. 양계초(梁啓超)는 1897년(광서 23년)에 『기동협(記東俠)』을 저술하여 일본 유신 인사의

---

19) 康有爲, 『日本變政考』
20) 주7) 참조

헌신적인 정신을 칭송하였다. 강동미(康同薇) 역시 1898년 봄에 『일본변법유유협의분고(日本變法由游俠義憤考)』를 출판하여 일본의 유신 지사가 명치유신에 행한 역할을 소개하였다. 당재상(唐才常)은 '세상은 일본을 잘 알지 못하며 일본 변법의 어려움을 잘 알지 못한다'고 하면서[21] 특히 『일본안정이래대사략술(日本安政以來大事略述)』을 저술하여 간단하면서도 정확하게 명치유신의 역사와 그 곡절을 소개하고 있다. 이 글은 『상학보(湘學報)』에 연재되어 호남(湖南)의 유신운동(維新運動)을 일으키는데 일정한 작용을 하였다.

유신파가 변법 운동을 추진하는 방식은 서적(書籍)을 발간하여 주장을 펴거나 학회(學會)·학당(學堂)·잡지(雜誌)를 설립 발간하는 것 이외에 가장 중요한 것이 황제에게 글을 올려 그들 마음속의 천황(天皇)인 광서제(光緒帝)가 '군권(君權)으로 신속히 법을 집행'하도록 재촉하는 것이었다. 이는 일본 명치유신을 모범으로 삼아 변법의 발포를 통해 위로부터 아래로 각종의 신정(新政) 개혁을 단행하는 것이었다.

1898년 1월 24일에 광서제는 총리아문(總理衙門)의 대신들에게 명하여 강유위를 접견하고 변법에 관한 의견을 청취하였으며 뒤이어 그에게 의견을 조목조목 진술하게 하고 그의 서책을 바치도록 하였다. 강유위는 이 기회를 얻자 바로 변법(變法)의 강령(綱領)과 같은 성격을 지닌 상주를 올렸으니 이것이 『상청제 6서(上淸帝六書)』이다. 최근 발견된 북경 고궁박물원(北京 故宮博物院) 소장의 초본(抄本) 『걸사상서회록(傑士上書匯錄)』에 수록된 이 원문을 보면[22] 강유위는 특히 중국의 유신 변법은 마땅히 '일본의 명치유신을 귀감(龜鑑)'으로 삼아야 하며 명치유신의 양식에 따라 진행되어야 한다고 주장하였다. 그는 '일본 명치유신이 시작되었을 때 대체로 3가지 일

---

21) 「日本寬永以來大事述自敍」『唐才常集』, p.97, 中華書局, 1980

22) 康有爲의 上淸帝六書는 과거에 일반적으로 『戊戌奏稿』애 수록된 「應詔統籌全局折」을 인용하였는데 고증을 거친 결과 이것은 원문이 아니고 후에 개찬된 것이었다. 최근 발견된 북경고궁박물원 소장의 抄本 「傑士上書匯錄」에 수록된 것이 원문이므로 반드시 이에 근거해야 할 것이다.

이 있었습니다. 첫째는 군신(君臣)들에게 옛 제도(舊制)를 폐지하고 새로운 제도(新制)를 열겠다는 뜻을 맹세(盟誓)하고 천하의 여론을 채취하여 만국(萬國)의 양법(良法)을 취하는 것입니다. 둘째는 궁중에 제도국(制度局)을 열어 천하의 인재 20인을 뽑아 참여(參與)로 삼고 일체의 정사(政事)와 제도(制度)를 논의하는 것입니다. 셋째는 대조소(待詔所)를 설치하여 천하 인사들의 상소를 허락하고 임금이 이를 살폈으며 유지(諭旨)를 내리는 것은 제도국에 예속시키는 것입니다'라고 지적하였다. 그는 '이는 진실로 변법의 강령(綱領)이며 일을 시작하는 조리(條理)이니 바꿀 수 없는 것입니다. 바라건데 황상(皇上)께서는 이를 채용하십시오.'[23]

여기에서 말한 세 가지 일은 1868년(명치 원년) 3월 14일에 명치 천황이 군신(君臣)을 거느리고 천지신명에게 맹세하여 5조의 서문(誓文)을 발표한 일(그 내용은 '회의(會議)를 널리 열어 만 가지 일을 공론(公論)에서 결정한다', '상하가 일심(一心)이 된다', '구래(舊來)의 누습(陋習)을 혁파하고 천지의 공도(公道)를 수립한다', '세계에서 지식을 구하고 황기(皇基)를 진작(振作)한다' 등이다)[24] : 1867년 (경응(慶應) 3년) 12월 9일에 天皇이 「왕정복고대호령(王政復古大號令)」을 발포하여 막부(幕府)를 혁파하고 총재(總裁)·의정(議政)·참여(參與)의 세 직을 두고 (그 중 참여는 각 번(藩)의 20인을 포함한다) 그 후 제도사무국(制度事務局)등 8국을 설치한 것 : 1869년(명치 2년)에 공의소(公議所 : 후에 집의원(集議院)으로 개칭함)를 설치하고 각계 대표의 의견을 청취한 세 가지 일을 말한다.

이 세 가지 일은 명치유신 초에 국가의 방침을 결정하고 구정권(舊政權)을 개조하고 유신 정권을 수립하게 한 세 가지 중대한 개혁 조치였다. 따라서 강유위는 이를 변법의 강령으로 보고 광서제에게 먼저 채용하라고 한 것이다. 그 목적은 이러한 조치를 통해 유신파가 정권으로 진입하여 신정(新政)의 정책을 결정하게 하기 위한 것이었다.

3월 29일에 강유위는 처음으로 그가 저술한 10권의 『일본변정고(日本變

---

23) 『傑士上書匯錄』

24) 大久保利謙等編, 『近代史史料』, p.51.

政考)』 및 「촬요 8편(撮要八篇)」을 황제에게 진상하였다. 광서제는 이를 읽은 후 크게 깨우치고 '변법을 결심'하였으며, 또한 자희태후(慈禧太后)에게 '나는 망국(亡國)의 군주(君主)는 될 수 없으니 나에게 권력을 양도하지 않을 것이라면 차라리 퇴위하게 해 주십시오' 라고 말하였다.[25] 강유위는 이 기회를 이용하여 어사(御史) 양심수(楊深秀)를 대신하여 주고(奏稿)를 초안(草案)하였는데, '광서제는 명치 천황(明治天皇)과 같이 유지(諭旨)를 밝게 내리고 국시(國是)를 제정하고 유신(維新)의 뜻을 선포하여 수구(守舊)의 폐악을 혁파하십시오'라 하였다.[26]

젊은 광서제 역시 변법을 통하여 신정을 장악하고 대업을 이루어 중국을 부강하게 하고자 하였다. 유신파의 추진과 획책 아래 마침내 1898년 6월 11일에 「명정국시(明定國是)」의 조서(詔書)가 내려지게 되었다. 이 조서에서 수구파들이 '구습을 묵수(墨守)하고 신법(新法)을 마땅히 제거해야 할 것으로 여겨 많은 말을 하면서도 헛되이 도움이 되지 못한다'라고 질책하였다. 유신 변법의 방침과 결심을 알리면서 '명백히 선포하건대 이후로 중외(中外)의 대소(大小) 신료(臣僚)와 왕공(王公) 및 사서인(士庶人)들은 각각 위로 정진(精進) 발분하여 위웅(偉雄)을 이루도록 하라'고 하였다.[27]

양계초(梁啓超)는 이 조서(詔書)를 '4천 연래 처음으로 구제를 혁파하고 신제를 여는 대업이니 황제의 꾀가 양양(洋洋)하도다. 유신의 모든 것은 이 조서에 기초하였으며 신정의 실시는 이 날로부터 시작되었다'[28]고 평가하였다. 이 날로부터 9월 21일에 자희태후가 정변을 일으키기까지 모두 103일 동안을 역사적으로는 「백일유신(百日維新)」이라고 부른다.

6월 16일에 광서제는 친히 강유위를 불러 알현하고 어떻게 변법을 시행할 것인지를 물었다. 강유위는 답하여 말하기를 '먼저 반드시 주전국(籌全局)을 통할하여 이를 개변(改變)하여야 합니다. 또한 제도국(制度局)을 열어

---

25) 주 9) 참조

26) 주 14) 참조

27) 『戊戌變法』, 第2冊, p.17, 83, 49.

28) 梁啓超, 『戊戌變政記』

법률을 개정하여야 합니다. 청컨대 황상께서는 여러 차례 조서(詔書)를 내리어 의지(意志)가 있는 바를 밝히시고, 모든 변법의 일은 모두 조서를 통해 실시하시고 그들의 논박에 따르지 마십시오.' 그는 일본의 변법은 30년간 실시하여 부강해졌으나 중국의 변법은 3년이면 자립(自立)할 수 있을 것이라고 하면서 '황상(皇上)의 성총(聖聰)으로 부강(富强)을 도모하는 것은 손바닥을 뒤집는 것처럼 쉬운 일일 것'[29]이라는 논법으로 광서제의 결심과 믿음을 굳게 하였다. 광서제는 강유위를 총리아문 장경(總理衙門章京)으로 임명하여 북경으로 오게 하였으며 그를 신정(新政)에 참여시키고 특별히 그에게 '자유로이 상주할 수 있는' 특권을 하사하였으며, 그가 편찬한 각국(各國)의 변정고(變政考)를 급히 진상하게 하였다. 이후 강유위는 부단히 상소를 올리거나 혹은 다른 사람을 대신하여 주고(奏稿)를 올려 변법(變法)에 관한 건의를 제출하였다. 동시에 계속해서 『일본변정고(日本變政考)』, 『파란(폴란드)분멸기(波蘭分滅記)』, 『열국비교표(列國比較表)』 및 독일・영국・프랑스 등의 변정고(變政考)를 진상(進上)하였다.

강유위가 진상한 각 국의 변정고(變政考) 가운데 가장 중요하고 또한 백일유신(百日維新)과 일본과의 관계를 잘 나타내고 있는 것이 바로 『일본변정고(日本變政考)』이다. 이 책은 모두 13권(본문 12권, 부표(附表) 1권)으로 되어 있다. 이것은 처음 진상한 19권으로 되어 있는 『일본변정고(日本變政考)』를 증보(增補) 윤색(潤色)한 것이다. 이것은 일본의 명치유신을 편년체로 서술한 것으로 명치유신의 개혁 조치를 상세히 서술하고 또한 그 이폐를 평가한 후 중국 변법에 관한 건의를 하고 있다. 강유위는 이 책의 발어(跋語)에서 말하기를 '일본의 변정(變政)은 여기에 다 갖추어져 있다. 변법의 순서와 조리의 상세함이 이 책에 모두 담겨있다. (일본이) 쇠약하였다가 강성하게 된 모든 것이 여기에 있다.'라 하였다.[30] 그는 또한 자칭(自稱)하여 '일본의 신정은 안어(案語)에서 그 뜻을 빌려온 것이다. 대체로 중국의

29) 주 9) 참조
30) 주 11) 참조

변법의 곡절과 조리는 이 책에서 제기한 것에서 빌리지 않은 것이 없으니 그 상세함을 다 하였고 두루 망라한 것이다.'[31] 그는 심지어 단언하기를 '우리나라의 변법은 다만 일본에서 귀감을 취하기만 하면 됩니다. 그 백 가지 장정(章程)은 신이 채록(採錄)하여 갖추어 두었으니 바른 것을 취하여 실시하기만 하면 됩니다', '황상(皇上)께서는 이를 열람하시고 귀감삼아 이를 통해 부강을 도모하십시오. 만약 이를 버리고 채용하지 않는다면 부강의 방법은 달리 없을 것입니다.'[32] 이 책은 변법의 나침반이었으므로 광서제(光緒帝)가 이 책을 얻은 후 보배와 같이 귀하게 여기면서 '날마다 옆에 두고 순서대로 시행'한 것도 이상할 것 없었다.[33]

강유위는 『일본변정고』 가운데 일본 명치유신 개혁의 요점을 다음으로 귀납시켰다 : '군신(群臣)에게 대서(大誓)하고 국시(國是)를 정하였으며 제도국을 설립하여 헌법을 논의하고 초야(草野)에서 인재(人材)를 선발하여 고문으로 두었으며 아랫사람에게 의견을 취하여 아랫사람들의 사정에 통하였으며 많은 사람을 파견 유학시켜 신학(新學)에 밝았으며 역법과 의복을 바꾸어 인심을 변하게 하였으니 그 나머지는 이 명령(命令)으로부터 물이 흐르듯 자연스럽게 진행되었다.'[34] 따라서 그가 광서제에게 올린 주절(奏折)의 조목 중에도 이 방면에 관한 건의가 포함되어 있었다. 특히 제도국을 설치하여 유신파로 하여금 정치에 참여하게 하는 일이 그 핵심을 이루었다.

강유위는 '일본 변법은 처음에 그 규모를 정하고 구도를 확정하였으므로 후에 거행하여 신속히 부강하게 되었습니다. 내정(內廷)에 제도국을 설치하는 것만이 아니라 인재를 선발하여 입직(入直)하게 하는 일 역시 황제가 친히 관장하였고 날마다 토론하여 전체의 규모를 심사하고 법전을 세웠으니 어떤 일 어떤 법이라도 모두 갖추어지고 개정되었습니다. 장정(章程)을 초정(草定)하여 날로 유신(維新)이 시작되었으니 이것은 바로 '도형을 먼저 그

31) 주 9) 참조
32) 주 11) 참조
33) 陸乃翔 等, 『康南海先生傳』, 上編, p.14.
34) 주 11) 참조

린 후에 재료를 모은다'라는 것입니다.' 그는 이와 같이 제도국을 설립하여 날마다 광서제와 함께 신정을 논의하기를 간절히 희망하였던 것이다. 따라서 그는 반복하여 주장하기를 '황상께서 변법하여 부강하기를 바라지 않는다면 그만이나 만약 변법을 원하고 일의 시작을 찾고자 하신다면 제도국을 제외해서는 안 될 것'[35]이라고 하였다.

백일유신 기간에 강유위와 다른 유신파 인사는 광서제에게 변법을 건의할 때 대부분 먼저 일본 명치유신의 경험을 소개하고 후에 중국의 실정과 결합하여 구체적인 실시 방법을 제출하였다. 강유위의 「조진상무절(條陳商務折)」에는 먼저 '일본의 변법은 상법공의소(商法公議所), 상법학교(商法學校), 제국권업박람회(帝國勸業博覽會)'를 열었음을 소개하고 뒤이어 "천하의 상무국(常務局)에 칙령을 내려 상학(商學)·상보(商報)·상회(商會)를 세우고 아울러 일본을 모방하여 공장(工匠) 및 농무학당(農務學堂)을 설립하고 공예(工藝)·농학(農學)을 강구하십시오"라고 건의하였다.[36] 장건(張謇)은 「대의청유각성고관진흥농공상무소(代擬請留各省股款振興農工商務疎)」에서 '일본이 국가적으로 상인을 보조하였던 것을 모방하여' 민영 공상업(工商業)을 장려하고 육성할 것을 주장하였다. 또한 총리아문(總理衙門)에게 '일본(日本) 영사(領事)에게 일본 농상무(農商務)의 보조(補助) 조목(條目)에 대해 자문을 취하여 참고 시행'할 것을 건의하였다.[37]

송백노(宋伯魯)는 「주개시무보위관보절(奏改時務報爲官報折)」에서 '예전에 일본이 유신을 시작할 때에 이등박문(伊藤博文)을 파견하여 구미(歐美)의 여러 나라를 유람하면서 변법의 순서를 토론하게 하고 돌아와서는 먼저 동경(東京)에 관보국(官報局)을 설치하여 그 발행 규칙을 모두 서양의 예에 따라 하였습니다. 이등박문이 스스로 기록하기를 서양의 모든 부강의 근원은 모두 신문에 그 공이 있다고 하였습니다.'[38] 아울러 유신파가 주관하는

35) 康有爲, 「爲推行新政請御門誓衆開制度局以統籌大局折」『傑士上書匯錄』
36) 『戊戌變法』, 第2冊, pp.248-249.
37) 주 36) 참조
38) 주 36) 참조

상해(上海)의 『시무보(時務報)』를 관보(官報)로 바꾸어 북경으로 옮기도록 건의하였다.

광서제는 많은 조서를 내려야 한다는 강유위의 건의를 받아들였고, 또한 유신파의 많은 주장을 채납하여 103일 동안 200여 차례에 달하는 신정의 상유(上諭)를 발표하였는데, 이것은 정치·경제·군사·문화·교육 등의 제 방면의 개혁을 주요한 내용으로 하는 것으로 수십 가지의 항목에 달하였다. 그 가운데 적지 않은 것이 일본의 명치유신을 본뜬 것이었다.

정치 방면에서 국시(國是)를 조정한 것은 명치(明治) 천황(天皇)이 5조 서문(五條誓文)을 발표한 것을 모방한 것이며, 이외에 각 성의 독무(督撫)에 명하여 인재를 참작 선발하게 하고 종실의 왕공(王公)을 선발하여 각 국을 유람하게 한 것 역시 일본 유신 후 사절단을 파견하여 구미 각 국에 보내고 왕공 귀족으로 하여금 외국을 여행하게 한 것을 본 딴 것이었다. 사민(士民)들에게 상서(上書)를 허용하고 칙례(則例)를 개찬하고 용관(冗官 : 쓸데없는 관리)을 혁파하고 번잡 중복되는 아문(衙門 : 기관)을 정리하고 기인(旗人 : 팔기 출신)에게 스스로 생계를 도모하게 한 것 등은 모두 명치유신의 관제 개혁(官制改革)과 봉건신분제도(封建身分制度)를 개혁한 경험을 받아들인 것이다. 강유위가 설립하도록 건의한 제도국은 광서제 역시 여러 차례 하유(下諭)하여 군기대신(軍機大臣)과 총리아문(總理衙門)의 대신에게 '상세히 의논하여 상주'할 것을 명하고 열성적이고 진지하게 제도를 논의하도록 하였다. 의회(議會)를 여는 문제에 대하여 강유위는 이 기간 안에 여러 차례 광서제에게 제의하기를 '일본 역시 20년이 되어서야 비로소 의회를 열었으니 우리나라는 아직 그 때가 아니다'라 하였다.[39]

경제 방면에서 광서제는 일본 명치 정부의 식산흥업정책(植産興業政策)을 본받아 농공상업(農工商業)을 보호하여 북경(北京)에 농공상총국(農工商總局)을 설립하고 각성에 분국(分局)을 설립할 것을 제창하였다. 광무철로총국(鑛務鐵路總局)을 설립하여 철로(鐵路)·공로(公路 : 도로)를 수축하고

39) 康有爲, 『日本變政考』

광산 채굴을 책임지게 하였다. 우정국(郵政局)을 설립하여 각 통상 항구에 분국(分局)을 설치하였다. 또한 일본이 박람회를 열어 발명을 고무한 것을 모방하여 사민(士民)의 창작을 장려하는 신법과 공예를 진흥하고 상을 지급하는 장정(章程) 12관(款)을 반포하였다. 일본의 은행 제도(銀行制度)를 참고하여 중국통상은행(中國通商銀行)의 설립을 준비하였다. 이외에 일본 재정개혁의 경험을 받아들여 국가 예산을 편성하도록 하였다.

군사 방면에서 광서제는 명치유신의 군사 개혁의 방법을 채용하여 각성의 육군을 서양식으로 개편하고 신법으로 단련하게 하였으며 구식의 녹영(綠營) 군대를 혁파하고 단련병(團練兵)을 설치하도록 하였다. 광서제는 또한 강유위의 건의를 받아들여 일본이 천황근위군(天皇近衛軍)・참모본부(參謀本部)를 설립한 조치를 모방하였고, 원세개(袁世凱)에게 병권(兵權)을 장악하게 하고 자신이 직접 통제하는 무장 세력을 수립하도록 하였다.

문화 교육 방면에서 광서제는 전면적으로 명치 정부의 문명개화 정책을 모방하였다. 팔고(八股 : 과거 답안 작성에서 내용보다는 형식에 중점을 둔 문장)를 혁파하는 과거제를 개혁한 이외에 또한 일본을 모방하여 학교를 세우고 신문사를 설립하고 서양서를 번역하였으며 유학생을 선발 파견하였다. 일찍이 영(令)을 내려 경사대학당(京師大學堂)과 각급 학당(學堂)을 창설하고 경사 즉 북경에 신문사를 설립하여 『시무보(時務報)』를 관보(官報)로 바꾸고, 역서국(譯書局)을 관독상판(官督商辦)으로 바꾸었다. 일본 명치유신이 특히 실업(實業) 교육의 진흥을 중시한 것을 귀감으로 삼아 광서제 역시 잇따라 영(令)을 내려 철로(鐵路)・광무(鑛務)・농학(農學)・공상학(工商學) 등의 전문 학당(專門學堂)을 개설하였는데 「차무학당(茶務學堂) 및 잠상공원(蠶桑公院)」에까지 미치었다.[40] 또한 각 성에서 학생을 선발하여 일본에 유학하게 하였다. 상유(上諭)에서 말하기를 '지금 신학을 강구하여 바람을 크게 일으키는 것은 백문(百聞)이 불여일견(不如一見)이니 직접 사람을 파견하여 서양에서 공부하게 하는 것이 중요하다. 유학하는 나라로는 서양이

40) 주 27) 참조

동양(당시 일본을 지칭)만 못하다.'[41)]

백일유신(百日維新)의 짧은 103일 동안에 광서(光緖帝)는 일본의 유신을 본받아 신정의 조서에서 수십 가지의 개혁 조치를 제출하였고 일본을 배우기 위해서 많은 노력을 기울였고 변법에 많은 열정을 기울였다. 그러나 수구파의 저항과 압제 아래 대부분 실현을 거둘 수 없었다. 실시하라는 유지(諭旨)와 큰 대의(大義)에 비해 많은 지방관들은 못들은 체 하였으며 이를 한낱 공문(空文)으로 만들어 버렸다. 자희태후(慈禧太后)가 정변을 발동하자 수구 세력들은 일거에 반격하여 변법의 대업은 일시에 와해되었고 신정의 조치 역시 무효가 되고 말았다.

3. 취옹지의(醉翁之意 술에 취한 이의 뜻)
—이등박문(伊藤博文)의 중국(中國) 방문

중국 유신파와 광서제는 열성적으로 일본을 배우고 일본의 명치유신을 귀감으로 삼아 중국의 변법 개혁을 진행하려 하였다. 백일유신이 막 종말로 접어들려고 하던 때에 일본의 「선생님(유신의)」이 수업을 위해 방문하였으니 이것이 바로 전 수상 이등박문(伊藤博文)의 중국행(中國行)이다. 이등박문은 왜 중국을 방문하였는가? 그는 중국에서 도대체 무엇을 하였고 어떤 영향을 가져왔는가? 이것은 무술유신(戊戌維新)과 일본의 관계에서 중시되어야 할 문제이다.

1898년(광서 24년, 일본 명치31년) 9월~10월에 이등박문(伊藤博文)이 중국을 방문한 것은 확실히 예사로운 일이 아니었다. 이등박문은 일본의 막부를 타도한 공신이자 유신의 원로이며 세 번씩이나 수상을 역임하였고, 대중국(對中國) 외교 정책의 결정자였던 것이다. 그는 1841년(일본 천보(天保) 12년)에 태어난 장주(長州) 번사(藩士) 출신으로 젊어서 존왕양이(尊王攘

---

41) 주 27) 참조

夷)와 타도막부(打倒幕府) 유신 운동에 적극적으로 참여하였다. 명치 초년을 전후하여 참여(參與)·외국사무국판사(外國事務局判事)·병고(兵庫)현지사(縣知事)·참의(參議) 겸 공부경(工部卿)·내무경(內務卿) 등을 역임하였다. 그는 적극적으로 부르주아 개혁을 진행하였으며 명치 정부의 권력 중심을 이루는 유력한 인물이었다. 그는 일찍이 여러 차례 구미(歐美)를 방문 시찰하였으며, 1884년(명치 17년) 체제 개혁(體制改革)을 담당한 제도조사국장(制度調査局長)을 역임하였다. 1885년부터 1888년까지 이등박문(伊藤博文)은 처음으로 내각수상(內閣首相)을 맡아 대권을 장악하고 『대일본제국헌법(大日本帝國憲法)』의 제정을 주관하였으며 이후 추밀원 의장(樞密院議長) 및 귀족원 의장(貴族院議長)을 역임하였다. 1892년부터 1896년까지 또한 수상을 맡아 재임 기간 중 청일 전쟁(淸日戰爭)을 일으켰으며 「마관조약(馬關條約)」을 체결하였다. 1898년에 이등박문은 세 번째로 수상을 사임하고, 재야 정치인의 신분으로 중국을 방문하였던 것이다. 이와 같이 일거수 일투족이 관심의 대상인 중요한 인물이 중국을 방문한 것은 당연 중국 정계를 놀라게 하였다.

이등박문의 중국 방문 시기는 바로 무술정변(戊戌政變)의 전야로서 유신 세력과 수구(守舊)세력간의 투쟁은 이제 시간 문제였다. 6월 11일이래 광서제는 유신파의 추진아래 대량의 신정(新政) 유지(諭旨)를 하달하였으나 변법에 대한 장애가 많아 효과가 극히 미약하였다. 동시에 수구 세력은 바로 음모를 획책하여 반격의 틈을 엿보고 있었다. 자희태후와 직예총독(直隸總督) 영록(榮祿)은 10월에 갖기로 한 천진(天津) 열병(閱兵)을 기회로 삼아 광서제를 폐위시킬 음모를 꾸미고 있다는 소문이 이미 흘러나왔으니 광서제의 지위와 유신파의 앞날은 위태롭기 그지없었다. 이에 따라 광서제와 강유위 등 유신파는 이등박문의 중국 방문을 마치 지푸라기를 잡는 희망을 가지고 서둘러 그에게 변법의 경험을 논의하고 아울러 이등박문을 통해 일본 정부의 도움을 얻게 되기를 희망하였으며 심지어 그를 머무르게 하여 객상(客相: 타국 출신의 수상)으로 삼아 그의 명망을 이용하여 자희태후를 설복하고 중국의 유신 사업을 전개하고자 하였다.

다른 한편으로 자희태후와 영록을 수장으로 하는 수구파는 바로 적극적으로 정변을 획책하고 있었는데, 이등박문의 중국 방문에 대하여 경계심을 가지고 있었고 일본 정부가 공개적으로 광서제의 유신을 지지하여 중국의 내정에 간섭할 것을 두려워하여 더욱 정변을 발동할 움직임을 재촉하고 있었다. 이외에 장지동(張之洞), 유곤일(劉坤一) 등 지방 실력파는 이등박문을 통해 일본 정부의 중국 시국에 대한 태도를 엿보고자 하였으며 아울러 일본 정부의 원조를 얻고자 하였다. 따라서 중국의 각 정치 세력은 모두 이등박문의 한 마디 한 마디에 관심을 기울이고 있었으며 모두가 힘껏 그와 관계를 맺고자 하였다. 이 점은 이등박문이 중국에 온 이래 접촉한 각 인물과 각 파의 반응 가운데 충분히 반영되었다.

그렇다면 이등박문(伊藤博文)은 왜 중국을 방문하였을까? 이등박문이 출발하기에 앞서 명치 천황은 그를 특별히 궁 안으로 불러 몇 시간 동안 밀담을 하였는데 이를 통해 그가 특수한 사명을 지니고 있었음을 알 수 있다. 일본 신문의 보도에 따르면 '이등후작伊藤侯爵)은 동아시아 제일의 인물이다. 전후 상황을 고려했을 때 아시아의 대국(大局)을 유지하는데 있어서 중국의 집정 대신(執政大臣)들이 모두 꿈속에서 벗어나지 못하고 있음은 매우 애석한 일이다. 이번 중국 방문에서 중국 정부와 함께 동아시아 안전의 방책을 논의할 것이니 이등의 이번 행로는 대단히 큰 중요성을 지닌 것으로 특별히 기록할 만하다.'[42]

천진(天津)의 『국문보(國聞報)』 역시 보도하기를 '이등박문의 중국 방문은 깊은 뜻을 지니고 있다. 이는 중국과 협력하고 상호 보조하는 것을 바라고 있으니 결코 평범한 여행이 아니다.'[43] 이등박문은 일본의 대 중국 정책을 결정하는 인물이므로 그의 중국 방문은 결코 일반적인 여행이 아니며 일본의 이익과 중국에 대한 외교의 필요에 따라 온 것이었다. 러시아가 삼국 간섭으로 요동을 반환하게 하고, 조선에 대하여 세력을 확장하고 아울

---

42) 日本『鎭西日報』, 1898年 8月 29日, 『戊戌維新』, 第3冊, p.397.
43) 『國聞報』, 1898年 8月 29日, 『戊戌維新』, 第3冊, p.395.

러 여순과 대련을 조차하는 등의 일은 일본에게 큰 불안감을 가져다주었으며 이에 따라 일본과 영국은 상호 연맹하여 동아시아에서 러시아의 세력 확장을 저지하고자 하였다. 그런데 청 정부의 내부에서는 삼국 간섭 이후 친러 경향이 등장하였다. 특히 이홍장(李鴻章)은 러시아에 가서 일본을 겨냥한 중러 밀약(中俄密約)을 체결하였고, 러시아는 동북에서 중동철로(中東鐵路)를 건설하는 특권을 획득하게 되었다. 따라서 이등박문의 중국 방문은 일본 외교 전략의 일환이며 그 목적은 청 정부를 설득하고 달래서 러시아 세력이 중국에서 더 이상 확대되지 못하게 하고 아울러 일본의 중국에 대한 정치적 영향력을 강화하는 것이었다.

중국의 유신 운동과 각 파에 대한 태도는 이러한 목적에 따라 달라지게 되었다. 당시 유신파는 일본과 연합하여 러시아에 대항해야 한다고 주장하였고 수구파는 의연히 친러시아를 지향하고 있었으므로 일본이 유신파를 지지하는 것은 러시아의 중국에 대한 확장을 저지할 수 있고 중국의 친러 세력에게 타격을 가하는 데 도움이 될 것이다. 만약 기회가 된다면, 더 나아가 중국에 친일세력을 배양하여 광서제와 유신 세력을 통제하려 할 것이다. 또한 만약 중국의 정세가 전환하기 어려워 유신파가 실패한다면 일본 역시 당연히 수구파의 중앙 세력에게 미움을 받아 중국에서 취할 이익에 영향을 받지 않으려 하였다. 중국 방문에서 이등박문의 행동은 모두 이를 바탕으로 진행된 것이었다고 말할 수 있다.

아래에서 우리는 구체적으로 이등박문(伊藤博文)이 무술년(戊戌年)에 중국을 방문하여 활동한 내용과 그 영향을 살펴보기로 하자.

이등박문 일행은 1898년 8월 19일 일본의 장기(長崎)를 떠나 조선을 거쳐 9월 11일 천진(天津)에 이르렀다. 9월 12일에 직예총독(直隷總督) 영록(榮祿)은 천진 북양의학당(北洋醫學堂)에서 연회를 베풀고 이등박문을 환영하였는데, 이 자리에는 원세개(袁世凱)·섭사성(聶士成) 등이 배석하였다. 수구파는 이등박문의 중국 방문에 대해 '황망히 불안'하여 영록은 연회 때에서 '안색이 창백하고 기뻐하지 않는 낯빛으로 다른 일을 핑계로 일찍 자리를 떠났다.'[44] 그러나 일부 유신 인사들은 이등박문의 중국 방문을 환영하고 이에 고무되어 있었다. 9월 13일에 이등박문은 천진에서 아내인 매자(梅子)에게 보낸 편지에서 말하기를 '천진에 도착하자마자 청국의 조야(朝野)가 나를 환영하는 모습은 실로 글로 형용할 수가 없다. 이틀날 천진에서 북경에 이르니 황제 폐하가 마치 오랫동안 나를 기다린 것처럼 바로 알현을 허락하였다. 천진에 머물러 있을 때에 밤낮 연회에 바빴는데 많은 중국인들이 와서 모두 중국을 원조할 것을 청하니 실로 물리치고자 해도 어쩔 수 없는 상황이었다. 오늘까지 들은 바로는 황제는 매우 현명하고 나이는 겨우 27세이다. 북경에 이르면 여러 가지를 물을 것이라고 들었다.'[45]

이등박문(伊藤博文)은 9월 14일에 북경에 와서 다음 날 총리아문(總理衙門) 대신과 한 시간 반 동안 회담하였다. 회담에 참가한 사람은 경친왕(慶親王) 혁광(奕劻), 숭례(崇禮), 요수항(廖壽恒), 장음환(張蔭桓) 등이었다. 총리아문의 어떤 장경(章京)에 따르면 회담 중에 이등박문은 '내가 귀국에 온 것이 바로 귀국 조정의 변법 시기인 것을 매우 행운이라고 생각'했다. 어떤 대신이 묻기를 '정치에 연소자를 등용하는 것은 어떠한 이폐가 있습니까?' 이등박문의 대답은 매우 매끄러웠다. '연소자를 등용하는 것 역시 가합니다. 그러나 반드시 재주와 식견과 용기를 겸비한 자들만 등용해야 합니다. 그렇지 않으면 반드시 실패하게 될 것이니 이는 나이가 든 사람을 등용하고 연소한 사람으로 하여금 보좌하게 하는 것만 같지 못합니다. 또한 법을 고친다는 것은 경중과 순서가 있는 것이니 만약 난잡하게 규율이 없다면 불가'라 했다. 이등박문은 이미 중국 변법의 형세와 전도가 심상하지 않음을 알아차리고 말하기를 '귀국의 황상(皇上)이 하문하는 일이 있다면 나는 대답하지 않을 수 없습니다. 다만 내가 말해도 돕는 사람이 없다면 황상의 실행 역시 헛되게 될 것입니다. 나는 총서(總署 : 총리아문)의 여러 신하들이 반드시 법의 개혁이 옳다고 여기지 않고 있으며 또한 근래에 신진(新進)을 등용하고 원로를 물리치고 있음을 보았으니 아마도 큰 소란을 면하기 어려

44) 蘇繼祖, 「淸廷戊戌政變記」『戊戌維新』, 第1冊, p.342.

45) 『伊藤博文傳』, 下卷, pp.396-402, 彭澤周의 『近代中日關係硏究論集』, pp.21-23에서 인용함

울 것입니다'라 했다.46)

당시 총리아문 대신(總理衙門大臣)들은 장음환(張蔭桓) 등이 개인적으로 변법을 지지하는 것 외에 대부분은 수구쪽에 치우쳐 있었으니 이등박문의 이 말은 어느 정도 그들의 심리에 영합하는 것이었다.

이등박문(伊藤博文)은 총리아문 대신과 회견한 후 현량사(賢良寺)에 가서 이홍장(李鴻章)을 만나 한 시간 동안 담화하였다. 이튿날 오전에 이홍장(李鴻章)이 와서 다시 만났다. 두 사람은 이미 마관조약(馬關條約)을 체결할 때 만난 적이 있었으나 이홍장이 친러 경향이 있었으므로 이등박문은 그를 만나자 곧 풍자하여 '각하는 북방에 큰 세력을 방패로 두셨더군요'라고 말하였다.47)

이등박문(伊藤博文)이 북경에 온 후 '높고 낮은 관리들은 황상(皇上)에게 이등박문을 북경에 머무르게 하여 고문관으로 등용할 것을 주청하였고 예의로서 우대하였다.'48) 유신파는 더욱 적극적이어서 강유위는 어사 양심수, 송백로에게 나누어 상주하여 추천하도록 하였다. 양심수의 주절(奏折)에는 '일본의 이등박문이 여행하면서 우리의 경사(京師)에 머무르고 있다. 그는 일찍이 일본의 유명한 재상이므로 반드시 우리 중국과 동맹하여 자보(自保)하기를 깊이 바라고 있을 것이다'49)라고 말하고 있으며, 송백로의 주절에는 '청컨대 황상께서는 원로대신을 파견하여 티모시 리처드(Timothy Richard, 李提摩太, 이제마태, 영국인 선교사) 및 일본 수상 이등박문을 만나게 하여 그들과 방법을 논의하게 하고 공부주사 강유위를 참찬(參贊)으로 한다면 반드시 전화위복(轉禍爲福)할 수 있을 것'50)이라고 상주하였다. 영국의 선교사 이제마태 역시 이를 독려하여 말하기를 '이등박문이 성공적으로 일본을 개혁하여 강국으로 만들었으니 최고의 방법은 중국 정부가 그를 초

46) 『伊藤侯揮麈淸談』, 『國聞報』, 1898年 9月 21日, 『戊戌變法』, 第3冊, p.410.
47) 林權助, 「談談我的70年」 『戊戌變法』, 第3冊, pp.570-572.
48) 「伊藤侯至北京情形」, 『國聞報』, 1898年 9月 17日, 『戊戌變法』, 第3冊, p.406.
49) 「山東道監御史楊深秀折」 『戊戌變法檔案史料』, p.15.
50) 「掌山東道監御史宋伯魯折」 『戊戌變法檔案史料』, p.170.

청하여 외국 고문으로 삼는 것'이라고 하였다.[51] 귀주(貴州) 거인(擧人) 부기(傅夔)는 심지어 이등박문을 수상으로 삼아 신정을 시행할 것을 주장하였다. 그는 '중국이 지금 변법을 위해 도움을 받는 데는 이등박문만큼 마땅한 인물이 없다.'[52] 이러한 반응은 유신파 인사들이 이등박문의 중국 방문에 대해 큰 기대를 가지고 있음을 반영하는 것이다.

9월 17일 저녁에 총리아문 대신(總理衙門大臣) 장음환(張蔭桓)은 집에서 연회를 베풀어 이등박문을 초청하였다. 장음환은 청 정부 내각에서 친일파로서 유신에 찬성하고 있었으며, 또한 광서제의 신임을 받고 있었으므로 아마도 그를 통해서 이등박문이 광서제를 알현하는 시기를 결정했을 것이다.

9월 18일 오후에 강유위(康有爲)는 특별히 일본 대사관에 가서 이등박문을 만났다. 그는 우선 유신파와 광서 황제의 이등박문에 대한 열망을 표현하였다. '후작이 우리나라를 방문한 것이 바로 우리가 변법에 열의를 가지고 있을 때이니 우리나라의 지사들은 후작이 우리나라에 은혜로운 가르침을 베풀어주어 동방의 시국을 유지하게 하기를 바라고 있습니다.' '우리 황상께서는 열의를 가지고 변법을 도모하고 있습니다. 귀국과 우리나라는 같은 주(洲)에 있으며, 같은 인종이며, 같은 한자를 쓰고 있어 특별히 친목을 가지고 있으니 이에 따라 귀국을 배우고자 합니다. 초야(草野)의 사민(士民)들 또한 같은 뜻을 가지고 있으니 원하건대 후작께서는 우리에게 가르침을 베풀어주십시오.' 강유위는 진정으로 일본에게 배우고자 하는 간절한 심정을 표시하고, 또한 이등박문의 가르침을 들으려는 준비가 되었다는 뜻을 나타냈다.

이등박문은 우선 '귀국이 변법을 하고자 한다면 마땅히 먼저 자존자대(自尊自大)하다는 누습(陋習)을 버려야 할 것입니다. 세상에는 어떤 인종이든 모두 천지 사이에서 향유하고 있는데 어찌 그들을 천시하고 나만을 존중하며 스스로 중화라고 하고 다른 사람들은 이적(夷狄)이라고 배척하겠습

---

51) 李提摩太, 「留華四十五年記」『戊戌變法』, 第3冊, p.563.
52) 王藝生, 『60年來中國與日本』, 第3卷, p.226.

니까!' 강유위는 황망히 말하기를 '우리나라는 4~5년 전에 여러 차례 이와 같은 논의를 하였고, 갑오년(甲午年 : 청일 전쟁)이래로 귀국으로 말미암아 수천 년 간의 꿈으로부터 깨어났으니 이미 다시 이와 같은 것은 있지 않습니다'라고 하였다. 그러나 이등박문은 열강의 상투적인 어조로 교훈조로 말하기를 '위로 학사(學士)들은 외국을 배척할 것을 의논해서는 안 될 것이며 마땅히 외국에게도 장점이 있음을 배워야 할 것입니다. 소민(小民)은 특히 외국의 종교를 가벼이 여기고 외국인을 살해해서는 안 될 것이니 바로 이것이 귀국이 긴급히 해야할 일입니다'라고 하였다. 이등박문의 이와 같은 태도는 강유위에게 실망을 주었을 뿐만 아니라 오히려 반박하게 하였다. '후작이 우리나라를 경멸함이 이리도 심한가! 이러한 논의는 3년 전에 나온 것으로 충분하고 또한 노쇠(老衰)한 대신들에게 언급한 것으로 족할 것입니다. 근래의 사대부들 가운데 나이 30이하인 자들은 그 뜻을 모르는 자가 없으며 각 성의 학당과 학회(學會)·신문(新聞)·잡지(雜誌)에서도 분분히 논의하여 민간의 지식이 크게 열리어 그 뜻을 분명히 알고 있는 자가 열에 6~7입니다.' 이등박문이 묻기를 '그렇다면 귀국이 수개월 동안 변법에 뜻을 두고 있으면서도 효과를 보지 못하고 있으니 어찌 된 것입니까?'라고 묻자 강유위는 주요한 원인은 자희태후가 광서제를 억압하고 완고한 수구 대신들이 방해하고 있기 때문이라고 대답하고, 이등박문에게 자희태후를 알현할 때 '사리에 적절한 말'로 '태후의 마음을 돌려 줄 것'을 청하였다.

이등박문은 '그와 같은 일은 황태후를 알현할 때 진심으로 충언하겠습니다'라는 뜻을 표시하였다. 강유위는 또한 이등박문이 자희태후를 알현했을 때 '마땅히 한족 출신 신하를 등용해야 하며 외교에 통달해야 하고 한 두 사람의 만주족(滿洲族) 원로대신에게 가로막히거나 환관이나 궁첩(宮妾)에게 가리어져서는 안 되며 황상과 함께 변법을 강구'해야 함을 강조해줄 것을 청하였다. 즉 '후작이 황태후를 위해 하나하나 이를 진언한다면 이야말로 우리 중국의 수 억 사람을 구할 수 있을 것이니 이는 우리의 복(福)일 뿐만 아니라 동시에 동방의 형세와 세계의 운세가 실로 후작에 달렸다'고 했다.[53)]

강유위는 비록 이등박문의 중국 방문에 많은 기대를 하고 있었지만 이등박문의 태도가 냉담함을 보고 더 많은 요구를 하지 않고 다만 자희태후에게 광서제와 유신 변법을 지지해 줄 것을 권고해 달라는 부탁만을 하였다. 그는 자신의 『강남해자편년보(康南海自編年譜)』에서 겨우 냉담하게 한 마디만을 거론하였다. 즉 '이등박문을 만나서 원조를 청하지 않고 다만 태후에게 말할 것만을 청하였다.'[54]

9월 20일에 이등박문(伊藤博文)은 근정전(勤政殿)에서 광서제를 알현하였고, 광서제는 그를 친왕(親王)의 예(禮)로서 대우하여 어좌 옆에 앉게 하였다. 이등박문은 먼저 칭송하여 말하기를 '폐하께서는 근일 변법자강을 힘써 도모하고 계시니 장래에 중국의 부강한 모습을 기다려 볼 수 있을 것이니 외신(外臣 : 이등박문 자신)은 탄복을 이길 수 없습니다. 이는 실로 동방(東方)의 성사(盛事)이니 외신이 귀국하여 폐국(弊國)의 황제에게 보고하여 알린다면 반드시 매우 기뻐하시며 폐하의 성업(聖業)이 영원하고 복(福)이 오래도록 지속되기를 바라실 것입니다.'

광서제는 말하기를 '귀국은 유신을 행한 후 모든 업적이 후작(侯爵)의 손에서 결정되었으니 각 국은 이를 우러르고 찬미하지 않음이 없으며, 짐 또한 마음으로 탄복할 뿐이오'라 하고 '귀국과 우리는 같은 주(洲)에 있고 서로 거리가 가깝소. 우리 중국은 근래 유신을 행하고 있고 후작은 또한 일찍이 대업을 완수한 적이 있으니 필시 그 이폐를 알고 있을 것이오. 바라건대 짐을 위하여 이를 밝혀 말해주고, 또한 총서(總署) 왕대신(王大臣)과 회동할 때 어떤 것을 일으키고 어떤 것을 혁파해야 하는지 글로 기록하여 읽을 수 있게 하기 바라오.' 이등박문은 회답하여 말하기를 '폐하의 명을 받들어 예전에 외람되이 총서 왕대신의 하문을 받아 외신(外臣)은 그 아는 바를 설명하였습니다.' 광서제는 '이후 양국의 우의가 이로부터 더욱 돈독

53) 「伊藤問答」, 『閩報』 光緒24年 8月. 湯志均, 『戊戌變法人物傳稿』, 下篇, pp.641-642에서 인용하였음.

54) 「伊侯覲見時問答」, 『昌言報』 光緒 24年 9月 16日(1898年 10月 30日), 『戊戌變法』, 第3冊, p.446-447.

해지기를 바란다'는 뜻을 표하였다. 광서제는 진심으로 이등박문에게 가르침을 청하였으나 정변이 이미 긴박하게 다가와 더 이상 물어 볼 기회가 없었다.

광서제를 접견한 후 어떤 대신이 이등박문에게 묻기를 '우리는 현재 변법을 논의하고 있는데 마땅히 무엇을 먼저 해야 하겠습니까?'라 하니 이등박문은 '황상께서 변법의 순서를 총서 왕대신에게 상세히 설명하라는 유시를 받았으나 이는 실로 말하기 어려운 것입니다. 외신은 귀국의 상황을 자세히 알지 못하니 이 일을 대신 처리할 수 없고 각 국의 정치와 자국의 이폐를 상세히 알지 않는 한 불가합니다'라 하였다. 모 대신은 또 묻기를 '우리의 정세는 귀하가 알고 있을 것입니다. 귀하의 의견은 어떠하십니까?' 이등박문이 회답하기를 '젊고 새로운 인재를 등용하는 것이 불가하지는 않으나 가장 좋은 방법은 원로를 위에 두고 연소자가 그를 보좌하는 것입니다. 어떤 것이 행할 만하고 어떤 것이 행해서는 안 되는 것인지 시비를 판별하는 것이 가장 중요합니다. 저는 대체로 우리나라(일본)의 사정만을 알뿐 타국(他國)의 정치에는 밝지 못하니 변법에 대해 더불어 말하기에 부족합니다. 만약 이 법이 불가하여 고치고자 한다면 반드시 양법(良法)을 얻은 후에 고쳐나갈 수 있을 것입니다.'

이 때 이등박문은 이미 자희태후와 강력한 수구세력이 변법에 반대하고 있으며 중국의 유신이 성공할 가능성이 희박하고 전도가 암담함을 알아차리게 되었다. 이에 따라 그는 최후에 말하기를 '다만 황상이 변법에 열의를 가지고 있으나 황태후의 뜻은 어떠한지 아직 알지 못하니 두 분의 뜻이 서로 같다면 구제할 수 있을 것입니다'라 했다[55]

과연 9월 21일, 이등박문(伊藤博文)이 광서제를 알현한 이튿날 무술정변이 일어나 자희태후의 훈정(訓政)이 시작되고 광서제는 영대(瀛臺)에 유폐되었다. 실제로 이등박문의 중국 방문은 수구 세력으로 하여금 정변의 발

55) 「某大臣與伊藤侯問答之詞」『國聞報』, 1898年 9月 29日, 『戊戌變法』, 第3冊, pp.425-426.

걸음을 재촉하게 하였다. 9월 18일에 수구파 어사(御史) 양숭이(楊崇伊)는 자희태후가 훈정을 실시하기를 청하는 밀주(密奏) 가운데 특히 강조하여 말하기를 '듣건대 일본의 전 수상 이등박문(伊藤博文)은 경사에 들어와 장차 정권을 멋대로 하려 하고 있습니다… 이등박문을 실제로 등용한다면 이는 조종(祖宗) 대대로 전해오는 천하를 다른 사람에게 넘겨주는 것일 따름입니다.'[56] 이등박문의 중국 방문에 대한 의구심은 비록 수구파가 급히 무술정변을 발동한 유일한 원인은 아니지만 적어도 중요한 원인 가운데 하나이다. 정변(政變) 후 이등박문은 바로 일본주중공사관(日本駐中公使館)에게 조치를 취하여 양계초(梁啓超)와 강유위(康有爲)를 탈출시키고, 또한 외교적인 경로를 통해 광서제가 임명한 주일공사(駐日公使) 황준헌(黃遵憲)과 총리아문 대신(總理衙門大臣) 장음환(張蔭桓) 등을 구출하여 중국의 친일 세력을 보호하고 일본 정부의 체면을 유지하라고 지시하였다.

정변 3일 후 9월 24일에 이홍장(李鴻章)은 연회에서 이등박문을 초대했을 때 일찍이 강유위의 행방을 물은 적이 있었다. '아마 귀국으로 달아난 듯하니 만약 진실로 그런 일이 있다면 귀하께서 반드시 그들을 잡아 우리에게 돌려보내어 처리하게 해 주십시오.' 이등박문은 회답하여 말하기를 '아마 그런지도 모르겠으나 강유위가 범한 것은 정무(政務)와는 무관한 것이니 혹 귀하께서 말한 대로 따를 수도 있을 것입니다. 그러나 만약 국정(國政)에 간섭한다면 만국(萬國)의 공법(公法)에 비추어 그와 같이 처리할 수는 없으니 이는 마땅히 귀하가 알아야 할 것입니다.' 이홍장이 실망하여 '그렇다면 우리의 불행이요'라는 뜻을 표하였다.[57]

이등박문(伊藤博文)의 무술유신(戊戌維新)과 무술정변(戊戌政變)에 대한 생각은 9월 26일에 아내에게 보낸 편지에 잘 반영되어 있다. 이등박문은 편지에서 '14일 북경에 들어와 각종의 연회에 참석하였고 20일 황제를 알현하였다. 지금까지 이처럼 후하고 간절하게 나를 맞이한 것은 전에 없었다.

56) 「掌廣西道監御史楊崇伊折」『戊戌變法檔案史料』, p.461.
57) 「李傅相與日本伊藤侯問答」『昌言報』, 光緒24年 9月 19日(1898年 11月 2日), 『戊戌變法』, 第3冊, p.448.

이후 총리대신에 상당하는 황족 경친왕(慶親王)은 또한 연회를 베풀어 나를 환대하였으니 이 또한 전에 없던 일이다. 21일 갑자기 정변이 발생하여 태후가 정권을 장악하니 이는 황제가 과격하게 개혁을 추진했기 때문이다. 만사(萬事)를 일본으로부터 본받아 심지어 의복까지도 서양식으로 바꾸고자 하였다. 이 일이 태후에게 알려지자 태후는 이 일이 옳지 않다고 여겼다. 또한 일설에는 태후(太后)를 배척하고자 한다고 하였다. 중국의 일은 도대체 어느 것이 진실인지 실로 판단하기 어렵다.'[58] 광서제와 유신파가 '만사를 일본에게서 본받았다'는 것이 이등박문에게 정변의 원인으로 보여 진 것은 실로 큰 아이러니이다.

무술정변(戊戌政變) 이후 이등박문(伊藤博文)은 또한 포섭하고 쟁취해야 할 중점 대상을 남방의 지방 세력파와 양무파 대관료 장지동(張之洞), 유곤일(劉坤一) 등으로 파악하였다. 그는 9월 29일에 북경을 출발하여 천진을 거쳐 10월 5일에 상해에 도착하였고, 10월 13일에 무창(武昌)에 이르러 호광총독(湖廣總督) 장지동을 방문하고, 10월 19일에 다시 남경으로 내려가 양광총독(兩廣總督) 유곤일(劉坤一)을 방문하였다. 그들의 회담에 관한 구체적인 정황에 대해서는 사료의 기록이 부족하다. 그러나 이등박문이 상해에서 귀국했을 때 장지동에게 준 편지 가운데 그의 태도를 표명한 것이 있다. 편지 가운데 '저는 일전에 귀하의 영역을 방문하여 환대를 받아 이루 말할 수 없이 감사하였으나 기한이 촉박하여 급히 헤어졌으니 심히 유감입니다. …변법 자강(變法自强)의 주장은 지금 그것을 행하는 것은 쉽지 않기는 하나 비록 그렇다 하더라도 시기가 너무 늦으면 바로 어려운 상황을 구제할 수 없을 것이니 반드시 중대한 용단(勇斷)을 기다려야 할 것입니다. 만약 기한을 늦추게 되면 급한 바를 구제할 수 없을 것이니 제가 어찌 귀국만을 걱정하는 것이겠습니까? 동아(東亞)의 존망(存亡)이 여기에 달려있기 때문입니다. 귀하께서는 역경에 굴하지 않는 인물이시니 중외(中外)의 희망에 따라 상세히 계획하시어 변법을 생각하십시오. 사람들은 입술이 없

58) 주 45) 참조

다면 이가 시릴 수밖에 없는데 그러한 우환을 잊고 있지만 오직 귀하께서만 이를 도모하고 계십니다. 우리나라 황제의 전지(電旨)가 저를 부르고 있으니 급히 조정으로 돌아가게 되어 충분한 이야기를 다 하지 못하고 떠납니다.'[59]

이상 우리들은 이등박문(伊藤博文)이 1898년에 중국을 방문한 전 과정을 상세히 서술하였다. 그는 중국의 정치 세력과 여러 인물 — 광서제, 유신파, 양무파, 수구파 관료 — 들과 접촉하고 왕래하면서 중국의 유신 기간에 일본 정부의 중국에 대한 정책을 구체적으로 실천하였다.

4. 의론분분(議論紛紛 분분한 의논들)
— 일본 여론(日本輿論)의 무술유신(戊戌維新)에 대한 반응

이제 우리들은 시각을 일본 잡지로 돌려 중국 무술유신(戊戌維新)에 대한 당시 일본 여론의 반응을 살펴보자.

일본의 여론은 중국의 정치 동향과 자신들의 이익은 관계가 깊기 때문에 줄곧 민감한 반응을 보였다. 특히 중국의 유신운동(維新運動)이 중국 정권의 변동과 내정의 개혁 및 외교 방향에까지 영향을 미치게 되자 더욱 일본 조야(朝野)의 관심을 끌게 되었다. 일본의 각종 잡지는 다투어 중국 유신운동에 관한 소식을 보도하였다. 그들은 자신들의 입장에서 당시 동아시아 국제 관계의 변화와 일본 국내의 정국을 연계하여 중국의 무술유신에 대해 다양한 평가를 내렸으며 서로 다른 입장을 견지하고 있었다.

우선 관방과 가까운 잡지에서는 일본 통치 집단의 중국 유신에 대한 태도를 어느 정도 반영하였다. 그들은 일본의 중국 침략에 따른 이익을 주장하는 입장에서 출발하여 중국에 친일 세력(親日勢力)을 배양하고 러시아의 대중국 확장을 저지하기를 희망하였다. 따라서 일반적으로 중국의 유신파

---

59) 주 45) 참조

(維新派)가 일본을 스승으로 여기고 일본과 연합하여 러시아에 항거하자는 주장에 대해 기쁨을 느끼고 있었다. 『국민신문(國民新聞)』은 청일 전쟁(淸日戰爭) 후 산현유붕(山縣有朋) 등 군벌(軍閥)과 관계가 밀접하여 어용 잡지(御用雜誌)라고 불리어졌다. 그들은 청일 전쟁의 실패는 중국인들로 하여금 서양 문명을 수입할 필요성을 느끼게 하였으며 이러한 수입은 일본을 통하는 것이 구미(歐美)보다 낫다고 여겨졌으므로 유신파를 고무시켜 일본으로부터 학습하게 해야 한다고 주장하였다.[60] 대외중신(大隈重信) 계통에 속하는 『보지신문(報知新聞)』은 「중국(中國)의 청성(淸醒)」이라는 제목의 문장에서 '중국이 일본을 개혁의 본보기로 삼는 점은 기뻐할 만한 일이다'라고 하였다.[61] 동시에 그들은 또한 중국의 유신 운동은 반드시 일본에 의지해야 하고 일본 정부의 지도를 받아야 한다고 주장하였다. 『국민신문(國民新聞)』은 사론(社論)에서 공개적으로 만약 중국 정부가 항상 일본 정부를 믿고 의지한다면 군사는 물론 교육 및 일반 사무를 모두 '일본 정부와 상의'해야 할 것이라고 주장하였다.[62] 이것은 일본 통치 집단이 유신 운동에 손을 뻗어 중국의 정치를 통제하려는 야심을 적나라하게 드러낸 것이다.

그리고 또한 적지 않은 관방의 잡지들이 중국 유신의 성공과 앞날에 대해 의구심을 가지고 있었다. 『보지신문(報知新聞)』은 중국의 유신 운동을 '강유위 일파의 지사(志士)들이 각지에서 분주하면서 개혁을 고취하는 헛된 함성'일 뿐이라고 혹평하였다.[63] 『시사신보(時事新報)』 역시 중국 유신파의 역량과 유신방법에 대해 일련의 회의를 나타내면서 '황제의 비호(庇護)아래 이렇게 낮은 지위의 사람들의 역량을 가지고 개혁을 할 수 있겠는가?' '이러한 급진적인 방법을 사용하면 혼란을 유발하지 않을까?'라고 하여[64] 무

---

60) 「南部中國的近況」『國民新聞』, 明治 31年(1898年) 2月 8日. 自志村壽子의 「戊戌變法と日本」(『東京都立大法學雜誌』 6-2)에서 인용하였으며 이하 신문 잡지의 原文에서 다수 인용한 것은 따로 일일히 설명하지 않겠다.

61) 「中國的淸醒」『報知新聞』, 明治 31年 8月 3日

62) 「對遼東問題的覺悟」『國民新聞』, 明治 31年 8月 3日

63) 「淸國談」(上), 『報知新聞』, 明治 31年 7月 15日

64) 『時事新報』, 明治 31年 8月 8日

술유신이 성공하리라고 믿지 않았다. 일본 통치 집단 가운데 어떤 이는 심지어 중국의 개혁은 성공할 수 없는 것이니 일본이 서양 열강과 함께 '그 고기를 나누어 먹으며 상객(上客)이 되는 것만 같지 못하다'라고 주장하였다.[65]

일부 친관방(親官方) 잡지들은 중국의 변법을 지지하면 청 정부와 열강에게 잘못보여 중국에서 일본의 이익에 영향을 끼치게 되지 않을까 우려하고 있었다. 이등박문(伊藤博文)·정상형(井上馨) 계열의 관점을 반영한 『동경일일신문(東京日日新聞)』은 비록 중국의 유신파가 보국회(保國會) 등을 조직하고 있지만, 일찍이 일본과 연합하여 서방 열강의 확장을 저지하자는 주장을 제기한 적이 있으니 일본을 위해 말한다면 청 정부와 열강을 무시하고 개혁파를 지지할 수는 없다고 여겼다.[66] 따라서 그들은 중국의 변법운동을 지지하는 것은 '반드시 주의를 기울여야 하며', '지나치게 두드러지게 하여 주목을 끌어서는 안 된다'라고 여겼다. '헛된 이름은 피하고 실제(實際)만을 취해야 최후의 목적을 달성하는데 편하며 우리는 태도를 노골적으로 나타내서는 안 된다. 그렇지 않으면 오히려 대계(大計)를 그르치게 되어 중도에서 그만두게 될 것이다'라고 하였다.[67]

『시사신보(時事新報)』 역시 공개적으로 중국의 변법을 지지하는 것에 반대하였는데 「중국의 개혁을 논함(論中國之改革)」이라는 글에서는 '일본인이 만약 자신의 생각에 따라 중국에 대해 아무런 행동도 하지 않으면 장차 큰 실수가 될 것이다'라 했다.[68]

일본 통치집단은 더욱 더 그들의 희망을 장지동(張之洞)과 유곤일(劉坤一) 등 지방 실력파 관료들에게 두고 그들을 '온화(溫和)한 개혁파(改革派)'이자 '꿋꿋한 인물'로 바라보았다.

『동경일일신문(東京日日新聞)』은 장지동, 유곤일 등 지방 독무(督撫)들의

65) 雜賀博愛, 『杉田鶉山翁』, 自志村壽子의 글에서 인용함.
66) 『東京日日新聞』, 明治 31年 6月 23日
67) 주 66) 참조
68) 『時事新報』, 明治 31年 9月 22日

경향이 개혁을 지향하고 있는 것은 일본에게 매우 유리하다고 여겼다. 이 신문은 완고한 중앙 정부와 교류하지 말고 대외적으로 그다지 주목받지 못하는 일본에서 유학한 학생이나 일본인을 등용하여 중국의 지방 군대를 훈련시키는 방식을 채택하여 '이 방면에서 점차 일본 세력을 확장할 좋은 기회'를 만들려고 하였던 것이다.[69)]

『보지신문(報知新聞)』은 만약 장지동과 같이 중국 남부 사회의 큰 세력을 대표하고 있는 인물이 개혁에 뜻을 세우게 된다면 '우리와 선린(善隣)의 관계를 강화'할 수 있을 것이며 '이러한 행동은 동양 사회에 하나의 희망이라고 말할 수 있을 것'[70)]이라고 부추겼다.

결론적으로 말하자면 일본 통치 집단의 희망을 반영하는 잡지는 중국의 무술유신에 대해 야심과 회의를 가지고 있었고, 중국 유신파를 지지하는 것에 대해 비교적 냉담하였으며 장지동 등 지방 세력을 포섭하는 것을 더욱 중시하였다.

그러나 일본의 민간에서, 특히 일부 진보적인 인사 가운데 중국 무술유신 운동에 대한 태도가 각각 매우 달랐다. 그들 대부분은 동정을 보내고 적극적으로 중국의 변법을 지지해야 한다고 주장하였으며 중국의 유신이 성공하기를 희망하고 일본 국내에서도 정치 개혁이 진행되어야 한다고 요구하였다. 이것은 민간 여론을 대표하는 몇몇 잡지 중에서 나타났다.

그들은 중국의 무술유신 운동과 변법 조치(措置)에 대해 일반적으로 높은 평가를 내렸다. 『만조보(萬朝報)』는 중국의 유신운동을 소개하면서 중국에서는 '함풍 · 동치 이래 부단히 시국(時局)을 논의하는 자들이 있었으나 지금과 같이 광범위하고 심각하게 논술하고 이렇게 많은 개혁 건의를 제시한 적은 없었으며, 과거에 황제들은 일부 진보적인 건의를 받아들이기는 하였으나 직접 강유위를 접견하여 의견을 구하는 선례는 없었다'고 하였다.[71)] 『일본(日本)』 잡지는 광서제(光緒帝)가 관리고시경제특과(官吏考試經

69) 「中國如何」『東京日日新聞』, 明治 31年 7月 28日

70) 「中國發奮的眞相」『報知新聞』, 明治 31年 8月 20日

71) 「中國改革的風氣」(上,下)『萬朝報』, 明治 31年 9月 11日, 13日

濟特科)를 신설하는 상유(上諭)에 대해 탄복하여 '이것이 어찌 중국의 대개혁의 조짐이 아니겠는가!'라고 보도하고 또 중국이 과거제도를 개혁한 것은 서방의 학술을 채용하기 위한 것으로 '비록 이것은 우리들이 볼 때 일반적인 것이고 철저하게 과거를 타파한 것은 아니지만 중국인의 입장에서 보면 천지 개혁(天地改革)과 같은 변화이다. 이 특과(特科)의 설립만으로 충분하지는 않지만 만약 이것이 새로운 문을 연 것이라면 예전의 것은 이미 무용한 것으로 되어 버린 것이다. 이것은 종래 팔고문(八股文)에 정력을 소진하고 있던 무수한 유생들로 하여금 그 지향을 바꾸지 않으면 안되게 할 것이다.' 이 글의 제목은 「중국대혁신의 징조(中國大革新之兆)」로서 최후에는 흥분하여 '현재 중국 정부는 직접 개혁을 실시하고 있으니 혁신의 추세는 이미 홍수처럼 터져 나와 이미 막을 수 없게 되었다'[72]고 하였다.

민간의 여론 역시 중국의 유신 운동이 많은 곤란에 직면하고 있으며, 유신파는 적지 않은 약점을 가지고 있어서 개혁의 앞날은 우여곡절이 많을 것이라고 지적하였다. 『만조보(萬朝報)』는 '그들과 가깝고 또한 조야(朝野)의 인사(人士)와 교류하여 내부의 정황을 이해하는 사람들의 관찰에 따르면 중국 개혁의 기운은 아직 믿을 만하지 못하다. 개혁파의 영수 강유위(康有爲), 왕강년(汪康年) 등은 매우 젊으며 그들은 아직 정세를 반전시킬 만한 역량이 부족하다. 더구나 중국 민중의 게으르고 겁 많은 풍조는 아직 바뀌지 않고 있다. 비록 개혁의 건의가 끊이지는 않고 있으나 그 기운을 크게 진작하기 위해서는 빠른 개혁이 필요하다'라고 하였다.[73] 그리고 당시 일본 국내에서 중국 유신지사(維新志士)들이 외국어에 능통하지 못한 점과 유신파가 학습한 서양 학문이 진부한 것에 불과하다고 비웃는 일부 사람들에 대해 반박하여 말하기를 '유신을 전후한 당시에 우리나라의 지사(志士) 가운데 외국어를 할 수 있고 서양의 사정에 통달하였던 사람이 몇이나 있었는가?'라고 지적하였다. 일본의 대정 복고(大政復古)나 명치유신(明治維

72) 「中國大革新之兆」『日本』, 明治 31年 2月 20日

73) 주 71) 참조

新) 초기에 각종의 기구가 뒤섞여 있었던 것과 비교해 본다면, 지금 중국의 개혁 방안은 훨씬 우월하다고 할 수 있다. 따라서 중국의 사정에 통달한 사람의 관찰을 기초로 한다면 중국 유신의 성공 가능성을 쉽게 부정하는 것은 잘못이라는 것이다.74)

적지 않은 재야 지식인들이 중국의 유신 개혁을 지지하고 원조해야 한다고 주장하였고 동시에 일본 국내의 정치 혁신을 희망하였다. 『일본(日本)』 잡지는 사론(社論)에서 일본이 열강의 세력에 저항할 수 있는 평등한 세력을 이루기 위해서는 '영토를 할양하고 백성을 곤궁하게 하는' 방법에 의지해서는 안 되며 중국에 대한 정책의 요점은 중국 혁신에 원동력을 부여하고 외부의 압력을 통해 중국으로 하여금 국체(國體)를 혁신하게 하여 동아시아 평화를 배양하는 근거를 이루는 것이다.75) 다른 제목의 「고헌정당제군(告憲政黨諸君)」에서는 일본 국내 정치 상황과 결합하여 진일보하여 지적하기를 '제군(諸君)이 문명국의 국민임을 자임한다면 내정(內政)에 있어서 뿐만 아니라 외교상(外交上)으로도 문명인의 태도를 갖추어야 할 것이다. 만약 한편으로 내정에서는 입헌주의(立憲主義)의 실현을 희망하면서 한편으로 외교적으로 실력론(實力論)을 주장한다면 약육강식론(弱肉强食論)에 부화뇌동(附和雷同)하는 것이니 이는 번벌권가(藩閥權家)의 농단을 받는 것이자 구미(歐美) 식자(識者)의 비웃음을 불러일으키는 것이다'라 했다.76)

「중국문제에 대한 근황(對華問題近況)」이라는 다른 제목의 사론(社論)에서는 일본은 '자신의 이익과 안녕을 위해 또한 동양과 세계의 평화를 위해', '마땅히 열강의 동의를 얻어 먼저 중국 정부가 스스로 혁신을 실현할 수 있도록 촉진해야 한다'라고 주장하였다.77)

이상에서 본 바와 같이 중국 무술유신에 대하여 일본의 민간 여론은 동정하고 이해하는 태도를 가지고 그 성공을 희망하였다.

---

74) 주 71) 참조

75) 「對淸政策要道」 『日本』, 明治 31年 5月 16日

76) 『日本』, 明治 31年 6月 26日

77) 주 76) 참조

5. 정변 다음(政變之後)

―강유위(康有爲)・양계초(梁啓超)의 일본 망명

광서제가 유신파의 독려 아래에 일본을 본받아 진행한 백일유신은 그것이 온화하고 불철저한 개혁이었음에도 불구하고 결국 수구파의 이익과 충돌하였다. 변법에 반대하는 수구파 관료・귀족・기인(旗人)・녹영군관(祿營軍官)・팔고사인(八股士人) 등은 모두 자희태후 주위에 몰려들어 강대한 수구 진영(守舊陣營)을 구축하고 유신 운동에 반격을 가하였다. 1898년 9월 21일에 자희태후는 마침내 무술정변을 발동하여 광서제를 중남해(中南海) 영대(瀛臺)에 연금하고 자신이 수렴청정(垂簾聽政)을 실시하였다. 백일유신(百日維新)중에 광서제에 의해 반포되었던 각종의 신정(新政) 명령은 폐지되고 무술유신은 실패하였다.

정변이후 수구 세력은 유신파를 대거 수색하여 유신파의 주요 인물인 담사동(譚嗣同)・강유위(康有爲)의 동생 강광인(康廣仁)・어사(御史) 양심수(楊深秀) 및 군기장경(軍機章京) 임욱(林旭)・양예(楊銳)・유광제(劉光第) 등 6명은 사형에 처해졌다. 기타 신정에 참여하였거나 동의한 관원들은 차례로 혁직(革職)되거나 유방(流放)되고 하옥(下獄)되었다. 그러나 그들이 체포하고자 하는 최고 우두머리 유신파의 영수 강유위와 양계초는 오히려 요행히 탈출하여 잇달아 일본으로 달아났다. 강・양의 일본 망명은 무술 정변 후 중국과 일본 관계에서 주목할 만한 사건이다.

강유위가 무술유신 운동의 발기자이자 영도자이었으므로 자희태후와 수구파의 그에 대한 원한은 매우 깊었고 따라서 그를 사형에 처하고자 하였다. 정변 당일에 자희태후는 바로 강유위를 체포하라는 밀지(密旨)를 내려 '공부후보주사 강유위(工部候補主事 康有爲)는 당을 이루어 사사로이 이익을 도모하고 말을 지어내 정치를 어지럽혔으니 혁직(革職)한다. 그 동생 강광인(康廣仁)은 형부(刑部)로 보내어 율(律)에 따라 치죄하라.'[78] 또한 '강유

---

78)『德宗景皇帝實錄』, 卷426・427・429・423

위는 실로 반역의 무리이나 현재 도피중이니 직예와 각 성 독무(督撫)는 엄밀히 조사하여 극형으로 치죄하라. 거인 양계초는 강유위와 공모하여 간악한 행동을 하였고 그가 쓴 문장은 망령되고 거짓된 것이니 함께 잡아서 엄벌'하도록 하였다. 유지(諭旨)는 또한 강유위의 죄상을 열거하여 '강유위는 사설(邪說)의 수령(首領)으로 혹세무민(惑世誣民)하였으며, 악인의 무리는 서로 부화뇌동하여 변법의 틈을 이용하여 법을 어지럽힐 모의를 하였다. 전일에 서로 약속하고 난을 일으켜 이화원(頤和園)을 포위하고 황태후를 위협하고 황제의 일을 위태롭게 하였다. 다행히 발각되어 간악한 모의를 분쇄하였다. 또한 듣건대 이 무리들은 보국회(保國會)를 사사로이 조직하여 중국은 보호하되 대청(大淸)은 보호하지 않는다고 하니 그 패역(悖逆)의 정상(情狀)이 가히 분노할 만하다.' '강유위는 역모를 창도하여 악행이 충만하니 천하에 보여 모두 알게 하라'고 했다.[79] 이 살기 등등한 상유(上諭)는 자희태후를 수장으로 하는 수구 세력이 강유위에 대해 가지고 있는 원한을 충분히 반영하고 있다.

강유위는 광서제와 유신파 인사들의 재촉에 따라 마침 정변 하루 전에 북경을 떠나 기차를 타고 천진으로 갔다. 정변 후 밀지(密旨)가 반포되었을 때 강유위는 막 당고항(塘沽港)으로부터 영국(英國) 태고윤선공사(太古輪船公司)의 중경륜(重慶輪)을 타고 남하하고 있었다. 수구파는 처음에 강유위가 아직 북경에 숨어있다고 생각하여 대 수색을 실시하여 '문을 두 차례 폐쇄하고 철로(鐵路)의 차를 세 차례 정지시켰으며, 3천명의 제기(緹騎)를 발동하고 네 번 밀전(密電)을 보냈으며 며칠동안에 걸쳐 수색하였다.'[80] 후에 그가 이미 북경을 떠난 것을 알고 자희태후(慈禧太后)는 바로 직예총독(直隷總督) 영록(榮祿)으로 하여금 천진과 당고항에 사람을 파견하여 선박을 수색하고 '엄밀히 조사'하게 하였다.

당시 강유위는 선상에서 큰 환란이 임박한 것을 알지 못하고 있었다. 연

79) 주 78) 참조

80) 梁啓超, 『戊戌政變記』, 卷4

대(煙臺)를 지날 때에 배에서 내려 배와 감을 샀으나 사람들에게 발각되지 않았다. 9월 24일 오후에 중경륜(重慶輪)이 오송구(吳淞口) 밖에 이르렀을 때 영국인 한 사람이 와서 그가 이미 청 정부에 의해 지명수배 되었고 밀령(密令)이 내려졌음을 알렸다. 강유위는 크게 놀라 급히 가족들에게 전하는 유서(遺書)를 쓰고 영국인을 따라 오송구(吳淞口)에 있는 영국 윤선(英國輪船)에 올라 체포를 면할 수 있었다. 강유위가 탄 영국의 윤선은 영국 군함의 호위를 받으면서 9월 29일 홍콩에 도착하여 홍콩 경찰국에 머무르게 되었다. 이 때 그는 '동아(東亞)를 경영할 뜻을 갖고 있던 일본에 가서 도움을 구하고자 하였다.'[81] 이에 학생을 통하여 일본 주(駐)홍콩영사 상야계차랑(上野季次郎)으로 하여금 일본주중공사(日本駐中公使)인 시야문웅(矢野文雄)에게 전보를 전하게 하였는데 그 내용은 '황상은 폐위되고 나라는 위태로우니 밀조(密詔)를 받들어 구원을 청합니다'[82]였다. 상야(上野)는 직접 전보를 일본의 내각수상(內閣首相) 겸 외무대신(外務大臣)인 대외중신(大隈重信)에게 보냈다. 대외(大隈)는 10월 9일에 전보를 보내 강유위가 일본에 오는 것을 받아들이는 데 동의하였다. 10월 19일에 강유위와 그 문인 양철군(梁鐵君) 등 7명은 일본 윤선공사의 「하내환(河內丸)」을 타고 홍콩을 떠나 10월 25일에 일본 신호(神戶)에 도착하였다.

양계초(梁啓超)가 일본으로 망명하는 과정 역시 우여곡절(迂餘曲折)이 많았다. 정변이 일어난 날 양계초는 아직 북경에 머물러 있었는데, 정변이 일어나 강유위가 묵은 적이 있는 남해회관(南海會館)이 포위되었다는 소식을 듣고 급히 일본공사관(日本公使館)으로 구원을 청하였다. 당시 일본주중공사(日本駐中公使) 임권조(林權助)는 그의 회고록 『담담아적70년(談談我的70年 : 나의 70년을 이야기 함)』에서 이 사건의 경과에 대해 상세히 기록하고 있다. 여기서 그가 서술하기를 '정변이 발생한 당일 양계초가 공사관으로 와서 반드시 나를 만나야 하겠다고 하였다. 이 때 바로 오후 2시였는데 나

---

81) 주 9) 참조

82) 『日本外交文書』, 第31卷 第1冊, pp.666, 663, 686, 720, 725.

는 이등박문(伊藤博文)과 식사를 마치고 대화를 하고 있었다. 어찌 되었든 나는 양계초를 다른 방에서 만났다. 그의 안색이 창백하고 비장한 기운이 있는 것을 보고 사태가 심각함을 알 수 있었다.' 양계초는 정변의 상황에 대해 이야기하고 공사에게 황상(광서제)을 보호하고 강유위를 구해줄 것을 부탁한 후 황망히 떠났다. 밤이 되자 '공사관의 문 앞이 소란스러워 이상하게 생각하고 있는데 양계초가 뛰어 들어와 내가 일을 수습하지 않으면 안 되었다. 나는 어쩔 수 없이 양계초를 집안으로 데리고 들어왔고, 이 사건의 경과를 이등박문에게 보고하였다. 이등공은 '이것은 좋은 일을 하는 것이니 그를 도와주자! 그리고 그를 일본으로 가게 하라! 일본에 가면 내가 그를 돕겠다. 양계초 이 청년은 중국에서는 진귀한 보배이다!'라고 하였다. 번거로운 일이 생기기 전에 급히 양계초를 출발시키기로 결정하였다.'[83]

이튿날 양계초는 변장하여 변발을 자른 후 서양 복장을 하고 일본 영사 정영창(鄭永昌)의 보호아래 북경을 빠져나가 천진의 일본 영사관에 이르렀다. 9월 25일 밤에 정영창과 2명의 일본인이 양계초를 엄호하고 비밀리에 작은 배에 태워 출발하였고 당고(塘沽)에서는 일본 군함이 대비하고 있었는데 뜻밖에 청(淸) 정부가 이를 발각하여 바로 「쾌마호(快馬號)」 쾌속정을 파견하여 추적하였다. 청군의 사병이 작은 배에 올라 감시하고 쾌마호는 즉시 보고하러 갔다. 작은 배가 당고에 이르러 일본 군함 「대도호(大島號)」를 보자 정영창(鄭永昌)이 모자를 흔들어 구원을 요청하였고 「대도호」는 이미 공사관에서 전보 통지를 받았으므로 바로 작은 배를 보내어 그들을 군함으로 태워 올렸다. 그러나 영록(榮祿) 역시 「쾌마호」의 보고를 받은 후 바로 제독(提督) 섭사성(聶士成)을 파견하여 사병을 이끌고 당고역에 이르게 하였으나 결과는 헛수고였다.

대외중신(大隈重信) 수상은 주중국공사관의 보고를 받고 10월 3일에 전보를 보내 양계초(梁啓超)가 일본에서 피난하는 것을 허락하였다. 영국이 군함을 출동하여 강유위를 보호하여 홍콩에 이르게 한 것을 고려하여 영국

---

83) 주 47) 참조

과 협조하기 위해 대외(大隈)는 해군대신 서향종도(西鄕從道)로 하여금 「대도호(大島號)」 군함에게 양계초를 일본으로 보내도록 명령하였다. 양계초는 일본 광도(廣島)에 상륙하여 10월 20일에 동경(東京)에 이르렀다. 1주일 후 강유위 역시 신호(神戶)에서 기차를 타고 동경에 왔는데 양계초(梁啓超)가 신교(新橋)역에서 영접하니 구사일생(九死一生)의 위기를 넘긴 스승과 제자는 결국 일본에서 다시 만나게 되었다.[84)]

일본 정부가 양(梁)·강(康)을 받아들이고 보호하여 일본으로 망명하게 한 가장 큰 원인은 당시 동아시아 국제 정세가 결국 '일본과 러시아의 대립·영국과 러시아의 충돌이자 일본과 영국의 합작·러시아에 대한 대처' 이었기 때문이었다. 따라서 일본 정부는 영국과 중국에 대한 정책에 있어서 서로 협조하고 공동으로 친영(親英)·일본 유신 세력을 구원하여 친러시아의 수구파(守舊派)를 격파하기로 결정했던 것이다.

대외중신(大隈重信)은 일찍이 '일본제국의 중국에 대한 정책은 공동의 이해관계를 가진 국가가 있고 또 해당 국가가 인도(人道)의 대의(大義)와 문명의 통의(通義)와 공정한 진리를 따를 수 있다면 일본은 장차 그들과 제휴하여 공동으로 현재의 중국 사태를 처리하겠다.'라고 하였다.[85)] 9월 27일에 대외중신(大隈首相)은 주중공사 임권조(林權助)에게 지시하여 '당신은 총리아문(總理衙門)에 대해 눈앞의 긴장된 국면을 귀감(龜鑑)으로 삼아 중국은 유신 분자(維新分子)에 대해 과격한 조치를 취해서는 안 되며 동시에 각 방면에서 온화한 정책을 취해야 할 것이라는 것을 우호적으로 권고하시오. 당신은 단독으로 가거나 아니면 기타 가고자 하는 공사와 함께 가도록 하시오.'[86)] 일본의 주중국공사관은 강(康)·양(梁)의 탈출을 도와주는 이외에 황준헌(黃遵憲)·장음환(張蔭桓)을 구원하였다.

그러나 일본 정부는 이 정변의 발생은 강유위 일파의 「과격한 정책의 실시」에 따라 일어난 것이라고 생각하여[87)] 중국의 유신파를 보호하는 데 있

---

84) 『梁啓超年譜長編』, pp.158-159.

85) 渡邊幾治郎, 『大隈重信』, 大隈刊行會, 昭和 27年, p.220.

86) 주 82) 참조

어서 역시 한계가 있었다. 일본 정부의 모든 행동은 일본 통치 집단의 이익으로부터 출발하였다. 그들은 누가 중국의 정권을 장악하든 우선 일본이 중국에서 획득한 특권과 이익을 유지 보호해야 했다. 외무차관 도축형육(都築馨六)은 솔직하게 말하기를 '개진주의자(改進主義者)를 택하든 수구파를 택하든 이것은 중국의 내정이고 우리들은 다만 우리들의 이익을 유일한 기준으로 하여 이 기회를 이용할 것이다'라 했다.88) 이에 따라 일본 정부는 유신파에게 너무 편향되어 청 정부나 이홍장·장지동·원세개 등 실력파 관료들에게 죄를 짓게 될 것을 우려하였다.

이등박문 계열의 『동경일일신문(東京日日新聞)』은 이 정변이 가장 사람들을 우려하게 하는 것은 그 국제적인 배경이며 또한 서태후(西太后) 일파가 러시아에 의지하게 되지 않을까 하는 것이라는 의견을 제출하였다. 그러나 이 글은 '지금 양자 사이에는 이러한 관계에 이른 것 같지는 않다.'89) 라고 생각하고 따라서 개혁파가 집정하든 아니면 수구파가 집정하든 모두 중국의 내정 문제라고 생각하였다. 이 신문은 주장하기를 '외교의 핵심은 우리나라의 권력과 이익을 보호하는 데 있으며 내부적인 일에 연루되어 위험에 빠지는 정책을 실시해서는 안 된다'라고 하였다.90) 따라서 '열국 간의 상호 충돌을 피하기 위해서는 열강의 협조를 통해 북경정부가 병제(兵制)의 개혁과 재정 정리 및 기구 개조 등을 실시하도록 지지하는 것이 금일의 급무(急務)'라고 하였다.91) 만약 개혁 유신파가 과격한 행동을 하도록 지지한다면 정국의 혼란과 열국의 간섭을 가져올 것이며 이는 일본에게도 유리하지 않은 것이었다.

『시사신보(時事新報)』에는 「강유위를 논함(論康有爲)」라는 제목의 글에서 공개적으로 주장하기를 강유위가 개혁의 방법에 주의하지 않았기 때문에

---

87) 주 82) 참조
88) 주 82) 참조
89) 「北京的形勢」『東京日日新聞』, 明治 31年 10月 9日
90) 「對華政策」(上) 『東京日日新聞』, 明治 31年 10月 26日
91) 「現內閣和中國問題」『東京日日新聞』, 明治 31年 11月 26日

그 실패는 필연적인 것이다. 만약 일본 정부가 강(康)의 망명에 대해 경솔하게 환영을 표시한다면 장래 중국과 일본의 관계에 불리한 영향을 가져올 것이다.[92] 강(康)・양(梁)은 일본 망명이후 여러 가지 공격과 비난을 받았다.[93]

일본의 대외중신(大隈內閣)은 강(康)・양(梁)의 일본 피난 요구를 받아들이고 또한 그들을 동경(東京)에 있는 고교씨(高橋氏)의 화원(花園)에 머무르게 하고 일체의 생활비용을 지급하였다. 대외(大隈)는 하야(下野)한 다음에도 개진당(改進黨)으로 하여금 그 비용을 계속 지급하도록 하였다. 일본에서의 안전을 보장하고 또한 그 행동을 감시하기 위해 일본 정부는 두 명의 경찰을 파견하여 전담하도록 하였다.

청 정부는 강・양이 일본에 머무르고 있는 것에 대해 매우 불만을 가지고 있었으며 여러 차례 주일공사 이성탁(李盛鐸)에게 전보(電報)를 보내어 일본 정부에게 강・양을 인도하여 중국으로 송환할 것을 요구하였다. 심지어 몰래 이성탁으로 하여금 수단을 가리지 말고 강・양을 암살하도록 하고 '이 역적들이 오랫동안 살아있으면 후환이 있을 것이니 만약 진실로 일본에 있다면 즉시 방법을 강구하여 은밀히 처리하고 소리나 흔적 없이 일을 행하여 일본인의 구설을 막아야 할 것이다. 그리고 정말로 이 일을 행한다면 조정에서는 두툼한 상을 아끼지 않을 것'이라 했다.'[94] 이때 일찍이 적극적으로 일본과의 연합을 주장하였던 장지동은 자희태후의 의심을 피하고 동시에 강・양이 일본에 망명한 것이 그가 일본인을 초청하여 군대를 훈련하고 유학생을 일본에 파견하려던 계획에 방해를 받을까 보아 일본 정부가 강・양을 쫓아내기를 희망하였다. 그는 후에 '중동(中東 : 중국과 일본)의 연합책(聯合策)이 강・양(康・梁)에 의해 망가졌으니 진실로 통한스러운 일이다!'라 말하였다.[95]

92) 『時事新報』, 明治 31年 11月 26日
93) 『康有爲政論集』, 上冊, pp.392-393.
94) 주 78) 참조
95) 『張文襄公全集』, 卷157, p.80.

1898년 10월 30일, 일본의 주상해영사 소전절(小田切)이 호북(湖北)에 갔을 때 장지동(張之洞)은 그에게 말하기를 '중국과 일본 두 나라는 현재 지극히 우호적인 관계를 가지고 모든 일에 서로 연락하고 있으나 강유위가 중국 조정에 죄를 얻어 현재 귀국에 피신하고 있다. 귀국은 중국과 매우 가까운 거리에 있는데 귀국이 우리의 간민(奸民)을 보호한다면 시비(是非)를 혼란시켜 일의 단서를 제공할 것이다. 만약 귀국이 이를 용인한다면 중국과 일본의 우호가 크게 불편하여 이후 어찌 깊은 말을 할 수 있겠는가? 그들과 교류하거나 혹은 축출하는 것은 중국과 일본의 친교를 실증하게 될 것이다'라 했다.[96] 소전(小田)은 장지동(張之洞)이 중국의 '온화한 개혁파의 영수'임을 알고 있었으므로 정부에 그의 요구를 건의하였다.[97]

1898년 11월에 대외중신 내각(大隈內閣)이 사임하고 군벌세력의 대표인 산현유붕(山縣有朋)이 등장하였다. 군부(軍部)는 청정과 통호하고 원세개(袁世凱)·장지동(張之洞) 등 지방 실력파를 포섭하기 위해 강(康)·양(梁)을 본국으로 송환할 것을 주장하였다. 이등박문은 국제법에 따라 만약 강유위를 체포하여 중국으로 인도한다면 일본의 주권에 상처를 입히게 될 것이라고 주장하였다. 양국의 우호를 위해 다만 강유위를 국경 밖으로 축출할 것을 제안하였다. 후에 경친왕(慶親王) 또한 양계초(梁啓超)·왕조(王照)를 함께 축출할 것을 요구하였다.[98] 대외중신(大隈重信)과 이미 본국으로 돌아가 통상국장(通商局長)을 맡고 있던 임권조(林權助)는 모두 강유위(康有爲)를 추방하고 양계초(梁啓超)를 머무르게 할 것을 주장하였고, 양계초 자신도 일본을 떠나라는 권고를 거절하였다. 결국, 외무대신의 기밀비(機密費) 가운데 7천 원을 지불하여 강유위의 도미(渡美)를 원조하기로 결정하였다. 그 결과, 1898년 3월 22일에 강유위는 마침내 횡빈(橫賓)을 출발하여 미국으로 건너갔다.

무술정변(戊戌政變) 후 일본의 민간 여론은 중국 무술유신의 실패에 대

96) 주 95) 참조
97) 주 82) 참조
98) 永井算已, 『中國近代政治史論』, p.9.

해 깊이 안타까워하면서 적극적으로 유신파 인사를 원조할 것을 주장하였다. 저명한 학자 내등호남(內藤湖南)은 『만조보(萬朝報)』에 발표한 글을 통해 중국은 이 인사들에 의지해야만 개혁의 성공을 거둘 수 있으며 만약 이들의 진취적인 정신을 꺾게 된다면 우리 국민의 그들에 대한 동정에 방해가 될 것이며 이것은 바로 '공도(公道) 앞에서 대죄인'이 되는 것일 것이다.[99) 일본 동아회(東亞會) 대표 안동준명(安東俊明) 등 3인은 10월 2일에 대외수상(大隈首相)에게 보낸 편지에서 일본 정부가 중국의 유신파 인사를 원조해야 한다고 열렬히 주장하였다. 편지 가운데 '근래 청국은 우리의 문화를 흠모하고 있으니 동정하는 것이 당연하고 적절한 조치를 구해야 마땅할 것이다. 만약 개혁을 주장한 인물들의 위험에 대해 모르는 척하는 것은 하루아침에 인심을 잃어버리게 될 것이니 그들은 장차 우리를 떠나 태서(泰西)와 교류하고자 할 것이다. 오늘에 이르러 바야흐로 청일전쟁 이후 양국의 우호가 다시 만회하려는데 만약 다시 냉각되어 버린다면 앞으로 과거의 교류를 회복하는 것은 실로 불가능할 것이다. … 우리나라의 장래를 생각할 때 저들을 돕지 않을 수 없다.'[100)]

다른 방면에서 일본 민간 여론의 정부에 대한 태도는 많은 비평과 질책이 나타났다. 『일본(日本)』 잡지는 '비록 내정에 간섭해서는 안 되지만 주권자가 장차 폐절되려는 지금 어떤 구제책도 생각하지 않는 것은 친한 나라와 정을 저버리는 것이 아닌가? 우방인 중국의 황제의 위험을 해결하기 위해 어떤 대책이 없는가? 만약 지금 북경정부의 환심을 잃을 것을 두려워하거나 혹은 장지동(張之洞) · 이홍장(李鴻章)과 같은 인물의 향배에 따라 일을 한다면 이는 동아(東亞) 선진국(先進國)으로서의 명성에 손상이 있을 것이다'라고 생각하였다.[101)] 또한 준엄하게 정부를 질책하여 이 정변에 대해 우리 정부는 어떤 조치를 취하고 있는가? 북경정부에게 파동을 최소화하고 황제의 안전을 위해 방범 조치를 취할 것을 극력 권고하고 있는가? 힘써

---

99) 「中國改革說的兩個時期」(下) 『萬朝報』, 明治 31年 10月 30日
100) 「大隈文書」 A863號, 彭澤周, 『近代中日關係硏究論集』, p.28.
101) 「中國皇帝的危亂」 『日本』, 明治 31年 10月 13日

개혁파를 보호하고 있는가? 이 글에서는 이 정변이 역으로 이용되어 중국의 「자신(自新)」을 촉진하여야 한다고 여기면서 그러나 만약 중국 정부가 이 기회를 놓치고 훈정 정부(訓政政府)의 기반을 공고히 하는데 기여한다면 다년간(多年間) 축적되어온 혁신 세력이 중대한 타격을 입게 될 것이라고 전망하였다. 또한 건의하기를 금후 중국의 자신을 촉진하기 위해서는 일본은 마땅히 다음과 같은 조치를 취해야 한다.

1) 훈정 정부(訓政政府)를 부인한다

2) 황제의 복권(復權)을 권고한다

3) 문명제도(文明制度)를 채용할 것을 요구한다.[102]

『만조보(萬朝報)』는 강·양 등 유망한 중국 유신 인사에 대한 태도는 마땅히 「시종(始終) 존대(尊待)」해야 하며 '변화가 있어서는 안 된다'고 여겼다.[103] 『일본』 잡지는 「정부의 중국에 대한 조치를 책문한다」는 글에서 '일본 정부는 본래 강·양의 망명에 대해 감사하는 생각을 가지고 있었으면서 그들에 대해 감시하고 출입을 금지하여 마치 죄인을 다루는 듯이 하고 있으니 이것이 어찌 감사하는 것이라고 할 수 있겠는가!'라고 하였다.[104] 일본의 민간 여론은 정부의 아픈 곳을 지적하였다. 결론적으로 강유위·양계초가 망명한 사건은 당시 일본 정부의 중국에 대한 정책의 한 측면을 반영하는 것이었다.

6. 성공득실(成功得失)

—무술유신(戊戌維新)과 명치유신(明治維新)의 비교

중국의 무술유신과 일본의 명치유신은 표면적으로 본다면 놀랄 만큼 많은 유사점을 가지고 있다. 이 두 변법 유신은 역사적인 배경이 가깝고 시간

102) 「政變前後的措置」『日本』, 明治 31年 10月 27日
103) 「期待始終」『萬朝報』, 明治 31年 10月 13日
104) 「責問政府對中國的措置」『日本』, 明治 31年 10月 30日

적으로도 멀지 않으며 19세기 하반기에 잇달아 서방 세력의 침입을 받은 두 동아시아 제국 — 일본과 중국 — 에서 발생하였다. 그들의 목표는 유사하였고 조치는 신속하였으며 모두 서방으로부터 학습한 것으로 주로 정부의 명령을 통해 개혁을 추진하였는데 그 목적은 군주 입헌제 부르주아 국가를 수립하기 위한 것이었다. 그리고 무술유신 자체는 일본의 명치유신을 귀감으로 진행된 것이었기 때문에 비슷한 것이라고 할 수 있겠다. 그러나 양자의 성패와 결과·운명은 너무나 달랐다.

일본 명치유신은 성공하여 일련의 개혁을 실시하여 근대화의 길로 나아갔다. 이것은 민족의 독립을 유지했을 뿐만 아니라 일본을 동아시아의 강국으로 만들었다. 그러나 중국의 무술유신은 피어났다가 덧없이 저버린 꽃처럼 곧 실패하였고 광서제는 연금당하고 유신 인사는 압박을 받아 개혁(改革) 신정은 완전히 수포로 돌아갔다. 중국은 제국주의의 과분(瓜分)을 저지하지 못했을 뿐만 아니라 민족적 위기는 깊은 연기 속으로 점차 빠져 들어갔다. 왜 이러했던 것인가?

무술유신이 막 실패하였을 때 일본으로 망명한 유신파(維新派)의 대표 양계초는 중국의 무술유신과 일본의 명치유신의 차이점을 비교하여 중국유신이 실패한 원인을 정리하였다. 1898년 10월 6일에 양계초가 동경에 도착한 지 6일이 되던 날 그는 일본 수상 대외중신(大隈重信)에게 편지를 써서 중국 무술유신과 자희태후의 무술정변의 경과를 진술하면서 일본 정부가 방법을 강구하여 광서제를 구해줄 것을 요구하였다. 이 편지 속에서 상당히 많은 부분을 양국 유신 운동의 성패 원인을 비교하고 분석하는데 할애하고 있다.

이 편지는 중국사학회(中國史學會)가 1953년에 편집 출판한 『무술변법(戊戌變法)』 자료 제2책에 「신당(新黨)의 모군(某君)이 일본 정부 정당에게 중국의 정변을 논한 글」이라는 제목으로 되어있으며 작자는 미상(未詳)으로 되었다. 편자(編者)는 설명에서 '이 글은 아마도 양계초의 글일 것이다. 『지신보(知新報)』 79책 4쪽에 실려 있으며 일본(日本) 『동방협회보(東方協會報)』에 전재되어 있다'라 했다. 그런데 오늘날 우리들은 일본의 사료를 통해 고증을 거쳐 이것이 양계초의 것임을 확신한다. 원문은 『대외문서(大隈文書)』에 있으며, 또한 『일본외교문서(日本外交文書)』 제31권에도 수록되어 공개되었다.

양계초(梁啓超)는 편지 속에서 중국 무술유신 시기의 정황과 일본 명치유신 전야(前夜)인 '안정 경응(安政慶應)시기는 매우 유사하다'라고 여겼다. '황상(광서제)은 귀국의 효명천황(孝明天皇)이며, 서후(西后)는 귀국의 대장군이며, 만주(滿洲)의 귀족은 귀국의 막리(幕吏)이다'라고 표현하였다. 중국의 변법은 당시 일본 명치유신과 비교했을 때, 3가지 방면에서 불리한 조건을 가지고 있었다.

1) '귀국의 막부(幕府)는 비록 오래되었으나 황실에 대해서 군신의 명분을 가지고 있었다.' 따라서 일본의 무사 계급이 일단 천황을 옹호하고 「존왕도막(尊王倒幕)」의 기치하에 「군신대의명분(君臣大義名分)」을 구호로 내세우자 사방에서 호응을 얻을 수 있었다. '그러나 중국은 서후(西后)가 오랫동안 정권을 장악하고 또한 황상에게는 어머니의 이름을 가지고 있었다. 도막(倒幕)은 천하의 사람들이 그 뜻을 분명히 알 수 있었으나 서후(西后)에 대해서는 천하인이 그 명분이 모호하였다.' 따라서 중국 유신파가 비록 황제를 옹호한다는 기치를 내세웠으나 큰 호소력을 가지지 못하였다.

2) '귀국의 천황과 장군은 하나는 경도(京都)에 거처하고 하나는 강호(江戶)에 있으면서 서로를 핍박하지 않았다.' 실제로 이미 두 개의 정치 중심을 형성하였으므로 공경처사(公卿處士) 가운데 뜻있는 자들이 궁금(宮禁)에 출입하여 천황과 대면하여도 막부(幕府)가 어찌 할 수 없었다. 그러나 우리나라는 황상과 서후가 한 궁궐에 거처하면서 소식을 서로 듣고 있었으며, 또한 황상의 좌우에는 언제나 서후의 사인(私人)이 있어 황상의 일거수 일투족(一擧手 一投足)을 서후가 모르는 것이 없었다. 따라서 밀유(密諭)를 내려 자보(自保)의 법을 도모하였으나 화(禍)가 이와 같이 일어나게 된 것이다. 이에 대해 강·양은 깊이 깨닫고 있었다. 또한 '일단 폐립(廢立)이 되면 외성(外省)에서 의로운 병사가 일어나도 병사가 경사(京師)에 이르기 전에 황상은 이미 사지(死地)에서 있는 것이니 이는 서후(西后)의 인질(人質)이

되었기 때문이다.' 즉 근왕기병(勤王起兵)하여도 광서제(光緒帝)는 자희태후(慈禧太后)의 손에 있는 인질이니 보전하기가 어렵다는 것이다.

3) '황상의 수하에 병권(兵權)이 없었던 것은 당시 귀국의 황실과 같은 점이다. 그러나 당시 귀국에는 살마(薩摩)·장주(長州)·토좌(土佐)의 제번(諸藩)이 서로 보좌하고 있었다. 번후(藩侯)는 그 국(國)에서 수백 년 간 왕으로 군림하였으므로 본국(本國)의 사민(士民)은 실로 그들의 백성과 같아 그들이 일단 거병하면 막부 또한 어쩔 수 없었다. 심지어 모리공(毛利公) 부자는 그 작위를 빼앗기고 죄를 받기는 하였으나 끝내 그들의 병력을 삭탈하여 기의(起義)하는 것을 막을 수는 없었던 것이다. 그러므로 왕궁(王宮)은 유지되고 지사(志士)는 의지할 곳이 있었던 것이다.' 명치유신(明治維新) 시기에 천황은 살마(薩摩)·장주(長州) 등 힘 있는 번(强藩)의 무력에 의지하여 기지(基地)를 구축할 수 있었다. 중국의 유신파(維新派) 또한 호남성(湖南省)을 중국의 유신 기지(維新基地)로 바꾸고자 얼마나 바랐었던가! 그러나 '우리나라는 그렇게 하지 못하였고, 각 성의 독무(督撫)는 임기가 있어 몇 년마다 바뀌니 객인(客人)과 같으며 정부의 뜻에 따라 부귀(富貴)하기도 하고 탄핵(彈劾)받기도 하였던 것이다. 호남(湖南)이 인재(人材)가 모이는 곳이고 큰 나라의 큰 문이었다. 그러나 정변으로 인해 호남의 신정(新政)을 주도했던 진보잠(陳寶箴), 황준헌(黃遵憲), 서인수(徐仁壽) 등은 모두 혁파되어 일체의 병권을 수구파의 손에 빼앗기게 되었으니 다시 일어 설 수 없게 되었다. 처사(處士)는 일신을 의탁할 곳도 없게 되었고 죽임을 당할 수밖에 없었다.'고 했다.[105] 광서제와 유신파 인사는 군대나 기지가 없었으므로 수구파가 정변을 일으켰을 때 저항할 힘이 없었던 것이다.

양계초는 편지 속에서 또한 양국의 유신 시기에 국제의 형세가 다름을 비교하고 있다. '귀국은 30년 전 외환(外患)이 아직 급박하지 않고 큰 근심은 잠복해 있는 상황이었으므로 국내의 힘에 의지하여 내란을 평정할 수

105) 「新黨某君上日本政府政黨論中國政變書」『戊戌變法』, 第2策, pp.601-608; 『日本外交文書』, 第30卷, pp.696-699.

있었다. 우리나라는 지금 한 마리 양이 여러 마리의 호랑이 속에 둘러싸여 있는 것처럼 위험한 형세이기에 귀국의 만 배나 된다'고 했다. 중국의 무술유신은 19세기 말 제국주의 열강이 중국을 과분하려는 위험한 형세에 처해 있었으므로 6, 70년대 일본의 명치유신 시기의 형세와 크게 다르다. 양계초는 중국 유신 변법의 이러한 난점을 열거한 후 비분하여 말하기를 '황제와 태후가 합체하는 일을 바랄 수 없었고 황제를 보호하고 역신(逆臣)을 토벌하는 것 또한 불가능하였다. 이것이 우리의 지사들이 통탄하여 피눈물을 흘리고 황상은 위태로운 지경에 처한 이유이니 우리의 개혁은 중도에서 마침내 실패하게 되었다'고 했다.

강유위는 일본으로 망명한 후 일본인 의전백천(依田百川)에게 쓴 편지에서 무술유신이 실패한 원인에 대해 이야기하면서 역시 비슷한 견해를 보이고 있다. '우리의 제후(帝后)는 귀국의 공무(公武 : 일본 천황과 막부)와 같다. 황제와 태후의 틈은 이미 깊어졌으니 또한 귀국의 공무(公武)가 합체될 수 없는 것과 같았다. 그러나 귀국의 공무는 각각 다른 곳에 거처하였으나 우리의 제후는 동거하였다. 귀국의 왕실과 막부는 군신의 명분이 있었으나 우리의 황상과 태후는 모자지간(母子之間)의 이름을 가지고 있었다. 동거(同居)하면 일을 행하기에 어려우며 이름을 칭하고 있으면 군신이 의심하기 쉬우니 시기가 깊어져 일을 도모하기가 어려웠다'[106]라 했다.

분명히 지적해야 할 것은 강·양 특히 양계초는 중국과 일본의 유신 차이를 분석하는 방법을 통해 무술유신 실패의 구체적인 원인에 접근하고 있다는 것이다. 그러나 대부분 표면적인 이유에 머물렀고 어느 정도 단편성을 지니고 있었으며 특히 그들은 시종 중국 무술유신 성패의 결정적인 요인을 광서제 개인에게 돌리고 있었다. 양계초는 대외(大隈)에게 전한 편지에서 반복하여 강조하기를 '중국이 개혁을 할 수 있는지의 여부는 전적으로 황상의 안위(安危)에 달려있다.' 그는 심지어 '만약 황제가 복권(復權)하는 날에는 순서에 따라 변법을 시행하고 1~2년에 그쳤던 조치를 실시하여

106) 주 93) 참조

적폐를 일소할 것'이라고 하였다.[107] 따라서 정변이후 강・양은 여전히 광서제를 굳게 믿고 있었으므로 새로운 혁명의 기운이 고조되었을 때 폭력적인 수단으로 청조를 타도하는 것을 반대하고 끝내 보황파(保皇派)가 되었던 것이다.

만일 강(康)・양(梁)의 분석과 같이 광서제와 자희태후가 모자지간이라는 명분이 없고 같은 곳에 살지 않았다면 변법은 성공할 수 있었을까? 무술유신의 실패는 우연적인 것인가 아니면 필연적인 것인가? 비록 무술유신의 실패 원인이 복잡하게 얽혀 있다 하더라도 우리는 일본의 명치유신과 비교하는 방법을 통해 차례로 분석하여 그 근거를 찾아낼 수 있을 것이다.

유신 운동의 성패의 관건은 유신세력이 정권을 장악할 수 있느냐에 달려 있었다. 청조를 전복하였거나 혹은 철저히 개조하여 신정권을 확립하고 공고히 하였다면 개혁 조치의 실시를 보장할 수 있었을 것이고 자본주의로의 발달을 촉진하였을 것이며, 그렇지 못하다면 실패하는 것이다. 일본 명치유신은 이러한 변혁을 실현하였다. 우선 유신 지사는 「존왕도막(尊王倒幕)」의 구호를 내세워 막부를 타도하고 일부 강번 정권(强藩政權)을 공격하여 막부를 타도하기 위한 무장 세력과 기지를 구축하였다. 1867년(일본 경응(慶應) 3년)말 유신세력은 천황의 명의로 「왕정복고(王政復古)」를 선포하고 막부를 혁파하여 장군으로 하여금 관직을 사임하고 봉지를 반납하게 하였다. 막부의 구세력은 당연히 순순히 정권을 포기하려 하지 않았으나 1868년(명치 원년) 몇 개월 간의 무진 전쟁(戊辰戰爭)이라는 무력 투쟁을 통해 막부의 군대를 격파하고 명치 신정권을 수립하였다.

또한 계속하여 막부 세력의 반항을 진압하여 1869년 9월 5일에 가본무양(榎本武揚)이 투항하면서 막부 세력은 완전히 격파되었다. 명치 신정권이 수립된 후 점차 정권 건설(政權建設)을 진행하여 원래 장군을 수장으로 하였던 막부 정권을 천황을 수장으로 하고 유신파 하급 무사가 핵심을 이루는 정권으로 바꾸었으며, 또한 일련의 관제 기구(官制機構)의 개혁을 통해

107) 주 105) 참조

이 정권은 공고한 기반을 확립하였던 것이다. 그리고 이러한 강력한 신정권으로부터 발포된 명령으로 각종의 대 개혁을 차례로 진행하였다. 예를 들면 봉환판적(奉還版籍, 1869), 폐번치현(廢藩置縣, 1871), 신분 제도(身分制度)의 개혁(1869~1873), 사족봉록(士族俸祿)의 폐지(1876), 지세(地稅) 개혁(1873), 교육 개혁, 식산흥업(植産興業), 불평등 조약 개정 등이 있으며 최후로 헌법을 제정하고(1889), 국회를 소집하여(1890) 일본을 입헌군주제 부르주아 국가로 만들어 부르주아 혁명의 임무를 기본적으로 완성하였다.

일본과 비교하여 중국의 유신파 역시 일련의 신정을 발표하였다. 그러나 구정권은 실질적으로 큰 변화를 일으키지 못하였으며 최고 권력 역시 자희태후의 손에 장악되어 중대한 문제의 재결이나 고급 관원의 임명은 모두 그녀에 의해 이루어졌다. 중추기관인 군기처(軍機處)와 총리아문(總理衙門)의 실권 역시 수구파의 통제아래 있었으며 중앙 각부 상서 시랑(尙書·侍郞) 및 지방의 군정(軍政) 실권(實權)을 가진 총독(總督)·순무(巡撫) 등도 절대 다수는 유신에 반대하는 수구파였다. 수도 주변의 중요 군대 — 북양 3군(北洋三軍)은 자희태후와 직예총독 영록(榮祿)의 손에 장악되어 있었다. 유신파의 성원 가운데 최고의 지위에 있는 자는 겨우 4품에 불과한 군기장경(軍機章京) 담사동(譚嗣同)·임욱(林旭))으로 황제를 알현하고 유지(諭旨)를 초안할 수 있을 뿐이었다. 유신파의 수령 강유위는 겨우 공부 주사로서 황제를 한번 알현하였고 수구파의 반대아래 총리아문 장경(總理衙門章京)이라는 낮은 관직에 임명되었으나 그는 아예 출근하지 않았다. 유신파의 또 다른 대표인 양계초는 거인(擧人)에 불과하였고 시종 어떠한 관직도 갖고 있지 않았다. 유신파가 의지하고 있는 광서제 역시 실권이 없었다. 그는 많은 신정 조서(詔書)를 내렸으나 각급 수구파 관원들의 배척을 받아 실질적으로 거의 집행되지 못하였다. 비록 광서제가 재차 '불성실하게 예전의 관습을 따르지 말라', '어찌 지체를 바라는가', '공언(空言)으로 핑계삼는 것을 용서하지 않겠다'라고 하고, 심지어 '핑계를 대며 일을 지체하면 엄히 다스리겠다'라고 하였다. 그러나 수구(守舊) 관원들은 여전히 겉으로는 따르는 척 하면서 속으로는 어기고 일을 지체시키고 있었다. 양강총독(兩江總

督) 유곤일(劉坤一)과 양광총독(兩廣總督) 담중린(譚仲麟)은 백일유신(百日維新) 두 달간의 유시에 대해 여전히 '한 글자도 복주(復奏)하지 않았으며 전문(電文)으로 재촉하여도 유곤일(劉坤一)은 문서가 아직 도착하지 않았다고 핑계 대었다. 담중린(譚仲麟)은 전문(電文)에 대해 아예 못들은 체 하였다.'[108] 양계초는 이를 평하여 '수개월 동안 신정(新政)의 조치와 대신(大臣)에 대한 독촉은 많았으나 여러 신하들은 태연하였으며 엄벌을 가한다고 하여도 한번도 처벌된 것을 들은 적이 없다고 하니 대체로 황상에게 실권이 없음은 모두 아는 사실이다. 어찌 두려워하겠는가!'라 했다.[109]

중국의 유신파 역시 정권을 장악하고자 하지 않은 것은 아니었으나 그들은 실력이 없었고, 또한 격렬한 수단으로 정권을 장악하고자 하지 않았으며 끝내 광서제의 관제 개혁을 통해 제도국(制度局)과 같은 기구를 설립하여 평화적으로 정권을 장악할 것을 꿈꾸었다. 이러한 기도는 수구파의 저항을 받아 실패하였다. 유신파는 변법의 관건을 제도국으로 보고 있다는 사례는 강유위가 재차 광서제에게 상서하여 제도국을 열어 신정의 전국(全局)을 주판할 것을 청하고 광서제 역시 '일이 중요함'을 인식하고 누차 군기대신과 총리아문 대신에게 '상세히 계획을 세워 올리도록 할 것'명하였다. 그러나 수구파 대신들은 '제도국을 여는 것은 우리 군기처를 폐하는 것이니 불가하다'라고 여겼다. 따라서 이들은 극력 반대하고 '불성실하고 헛된 말로 논박'하였다.

광서제는 크게 노하여 주절(奏折)을 물리치고 다시 논의할 것을 명하고 친히 주필(朱筆)로 통박하기를 '헛된 말로 발뺌하는 것은 엄벌하겠다'라 하였다. 수구파(守舊派)는 저항할 수 없게 되자 겉으로는 뜻을 따르는 듯하면서 계속 일을 처리하지 않았다. 군기대신(軍機大臣) 왕문소(王文韶)는 말하기를 '상(上)의 뜻이 이미 정해졌고 우리들은 반박할 힘이 없으므로 나태하게 처리하는 것만 같지 못하다.' 그 결과 그들은 유신파로 '천하의 인재 20

---

108) 주 78) 참조

109) 『戊戌變法』, 第2冊, p.63.

명을 선발하여 제도의 의논을 돕게 한다'는 건의를 구 관원으로 충원하였다. 이와 같이 교묘하게 제도국의 논의를 압살하였으니 강유위는 탄식하여 말하기는 '이제 제도국은 하나의 사문(死文)이 되었구나!'라 하였다.[110]

우리들은 한 걸음 더 나아가 중국의 유신파가 왜 일본의 유신파와 같이 신정권을 수립하여 변법을 실시하지 못하였는가를 연구해 보자. 이것은 주로 두 가지 방면에서 다루어져야 하는데 하나는 객관적인 형세가 구비되어 있었는가, 국내의 정권 탈취 시기는 성숙되어 있었는가? 둘째는 주관적인 조건이 구비되어 있었는가, 즉 신구 세력 쌍방의 역량에 대한 대비는 어떠한가 하는 점이다.

먼저 중·일 양국의 정권 탈취와 유신 실현의 객관적인 정세를 비교해 보자. 명치유신 전야에 일본 국내의 사회적 위기는 이미 일촉즉발(一觸卽發)의 상태였다. 당시 일본의 농민·시민의 폭동은 43회에 달하였다. 1867년에 거의 전국적으로 「가호라(可好啦)」 대소요가 일어나 경도(京都)·강호(江戶)·대판(大阪) 등지의 군경(軍警)기구는 몇 달 동안 마비상태에 빠졌으며 민중 투쟁은 막부 통치의 기초를 동요시켰다. 다른 한편 통치자 내부의 투쟁과 분화는 날로 격화되었다. 「일미친선조약(日米親善條約)」의 체결과 장군의 계승자 선발을 둘러싼 논쟁을 계기로 오랜 동안 정치에 간섭하지 않던 천황(天皇)도 정치적 발언을 하기 시작하여 조정과 막부는 점차 양대 정치 중심을 형성하였다.

강번(强藩)·하급 무사(下級武士)는 대부분 막부에 대하여 불만을 가지고 있었고 마음이 막부로부터 떨어져 가는 경향은 날로 확산되었다. 1859년에 막부의 대로(大老: 최고 집정관) 정이직필(井伊直弼)이 「안정대옥(安政大獄)」을 일으켜 가혹하게 유신 인사들을 박해하자 이듬해 정이직필 본인이 막부에 반대하는 무사의 칼에 찔려 사망하였다. 이는 쌍방의 모순이 이미 해결할 수 없는 상황에 이르렀음을 반영하는 것이다. 이어서 1864~1865년에 막부는 두 차례 군대를 일으켜 장주번(長州藩)을 토벌하여 막부와 강번(强

110) 주 9) 참조

藩)의 모순이 공공연해 졌다. 막부 통치는 내외에서 곤경에 빠져 심각한 위기에 봉착하였다. 유신파(維新派)는 이 기회를 이용하여 존왕도막(尊王倒幕)을 제창하여 천황을 받들어 대정복고(大政復古)를 선포하였다. 이와 함께 무력으로 막부를 토벌하고 무진(戊辰) 전쟁에서 승리를 거두어 끝내 막부 정권을 타도하고 유신파가 집정하는 명치 신정권을 건립하였던 것이다.

그러나 중국의 무술유신(戊戌維新)은 이러한 형세가 나타나지 않았다. 1864년에 태평천국(太平天國)이 실패한 이후 염군(捻軍)·서남 서북(西南西北)의 소수 민족이 기의를 일으켰으나 잇따라 진압되어 농민 기의(農民起義)는 침체기에 빠졌다. 하층 군중의 투쟁 방식은 주로 반양교 투쟁(反洋教鬪爭)이었는데, 이러한 투쟁은 때로 청조에게 이용되기도 하였다. 통치자 내부에서는 청조의 대권을 장악하고 있는 만주 귀족이 대외적으로 외국 침략세력에게 투항하여 타협하고 결탁하여 공동으로 중국인의 혁명을 교살하였다. 대내적으로는 한족 지주 세력에게 양보하여 증국번(曾國藩)·이홍장(李鴻章)을 수장으로 하는 호남(상, 湘)·안휘(회, 淮)계열의 군벌 관료에게 의지하여 농민기의를 압살하였다. 따라서 국방 외교에 있어서 청조는 일시적으로 공고(鞏固)·안정화(安定化)되었다. 통치 계급 내부에서는 비록 양무파, 수구파, 청류파(淸流派) 및 제당(帝黨)·후당(后黨)의 다툼이 있었지만 총괄하여 본다면 이심력(離心力)이 그다지 크지 않았고 구정권은 아직 심각한 통치 위기가 발생하지 않은 상태였으므로 구정권을 무너 뜨릴 시기가 성숙되지 못한 상태였다.

다시 양국의 유신 세력과 수구파의 세력의 힘을 비교해 보자. 일본 명치유신 시기 유신 세력은 수구 세력을 압도하였다. 상술한 바와 같이 막부를 중심으로 하는 수구 세력은 이미 상당히 쇠약해져 막부 통치는 위기에 빠졌다. 유신 세력은 하급 무사를 핵심으로 하여 천황을 받들고 막부에 반대하는 강번과 함께 연합하여 기지와 군대를 가지고 있었으며 또한 정인 계층(町人階層 : 상인·수공공장주·농민 부농층)은 재력의 측면에서 지지하였고, 농민·시민 역시 적극적으로 반막(反幕)투쟁을 지지 혹은 직접 참가하여 강력한 유신 진영을 구축하고 있었다.

이와는 달리 중국의 유신 시기에 수구 세력은 유신 세력보다 훨씬 강력하였다. 수구 세력은 최고 권력을 장악하고 있는 자희태후를 수장으로 중앙과 지방의 군정 실권(軍政實權)을 지닌 대귀족(大貴族)·대관료(大官僚) 및 신정 조치(新政措置)에 따라 피해를 받고 유신에 반대하는 대소 아문 관리(大小衙門官吏)·녹영 군관(綠營軍官)·기인(旗人)·팔고사인(八股士人) 등을 포괄하여 거대한 수구 진영을 이루고 있었다. 그들은 정권·병권·재권을 장악하고 풍부한 정치 경험을 가지고 전력으로 유신 세력을 압살하였다. 양계초가 묘사한 바와 같이 '전국 천만의 수구파는 모의(謀議)하지 않아도 동심(同心)이고 입은 달라도 같은 의견이었다.'[111] 그러나 중국의 유신 세력은 겨우 사대부 지식인을 핵심으로 하여 실권도 없는 허수아비와 같은 광서제에 의지하여 소수의 제당(帝黨) 관리(官吏)·어사 한림(御史翰林) 및 지방 관리와 결합하였다. 그들은 기지도 없었고 병권·재권 역시 없었다. 그들은 광대한 민중을 경시하고 그들로부터 이탈하였으며 심지어 자본가나 상인들도 그들에 대한 관심이 적었다. 유신파 사상가 엄복(嚴復)은 일찍이 당시 유신파는 '수구파에 비해 천의 하나도 되지 않을 만큼 미약하였다'라고 하였다.[112] 따라서 수구 세력이 일단 반격하자 유신파는 순식간에 와해되었다. 담사동(譚嗣同)은 장렬히 희생하기 전에 하늘을 우러러 탄식하기를 '적을 죽이고자 하나 힘이 없도다!'라 했다.[113]

우리들은 이 밖에도 개인적인 요인이 역사에서 일으키는 작용을 살펴보아야 한다. 유신파 영도자의 능력, 기질과 그가 채택한 방식·책략은 유신의 성공과 밀접한 관계가 있다. 우리들은 중·일(中日) 양국의 유신운동 지도자를 비교하면 이들이 유사점을 가지고 있음을 알 수 있는데, 대부분 지식인이었으며 나이는 중청년이고 혈기가 왕성하고 나라와 국민을 걱정하였다. 대부분 일찍이 서양의 사상을 접촉한 적이 있으며 원대한 정치적인 포부를 가지고 있었다. 그러나 다른 점은 일본 유신 지사들의 골간은 중하

111) 梁啓超, 「論變法後安置守舊大臣之法」『戊戌變法』, 第3冊, p.34.
112) 嚴復, 「論中國分黨」『戊戌變法』, 第3冊, p.76.
113) 『譚嗣同全集』, 上冊, p.287, 中華書局, 1981

급 무사였고 대부분 지방의 번정 개혁(藩政改革)에 참가한 적이 있었으며 오랜 풍파에 단련되어 투쟁 경험과 정치 능력을 갖추고 있었다.

대구보리통(大久保利通), 서향융성(西鄉隆盛), 이등박문(伊藤博文) 등은 모두 모략에 능하고 강인한 정치가이자 군사가 이었으며 그들은 여러 세력을 취합하여 투쟁의 책략을 강구하였다. 예를 들면 정부 안에서 보수파를 배제하고 귀족 특권을 폐지하고, 헌법을 제정하고, 의회를 소집하고, 불평등 조약을 개정하려면 모두 저항 세력을 약화시키고 점차로 개혁을 진행하여야 그 목적을 달성할 수 있었다.

그러나 중국 유신파의 골간 세력은 기본적으로 정치적인 경험이 부족한 서생이었고 대부분 시서(詩書)를 읽어 학문은 높았으나 일을 진행하기 위한 웅대한 책략이 부족하였다. 양계초는 그의 스승인 강유위가 '정치가라기보다는 교육자이며 실천가라기보다는 이상가이다'라고 인정하였다.[114] 노련한 이홍장도 이들을 '서원의 서생(書生)들은 두려워할 것이 못 된다'라고 생각하였다. 이들은 유신 조치와 투쟁 책략에 있어서도 성공만을 급하게 구하여 실효를 거두지 못하였다. 변법을 시작하면서 바로 구 아문을 혁파하고 녹영(祿營)을 삭감하고 기인(旗人)들에게 스스로 생계를 도모하게 하는 등 수구파를 격분시켜 오히려 이들이 결집하여 변법(變法)의 저항세력을 증대시켰다. 동시에 동맹군과 단결하지 못하여 결국 스스로 고립되었다.

중·일 양국의 유신운동은 왜 이렇게 다른 결과를 낳았는가 하는 문제는 아마도 양국 정세의 차이에 대해 더 깊은 연구를 해야 할 것이며 특히 양국의 사회 구조와 문화 전통의 차이 가운데에서 그 근원을 찾을 수 있을 것이다.

사회 정치의 구조라는 각도에서 보았을 때 일본의 덕천 시대(德川時代)는 막번 체제(幕藩體制)로서 그 면적이 결코 크지 않은 섬나라로서 260여 개 번(藩)이 할거하고 있었다. 번마다 번의 영주(다이묘 大名)는 독립적이고 또한 세습적인 군정 실권(軍政實權)을 가지고 큰 이심력(離心力)을 잠재적

114) 梁启超, 「康有爲傳」『戊戌變法』, 第4冊, p.36.

으로 지니고 있었으며, 또한 유신파의 존왕도막(尊王倒幕)이라는 구호는 객관적으로 당시 일본이 통일 민족 국가와 통일된 시장을 수립하려는 요구와 부합하고 있었으므로 각 계층의 호응과 지지를 받았다.

그러나 중국은 장기간 단일한 고도의 중앙집권 국가였다. 이러한 중앙집권 체제는 청대에 이르러 더욱 엄격해졌고, 중앙 정부는 군현제(郡縣制)를 통해 지방을 통제하고 과거제를 통해 관리를 선발하여 지방에서 세습적인 독립 세력이 형성될 수 없게 하였으며, 지방관은 수시로 면직, 이동될 수 있었으므로 이심력(離心力)을 형성하는 것이 어려웠다. 유신파가 제기한 지방 자치의 주장은 실천되기 어려운 실정이었다.

사회 경제적 구조에서 보았을 때 일본은 봉건 영주제(封建領主制) 아래에서 상품 경제가 비교적 쉽게 발전하였고 농촌의 자연 경제의 해체 속도 역시 중국보다 빨랐다. 명치유신이전 일본의 방직 수공업(紡織手工業) 공장은 이미 상당히 높은 수준으로 발달해 있었으며 농작물의 상품화 역시 점차 자본주의 생산과 결합하여 나갔다. 일본은 나라가 작았기 때문에 자본주의 맹아의 밀집도 역시 높았고 몇 개의 경제 중심지를 형성하고 있었다. 어떤 번(藩)에서는 부상(富商)이 거대한 재산을 가지고 번주(藩主)와 무사(武士)의 채권인(債權人)이 되어 번의 재정과 공상업을 통제하기도 하였다. 성향(城鄕)의 상인과 호화로운 농민은 유신파의 중요한 사회 기층이 되었으며 그들은 적극적으로 막부 타도와 개혁을 지지하여 명치유신에서 중요한 역할을 하였다.

이와 비교하여 중국은 봉건적 지주 제도아래에서 자연 경제의 와해가 매우 완만하였으며 자본주의 생산 방식에 대한 저항 역시 강고하였다. 분산 경영하는 소상업(小商業)은 오히려 자연 경제에 부합하여 도시의 상업자본은 종종 생산 영역에서 이탈하였다. 중국의 민족자본주의는 봉건사회 후기가 낳은 자본주의 맹아에서 독립적으로 발전하지 못하였고 이러한 맹아는 외국세력이 침투한 이후 대부분 압살 당하였다.

외국 자본주의의 침투에 따른 자극에 따라 지주(地主)·관료(官僚)·상인(商人)·매판(買辦)을 신식 기업에 투자하여 생산하기 시작하였다. 이러한 외국 자본주의와 본국의 봉건주의의 중층적 압력에 따라 기형적으로 발전한 중국의 민족 자본주의는 선천적으로 원시적 자본의 축적이 결핍되어 있고 후천적으로도 역량이 부족하였으며 또한 외국 자본주의와 봉건주의에 대해 여러 가지로 관련되어 있었다. 따라서 중국의 민족자본계급은 직접 무술유신(戊戌維新)에 참가하거나 지지하는 자가 매우 적었다. 비록 장건(張謇) 등 소수의 자본가가 유신 운동에 참가하기는 하였으나 변법이 지나치게 격렬해지는 것을 두려워하여 '재차 경거망동하지 말 것을 권고하였다.' 무술 정변 후 장건은 성명을 발표하여 '나와 양계초·강유위는 다른 무리이며 서로 전혀 관계가 없다'[115]라고 하여 연루될까 두려워하였다.

또한 양국의 문화, 역사적인 전통 역시 다르다는 사실에 주의할 필요가 있다. 일본은 예전부터 외국을 학습하는 전통이 있어 고대에는 중국을 배우는 것을 중히 여겼고 근대이후에는 또한 대량으로 서방의 문화를 받아들여 자신의 민족문화와 결합하였다. 따라서 명치유신이 문명 개화정책을 실시하였을 때 저항이 적었고 효과가 컸다. 한편, 일본의 역사는 무사 정신을 강조하여 실(實)을 숭상하고 헛된 이상 공론(理想空論)을 배척하였으니 이러한 정신 역시 변법 개혁에 유리하였다. 반면 중국은 고대부터 문명이 발달한 나라로 지식인들은 종종 중화문화의 우월주의에 싸여 외국을 배우자는 주장은 자주 저항을 받았다. 많은 사람들이 옛것을 숭상하고 조종(祖宗)의 법은 바꿀 수 없다고 여겼으며 실제에서 벗어난 공론을 즐겼다. 더욱이 오랜 유가 사상이 지배적인 지위를 차지하였고, 과거(科擧)시험에서 채택되고 있던 팔고문(八股文)으로 답안을 작성하게 한 것은 지식인의 사고를 제한하였으니 이것은 모두 유신 개혁에 불리한 것이었다.

이 밖에 중·일 양국의 유신시기에 처한 시대와 국제 환경 역시 차이가 있었음을 홀시 할 수 없다. 일본 명치유신은 19세기 60년대 말에 발생하였는데, 당시 세계 환경은 자본주의 자유 경쟁시대로서 식민지 쟁탈의 파고가 아직 시작되지 않은 상태였다. 그리고 서방 열강의 동아시아 침략의 주

115) 張孝若, 「張謇年譜」『戊戌變法』, 第4冊, pp.201-202.

된 목표는 지대물박(地大博物)한 중국이었고 더욱이 아시아 민족 해방운동, 특히 중국의 태평천국(太平天國)은 서방 열강의 세력을 견제하여 일본 유신에 비교적 유리한 조건을 형성하여 주었다.

당시 열강의 태도는 영(英)·미(美)는 적극적으로 유신을 지지하였고 또한 군사적·물질적으로 구체적인 원조를 제공하였다. 일본의 유신파 자신도 외교투쟁 책략에 주의하여 영국과 프랑스, 영국과 러시아의 갈등을 적극적으로 이용하였다. 그러나 중국의 무술유신은 이미 19세기 90년대 말에 진행되었고 중국은 이미 서양 열강의 동방 쟁탈의 '유일한 부원(富源)'으로 여겨져 중국을 과분(瓜分)하는 광풍(狂風)이 일어나게 되었다. 이 때 제국주의 열강은 결코 중국이 하나의 독립적이고 강력한 자본주의 국가가 되는 것을 원하지 않았으며 국제 환경은 중국의 유신운동에 대해 매우 불리하였다. 당시 영국과 일본은 러시아의 확장을 저지하기 위하여 일찍이 중국의 유신운동에 대해 동정(同情)을 표하기는 하였으나 끝내 실질적이고 구체적인 원조는 주지 않았다.

결론적으로 일본 명치유신의 성공과 중국 무술유신의 실패는 결코 우연적인 것이 아니며 내부 외부적인 역사 조건과 여러 가지 복잡한 요인에 의해 결정된 것이며 심각한 정치·경제·문화적인 근원이 있는 것이다. 양자의 대비를 통해 많은 유익한 경험과 교훈을 얻을 수 있다. 우리는 시세가 영웅을 만드는 것이지 영웅이 시세를 만드는 것이 아님을 알고 있다.

당시 중국의 역사 조건 아래 유신파 군자들은 다만 실패한 비극을 연출해 냈을 따름이다. 동시에 우리들은 일본 명치유신은 비록 성공하였으나 농후한 봉건적 잔재를 가지고 대외 확장을 추진시켜 군국주의를 배양하여 일본의 사회 발전에 어두운 그림자를 드리웠다. 중국의 무술유신은 비록 실패하였으나 유신파는 애국(愛國) 구망(求亡)을 주장하여 서방의 학설을 소개하였고 대량의 계몽을 진행하였으며 더욱이 변법 실패의 교훈과 유신지사의 선혈(鮮血)은 많은 청년들을 각성시켜 점차 혁명의 길로 나아가게 하였다. 무술유신은 중화 민족의 각성과 중국 민주 혁명의 길에 중요한 전환점이 되었으며 그 역사적 공헌은 결코 사장되어서는 안 된다.

제5장

의화단 운동(義和團運動)과 일본

19세기말 무술유신이 실패한 후 제국주의에 의한 중국의 분할 위기가 날로 심각해졌으며, 농민이 주체가 된 중국인은 조국을 지켜야 한다는 역사적 사명을 짊어지고, 세계를 놀라게 한 의화단(義和團) 반제 애국운동(反帝愛國運動)을 일으켰다. 당시 제국주의 열강은 일제히 출동하여 중국인을 향해 사납게 달려들었다. 의화단의 전사들은 팔국 연합군(八國聯合軍)의 무장 간섭과 청 정부의 진압에 대해 방망이와 칼 등 원시적인 무기를 들고 적과 피 흘려 싸웠다.

일본에서 「북청사변(北淸事變)」이라고 칭하는 의화단 운동은 일본 군국주의 통치 집단에게 오히려 중국 침략을 위한 '천재난봉(千載難逢 : 천년 이래 만나기 어려운)'의 호기(好機)로 생각하게 하였다. 일본 정부는 적극적으로 출병하여 팔국 연합군에 참가하고, 중국 혁명을 진압하는 「원동 국제헌병(遠東國際憲兵)」이 되어 중국인을 도살하고 재부(財富)를 약탈하는 등 수많은 범죄를 저질렀다. 일본 통치집단은 곧바로 하문(廈門)으로 군대를 보내 상륙하여, 틈을 봐서 그들의 「남진 계획(南進計劃)」을 실행하려 했다.

일본 부르주아계급의 신문 역시 그들을 위해 기세를 북돋우고 선동하기 위해 열광적으로 반화(反華) · 침화(侵華)의 여론을 조성하고, 정부가 계획하는 일에 앞장서서 동아 패권을 차지하기 위한 계획을 고취시켰다. 이러한 군국주의의 열광적인 기세 아래 매우 특이할 만한 것은 몇몇 일본의 진보적인 인사들이 과감히 정의를 옹호하는 공정한 말을 하고, 일본 제국주의가 중국을 침략한 죄상을 비난하면서 중국 민중의 반제 운동을 지지하는 입장을 언론을 통해 발표했다는 사실이다. 이 방면의 사료는 비록 많지 않지만 중·일 양국 인민 사이의 깊은 감정을 반영하는 데는 충분하다. 그리고 근대 중·일 관계사 연구자들이 발굴하고 명백히 논술할 만한 가치가 있는 것이다.

1. 진화타겁(珍火打劫 남의 위급한 때를 틈타 한 몫보다) —일본 군국주의(軍國主義)의 중국 침략에 대한 야심

천황을 우두머리로, 군벌과 재벌을 지주로 하는 일본 군국주의 통치 집단은 중일(청일) 갑오 전쟁 이후 대외 침략과 확장을 위한 야심에 더욱 부풀어 있었다. 그들은 중국에서 발생한 의화단 반제 운동을 중국 침략을 확대할 수 있는 절호의 기회로 간주하였다. 일본 정부는 적극적으로 팔국 연합군(八國聯合軍)에 참가하여 화북(華北)을 침략하기 위해 출병하였을 뿐만 아니라 남진(南進)의 기회를 엿보기 위해 화남에 발을 들여놓았다. 그리하여 일본은 동아시아의 패권을 쟁탈하는 데 한발자국 더 나아가게 되었다.

1900년(광서 26년, 명치 33년) 8월 20일에 일본수상 산현유붕(山縣有朋)은 『관어북청사변선후(關於北清事變先後 : 북청 사변 전후에 관하여)』라는 의견서를 작성함으로써 일본 통치 집단이 의화단 사건을 이용해 중국을 침략하려는 야심을 노골적으로 드러냈다. 당시 일본 정부안의 일부 인사들은 북방을 중점적으로 경영할 것을 주장하였다 즉, 조선과 중국을 동북 침략의 주요한 목표로 삼고 '이번 북청 사변을 계기로 조선 전체를 일본의 세력 범위로 귀속시키거나, 러시아의 만주 경영(滿洲經營)을 방해하지 않는다는 조건으로 러시아로 하여금 일본이 조선을 경영하는 것을 허락 받는 것이다.' 그들은 또한 '러시아도 이번이 가장 좋은 기회라고 확신하고 있다. 그리고 그들의 좋은 기회는 또한 당연히 일본이 조선을 처리할 수 있는 좋은 기회가 될 것이다'라고 생각했다.[1] 그러나 산현유붕(山縣有朋) 등 군벌들의 속셈은 이러한 사람들에 비해 더욱 컸기 때문에 이 기회를 통해 남진하여 중국의 남방을 침략하려 했다. 산현유붕(山縣有朋)은 일본이 취한 책략은 당연히 '지금은 우선 남방을 경영하고 후에 기회를 살펴 러시아와 교섭함으로써 북방을 경영하는 목적을 이루겠다'라고 주장하였다. 그는 '왜 조선을 취하는 것이 현재로서는 가능하지 않다고 했는가? 속담에 말하기를 두 마리 토끼를 잡으려고 하는 사람은 한 마리도 잡지 못한다고 했다. 바야흐로 지금은 각 국이 중국 쟁탈전을 벌이고 있으니 우선 남방의 한 마리 토끼를 잡은 후에 다시 북방의 토끼를 잡아도 늦지 않는다'라고 하였다. 산현유붕(山縣有朋)은 또한 조만간에 중국이 과분(瓜分)될 것이기 때문에, 일본은 '지금부터 방도를 강구해야 장래 과분의 기회가 왔을 때 오산하지 않을 것이며', 중국을 과분하는데 우위를 차지하려면 중국에 침략 세력을 확대하는데 전력을 다해야 한다고 주장했다. 그리고 '그 방안은 당연히 세력 범위를 확장하고 아울러 해당 범위 안에 군대 주둔권·철도 부설권·광산 채굴권 등의 특권을 취득할 것을 요구해야 하는 것이다'고 말했다.

그는 복건(福建)을 일본의 세력 범위로 만들어야 할 뿐만 아니라 '복건 이외에 절강(浙江)지역도 일본의 세력 범위로 귀속시켜야 한다'고 생각했다. '그렇게 되면 장래 대만(臺灣)과 더불어 기각지세(奇角之勢)를 이루게 되며 평상시에는 우리가 내지의 공업 무역 근거지로 삼을 수 있고, 일단 유사시에는 동아시아의 요충지를 억누를 수 있게 되는 것이다. 그리고 그로 인해 적의 침략을 방어할 수 있게 되는 것'이라고 보았다. 그는 심지어 '이러한 세력 범위를 획정(劃定)할 때 그 한도는 당연히 강서(江西)까지 이르러야한다'고 희망했다.[2)]

산현유붕(山縣有朋)의 의견서는 일본 통치 집단이 의화단 운동을 진압한 사건을 기회로 중국 침략의 야심과 음모를 확대하려 했음을 잘 보여주고 있다. 육군대신 계태랑(桂太郎)은 그 기회를 '일본이 장래에 동양 패권을 장악하는 제일보'라고 칭했다.[3)]

---

1) 『日本外交文書』, 第23卷, 別冊3, pp.947-953.

2) 위와 같음.

3) 井上淸, 『近代日本的焦點』

따라서 일본 정부는 적극적으로 팔국 연합군에 참가해 중국 침략에 나섰다. 1900년 6월 5일에 일본 내각은 이미 중국에 침략군을 파견할 것을 결정했다. 그런데 부패 무능한 청 정부는 일본에 대해 환상을 품고 있었다. 7월 3일에 청 정부는 일찍이 광서 황제의 명의로 일본천황에게 편지를 보내 일본이 의화단 사변을 조정해 줄 것을 부탁하고 아울러 서방 열강을 제어해 줄 것을 청했다. 국서(國書)에서 말하기를, '중외대세(中外大勢)를 살펴보면 동서가 대치하고 있고 동방(東方)은 단지 우리 양국만이 서로 의지가 됩니다. 서방열강이 호시탐탐 노리는 것이 어찌 중국에만 적용되겠는가! 만약 중국이 버티지 못하면 일본도 독립이 어렵지 않을까 걱정되는 것입니다. 이렇듯 이해관계가 일치되니, 잠시 사소한 오해는 접어 두고 함께 전국(全局)을 유지(維持)하도록 합시다. 현재 중국은 군대의 급료를 조달하느라 여유가 없습니다. 분쟁을 해결하기 위해서는 같은 아시아 국가에 의지할 수 밖에 없습니다'라고 하였다.[4] 이와 같이 일본의 원조에 의지해 위기를 벗어나려는 환상은 실로 무모할 뿐만 아니라 황당무계한 발상이었다.

일본 통치 집단은 일찍이 중국을 침략하려는 음모를 가지고 있었는데 어찌 이때 연합군에 가입하여 무장 간섭을 할 수 있는 기회를 버릴 수 있었겠는가? 더욱이 당시 영국과 미국은 각각 보어 전쟁과 미·스페인 전쟁으로 말미암아 성급하게 중국에 대량으로 병력을 출병할 수 없었을 뿐 아니라, 동아시아의 확장 과정에서 제정러시아를 주요한 경쟁 상대로써 원하지 않았다. 때문에 일본의 출병을 종용하게 된 것이다. 당시 일본은 재정상 곤란한 상태였는데, 당시 영국의 주일 공사는 일본 외상 청목주장(青木周藏)에게 편지를 보내 '일본은 공사관의 위기를 구할 수 있는 유일한 국가이다. 만약 일이 지연되면 중대한 책임은 당신들이 져야 한다. 일본이 만약 출병한다면 영국은 재정상의 보조를 해줄 수 있다'라고 말하였다.[5] 아울러 재정원조는 100만 파운드로 할 것을 응답해왔다. 일본 내각은 7월 6일에 정식

4) 『光緒朝中日交涉史料』, 第53卷, p.34.
5) 王芸生, 『六十年來中國與日本』, 第4卷, 三聯書店, 1980, p.11.

으로 첫 번째 혼성 사단(混成師團)의 파견을 결정하여 모두 22,000명을 중국에 파견했다. 아울러 이것을 각 국 공사에게 통고하였다. 7월 13일에 청 정부에게도 '지난 달 이후 각 국은 대군을 파견하여 천진(天津)에 머무르는데, 일본 또한 어쩔 수 없이 이곳에 군대를 파견했다'라고 통지하였다. 그리고 위선적으로 해명하기를, '이것은 비적(匪賊)을 강압적으로 진압하기 위해서 그리고 사신을 보호한다는 관점에서이지 다른 뜻은 없다'고 하였다.[6] 일본은 확실히 2만여 명을 이끌고 팔국 연합군의 중국 침략을 위한 주요 구성원이 되었다. 통계에 의하면, 1900년 8월 4일 오후 3시에 천진(天津)으로부터 북경(北京)을 공격하기 위해 출발한 팔국 연합군은 약 1,900여 명이었고 그 가운데 일본 군대는 800명 정도였다. 총 병력의 1/3에 해당하는 것이었다.[7] 그 외에 직접 북경(北京)을 공격한 팔국 연합군 병력은 모두 15,000명 정도로 그 가운데 일본군은 보병 6600명, 기병 220명, 공병 450명으로 성을 공격한 연합군 총수의 거의 반을 점한다고 할 수 있다.[8] 일본은 출병인원이 많은 것을 이유로 팔국 연합군의 총사령관의 지위를 얻으려고 하였다. 그러나 후에 러시아의 강렬한 반대로 독일 원수 왈더시(A. L. Waldersee)가 그 임무를 맡게 되었다.

1900년 8월 14일에 일본 침략군이 조양문(朝陽門)·동직문(東直門)으로부터 북경을 공격해 들어온 후 그 밖의 침략군은 대량으로 약탈을 감행했다. 그들은 미친 듯이 의화단을 도살하고 백성을 헤쳐 '북경 시내에 시체가 즐비하고 썩은 시신과 백골이 이리저리 뒹굴었다.'[9] 북경 성안에서 모든 의화단의 관저·사묘(寺廟)와 민택(民宅)이 모두 팔국 연합군에 의해 소각되었다. '예전의 금칠 가옥으로 휘황찬란했던 북경성(北京城)은 이제 적막한 황야로 변하였다.'[10] 북경(北京)은 실로 '강도들의 세계(强盜世界)'가 되었

6) 『光緒朝中日交涉史料』, 第54卷, p.21.

7) 馬士, 『中華帝國對外關係史』, 第3卷, p.268; 『中國近代史資料叢刊·義和團』(이하 『義和團』), 第4冊, pp.525-526.

8) 佛甫愛加米, 『庚子事變文學集』, 下冊, p.1118.

9) 「時事志略」 『義和團』, 第1冊, p.909.

10) 綠蒂, 「到北京去」 『庚子事變文學集』, 下冊, p.1118.

다. 대량의 금은보화와 귀한 문물을 보관한 황궁·이화원(頤和園)·삼해(三海(북해, 北海·중남해 中南海)와 각 관아·왕공(王公)저택은 모두 약탈당하였다. 일본 침략군은 대량으로 중국의 재부(財富)를 약탈해서 본국으로 돌아갔다. 팔국 연합군의 총수 왈더시 말에 의하면, '약탈한 물건에 대해서 관례대로 약탈한 국가에 귀속시켰다. 일본의 경우 이로부터 얻은 액수가 적지 않았다. 일본의 어느 장군의 보고에 의하면 단지 천진(天津) 한 곳에서 얻은 것이 200만 냥이나 된다'고 했다.[11] 일본군은 앞을 다투어 중국의 재정부(호부 아문 戶部衙門)를 점령하고, 호부(戶部) 창고의 은 300만 냥을 빼앗아 갔다. 그리고 그들은 장물(贓物)을 매각하고 증거를 없애기 위해, 호부아서(戶部衙署)를 소각시켰다. 영국인 푸트남 윌(B.L. Putnam Weale)는『경자사관피위기(庚子使館被圍記)』에서 '우선, 일본의 행동이 가장 적절했다고 생각하고 그들을 따라야 한다. 그들은 호부에서 소지하고 있던 은(銀)을 일시에 수탈하였는데 그 수가 100만 파운드 이상이었다'라고 말하였다.[12] 청정부의 한 대신이 집안의 우물 안에 숨겼던 30만 냥의 은도 일본군에게 발각되어 부당하게 빼앗기는 실정이었다.[13]

일본 침략군은 청정부의 호부가 은을 저장한 창고에서 약탈한 고은(庫銀: 마제은 馬蹄銀) 120만 냥을 본국의 국립 일본은행으로 보냈다. 1901년 8월 7일에 일본『중외상업신보(中外商業新報)』의 보도에 의하면, '일본군은 청국에서 지난 달 14일에 마제은 120만 냥을 빼앗았는데 본국으로 보낼 것이다. 그 중 1000여 개는 이미 어제 동경(東京)에 운송되어 일본은행에서 접수하였다'고 하였다.[14] 마제은(馬蹄銀)을 운송하는 도중에 고급 군관들의 횡령 사건도 발생하는 등 추문이 일어나 국회의원이 이 의문을 제기했다. 동경지방법원(東京地方法院)은 혐의를 받은 침화파견군총사령관(侵華派遣軍總司令)을 포함해, 제5 사단장 산구소신(山口素臣)중장·제9 여단장 진호빈

11) 瓦德西,「拳亂筆記」,『義和團』, 第3冊, p.32.
12) 撲笛南姆威爾,「庚子使館被圍記」『義和團』, 第2冊, p.360.
13)『義和團史料叢編』, 第1冊, p.30.
14) 野原四郎,『中國革命と大日本帝國』, p.25, 34.

(眞鎬斌)소장 · 제11 연대장 속옥간(粟屋幹)대령 등의 가택을 수사하였다. 속옥(粟屋)의 거처에서 작은 마제은 상자를 발견해 즉시 헌병사령부로 보냈다. 결국 광도 군법회의(廣島軍法會議)의 결정을 거쳐 혐의자에 대해서 기소(起訴)를 면제하고 진호(眞鎬) · 속옥(粟屋)은 면직 처분을 당하였으며, 산구소신(山口素臣)도 그 때문에 사단장의 직을 사임했다. 일본은 중국을 침략한 전쟁에서 직접 약탈한 재부를 제외하고도 『신축 조약(辛丑條約)』에서 규정한 배상금의 거액을 받았다. 4억 5천만 냥의 배상금 총액 가운데 일본은 3,480만 냥을 분배받았고 이것은 일본재력을 충실하게 해주었다.

일본 군국주의 정부는 의화단에 대한 진압을 계기로 화북에 출병하여, 북경을 점령하고 중국 민중을 도살하고 중국 재부를 찬탈하였을 뿐만 아니라 이 기회를 계기로 「남진(南進)」계획을 실행하려고 하였다. 1900년 8월 22일에 천황의 비준을 받은 참모장 대산암(大山巖)은 대만총독(臺灣總督) 아옥원태랑(兒玉源太郎)에게 하문(廈門) 점령의 기회를 보도록 명령했다. 8월 24일에 일본군은 하문 본원사(本願寺)가 피습당한 것을 계기로 군사행동을 취했고, 우선 군함 「화천호(和泉號)」를 보내 수병(水兵)을 상륙시켜 하문에 주둔했다. 8월 27일에 또 2개의 보병 중대를 대만에서 출동시켜 하문을 강점하고 복건성에 하나의 교두보를 구축하려 했다. 후에 영국 · 미국 · 독일 등의 항의와 정부안에서 해군 대신 산본(山本)이 병권을 장악한 다음 해군의 반대로 하문에서 군대를 철수하였다.

일본 통치 집단은 중국남부에서 세력을 확장시키려는 야심이 더욱 컸다. 1900년 3월 31일에 일본 내각은 청목 외상(青木外相)이 기초한 요구를 토론한 뒤 복건 · 강서 · 호북 · 절강의 4성 철도 부설권을 얻는 방안을 통과시켰다. 아울러 '상술한 철도의 부설은 일본 상인과 중국 상인이 만든 공사(公司) 혹은 조합(組合)이 담당하는 것이다'라고 하였다. 또한 '일 · 중(日 · 中) 공사 혹은 조합은 상술한 철도 연선으로부터 30리 이내에서 권리가 인정되고 석탄과 기타 광산물을 채굴한다'라고 하였다.[15] 5월 31일에 청목(青木)

15) 『日本外交文書』, 第33卷, p.264.

외상은 주중국공사 서덕이랑(西德二郎)에게 즉시 이것을 청 정부에 제출할 것을 명했다. 6월 5일에 서덕이랑(西德二郎)공사는 청 정부 총리아문(總理衙門) 경친왕(慶親王)과 각 대신에게 상술한 요구의 각서를 직접 건네주었다. 그런데 당시 중국의 북방 정세는 이미 상당히 긴장되었고 열강의 이해관계가 복잡하게 뒤섞여 있어서 청 정부는 부득이 일본과 중국남부의 철도문제에 대한 교섭을 중지하지 않으면 안 되었다.

2. 선풍점화(煽風點火 선동하는 언론)
—일본 부르주아 계급 간행물의 언론

중국 민중들은 굳센 주먹을 높이 들어 침략자를 공격했고 의화단의 행동은 세계를 뒤흔들었다. 국제적으로 검은 구름이 한번에 밀려 왔고 구미 각 제국주의 국가의 간행 잡지에서는 의화단의 악독함에 대해 중상 · 비방 · 공격하는 저술이 범람했다. 일부 정객 · 의원과 기자는 이를 부추기는 데 목숨을 아끼지 않았고 사람들이 의화단을 증오하도록 선동했다. 그들은 의화단을 눈 깜짝하지 않고 살인하는 악마로 묘사했고 종종 의화단의 살인 · 방화 내지 외국 공사를 갈기갈기 찢어 죽였다는 소문까지 조장했고 더욱 나아가 '중국인은 유럽인을 적대시 한다', '황인종은 백인종을 적대한다', '의화단은 서방 문명을 파괴하려 한다'고 히스테릭하게 절규했다. 심지어는 중국인이 전 세계를 정복하려 한다는 소위 「황화론(黃禍論)」이 세상을 매우 떠들썩하게 했다.

제국주의 국가의 통치 계급과 어용 문인은 온갖 방법을 통해 의화단을 공격했고 구화(仇華)감정를 선동했으며 중국을 침략하여 중국 민중의 반제투쟁을 진압해야 한다는 여론을 조장했다.

당시 일본의 부르주아계급 간행물이 의화단 운동을 다루는 태도는 전반적으로 말하자면 일본 부르주아계급의 갑오(청일)전쟁 이후 날로 팽창한 대외확장 요구를 반영하고, 특히 땅이 넓고 생산물이 풍부한 중국을 그들의 상품시장·원료 공급지·투자 장소로 삼고, 더 나아가 동아시아에서 패권을 수립하고자 하는 강렬한 희망을 반영한 것이다. 이로 인해 정부 어용정당의 간행물 뿐만 아니라 심지어 일부 평소 민중의 대변자임을 표방했던 간행물조차도 출병(出兵)하여 의화단을 진압할 것을 선동하고 반화(反華) 군국주의 정서를 부추겼다. 그들이 주동하여 중국을 침략하기 위한 계획을 생각해 냈고 심지어 정부의 행동이 지나치게 신중하고 느리다고 불만스럽게 여겼다.

이등박문(伊藤博文)·정상형(井上馨)파 계열의 관점을 대표하는 『동경일일신문(東京日日新聞)』은 1900년 6월 1일에 한 편의 글에서 '의화단(義和團) 비적(匪賊)은 이와 같이 국제 교통을 방해하고 있다. 마땅히 이 문명(文明)의 공적(公敵)을 토멸해야 한다. 본국의 이익을 위하여 제국 정부도 마땅히 질서를 회복시킬 책임을 져야한다'고 하였다. 친정부적인 『국민신문(國民新聞)』도 6월 9일에 '우리나라는 중국과 이해관계가 가장 밀접한 강국의 하나로 결코 다른 나라보다 뒤떨어질 수 없다. 또 중국과 근접한 유리한 조건을 이용해서 함대와 육군을 파견하여 중국에 갈 수 있다'고 선동했다.[16)]

의화단 운동기간에 매우 활발하게 활동했던 한 부르주아계급 신문이 『대판조일신문(大阪朝日新聞)』이다. 이 신문은 일찍이 중국 15개 도시에 특파원을 파견했고 자칭 '중국을 가장 중시하는 신문'이며 풍부한 해외 정보를 보유한 것으로 또 매우 많은 중국 의화단 운동과 관련된 사설과 글을 계속 발표했다. 이미 1900년 초에 이 신문은 '중국의 금후 동향에 대해 세밀히 주의해야 한다. 만약 막연하게 주시하면 동쪽의 이웃 친교국으로서의 천직을 다할 수 없다'고 거듭 강조했다.[17)] 6월 3일에 『대판조일신문(大阪朝日新聞)』은 「의화단의 폭발 — 반드시 철저히 근치(根治)해야 한다」라는 제목의 사설을 발표했다. 중국 의화단 운동이 장차 일본에 직접 영향을 끼칠 수 있고 동문동종(同文同種)의 우의로 일본은 중국에 대해 마땅히 특별히 지도

16) 「義和團事變と日本的輿論」, 『歷史學家』, 第44-45號

17) 이하의 『大阪朝日新聞』 인용문은 주석을 달지 않은 경우 모두 菅野正의 『義和團事變と日本の輿論』에서 인용한 것임.

하는 책임을 져야 하기 때문에 내정 쇄신(內政刷新)을 요구할 권리가 있다고 보았다. 이 신문은 또 일본이 동양을 진흥(振興)하고 평화를 유지할 천직(天職)을 가지고 있다고 장황하게 말했으며 심지어 일본이 단독으로 출병하여 청 정부를 대신해 의화단을 토멸해야 한다고 주장했다. 이 신문은 정부가 즉각 결단을 내려 출병할 것을 독촉했고 정부 행동이 너무 느리다고 비난했다. (그리고) 그것은 '일본의 20만 톤 해군·50만 육군은 모두 오늘을 위한 것이 아니겠는가'하며 열광적으로 외쳤다. 1900년 6월 11일에 일본 주화공사관의 서기관인 삼산빈(杉山彬) 피살사건이 발생한 후 일본의 부르주아계급 간행물은 더욱 노기등등하게 큰 소리로 떠들면서 아우성쳤고 정부가 즉각 출병할 것을 재촉했다.

『대판조일신문』은 '의화단 사건은 하늘이 내린 중화제국 운명의 전환이다', '우리 제국은 이런 시기를 요행히 만나 의화단을 소탕할 가장 유력한 위치를 차지하게 되었다'고 공언했다. 또 '정부의 결심은 도대체 어떠한가? 사명(死命)의 위기에 있는 청국을 제압할 지위에 있으면서도 오히려 열강의 뒤를 뒤쫓아 따르고 그 행동을 방관하여 제국의 명예를 훼손하고 있지 않는가?'라고 규탄했고 그리고 또 다음과 같이 말했다. '일본의 대화 정책(對華政策)은 발등에 불이 떨어져야 서두르고 도적을 체포하고서야 밧줄을 꺼낸다는 비방을 받고 있고, 정책이 나누어져 있어 어느 것을 버리고 어느 것을 따를 것인가, 당연히 빨리 방책을 세워야 할 것이다.'[18] 일본 정부가 제5사단을 파견하여 팔국 연합군에 참가해 중국을 침략할 것을 결정한 후, 『대판조일신문』은 계속 그것을 위해 응원했다. 7월 15일자의 사설 중에 '만약 담력과 지모를 능히 이용하여 이 기회에 능력을 발휘한다면 국가 위신을 세울 수 있고 동양에서 가장 강력한 국가가 될 수 있는 정말 좀처럼 얻기 힘든 좋은 기회이다'라고 선동했다. 팔국 연합군이 천진을 점령한 후, 이 신문은 또 이것은 청 정부가 약자의 본성을 크게 드러낸 것이며 일본은 당연히 진군을 늦추어서는 안 된다고 공언했다. 일본 군대가 이미 팔국 연

18) 『義和團』, 第4冊, pp.255, 259-260.

합군의 주력이 되었기 때문에 당연히 일본이 강화의 주도권을 장악해야 하고 '열국이 우리나라에 의지해 중국을 진정시켜 평화를 되찾은 후 우리나라에 전권을 위임하여 처리하도록 해야 한다'고 부르짖었다. 일본 부르주아계급은 이번 의화단 사건을 진압한 과정을 일본 국위를 확장하고 중국 침략의 중요한 시점이 성큼 다가섰음을 보여준, 좀처럼 얻기 힘든 좋은 기회로 간주했다.

『대판조일신문』의 한 사설에서 다음과 같이 분명하게 말했다. '나는 현재 전개되고 있는 동양의 국면(局面)은 그 변화가 구미 열강 세력의 소장(消長)에 의해 결정된다고 본다. 그리고 그것은 청국이 성쇠(盛衰)하는 원인이 되며, 또한 우리 일본 국위(國威)의 성패(成敗)를 결정한다고 본다. 사실상 (현재는) 세계정세 변화의 시기이다.'

그 이외에 사회적으로 비교적 영향력 있는 간행물인 『중앙공론(中央公論)』도 정부의 침화 정책(侵華政策)을 칭찬하고 소위 「대아세아주의(大亞細亞主義)」를 선양(宣揚)했다. 『중앙공론』 1900년 7월호에 「출병(出兵)의 의의(意義)」라는 평론을 발표해 일본이 인도주의를 위해 출병했다고 말했다. 8월호에서 「북경 진군의 목적」 등의 평론을 게재하여 빨리 타도하고 북경으로 들어갈 것을 선동했다. 심지어 당시 유행 가곡인 「흔모절(欣慕節)」에서도 '일거에 중국인을 물리쳐 만리장성(萬里長城)을 탈취하고 1리(里) 반을 가면 곧 북경시(北京市)이다'라고 노래하였다.[19)]

「신축 조약(辛丑條約)」을 체결하는 담판이 진행될 때, 일본 부르주아계급은 벌써 한시도 지체할 여유 없이 강화 후 중국에서 신속하게 일본 경제 세력을 발전시키고 일본이 '동양의 영국(英國)'이 될 수 있기를 기대했다. 일본 『중외상업보(中外商業報)』는 '우리는 빨리 평화가 안정되는 정세가 되길 간절히 바란다. 만약 강화(講和)의 완성이 알려지면 곧 중국 내지에 철로를 개척하고 전선을 설치하고 광산을 채굴하고 황무지를 개간하면 망망한 4백여 주가 장차 황금 영역으로 변하게 될 것이다. 일본의 상공업 역시

---

19) 주 24) 참조

발흥하여 거의 동양의 영국으로써 부끄럽지 않게 될 것이다!'라고 말했다.[20]

일본의 부르주아계급 정당, 예를 들면 제국당(帝國黨)·헌정당(憲政黨)·헌정본당(憲政本黨)·헌정우회(憲政友會) 등도 정부가 조속히 침략을 확대하는 대화정책(對華政策)을 제정하도록 요구했고 또 의회에서 정부에 대해 질문을 제출했다. 헌정본당은 1900년 6월 15일에 거행된 평의원 회의에서 중국 의화단 사건에 대해 당국이 기회를 상실할 위험이 있으며 일본의 행동은 시종 열강과 균형을 유지하는 것이 중요하다고 인식했다. 6월 26일에 제국당이 통과한 결의에서도 '우리 당은 현재 중국의 사변이 중대한 국가 문제이며 마땅히 정부와 민간이 거국일치(擧國一致)하여 시기를 놓치지 않게 행동의 진퇴를 잘 조절해야 한다고 생각한다'고 제출하였다.[21] 의화단 사변의 진상을 해명하기 위해 제국당은 또 특파원을 중국에 파견하여 현지 시찰을 하기로 결정했다.

각종 단체, 예를 들면 동방협회(東方協會)·동아동문회(東亞同文會) 등도 연달아 집회를 열었고 대화행동(對華行動)을 고취했다. 그 중 가장 영향력이 큰 민간단체는 국민동맹회(國民同盟會)로, 팔국 연합군이 북경을 점령한 후 한 무리의 신문기자와 의원들이 발기하여 조직한 국가주의자 단체이다. 국민동맹회는 선언에서 '중국의 변란(變亂)은 동양과 세계의 평화와 관계된다', '동양의 평화와 세계 진보를 보위하는 것이 우리 일본 국민의 천직(天職)이다'라고 말했다.[22] 이 회(會)는 마땅히 힘을 다해 중국을 보존하고 조선을 도와야 한다고 주장했다. 그 목적은 일본이 조선을 제압하고 중국에서 특수한 지위를 확보함으로써 조선과 중국에서 제국주의 러시아의 확장에 대항하고 아울러 차츰차츰 동아시아의 패권을 도모하기 위한 것이었다.

---

20) 주 18) 참조
21) 주 16) 참조
22) 주 16) 참조

3. 정의(正義)의 외침
—진보적 인사들의 의화단 운동에 대한 성원

중국 민중의 의화단 반제(反帝)·애국(愛國)운동은 아주 고립되지는 않았고, 각 국 진보적 인사들의 동정과 지지를 받았다.

일부 일본의 진보적 인사들은 국내의 광신적인 군국주의 분위기 속에서도 변함없이 정의를 고수하였으며, 계속하여 일본 제국주의의 중국침략을 비난하고 의화단을 동정하는 언론을 발표하였다. 『장기신보(長崎新報)』에 실린 한 편의 글은 중국의 의화단 운동이 일어나게 된 주원인이 '첫째, 여러 나라가 이유 없이 중국을 나누어 점거한 것. 둘째, 철도 부설시 분묘(墳墓)를 훼손하고 민가를 파괴한 것. 셋째, 기독교인이 불법적 행동을 자행해도 모두 보호해준 것' 등 세 가지라고 지적하였다.[23]

전쟁기간 중에 『만조보(萬朝報)』의 특파원이었던 계리언(堺利彦)은 일본 침략군이 중국 인민에게 끼친 재난과 피해를 보도하였으며, 행덕추수(幸德秋水) 역시 1900년 8월 7일에 『만조보(萬朝報)』에 발표한 「인류의 궁극적 이상은 평화에 있다」라는 글에서 전쟁은 전쟁터 사람들의 재난, 병사의 죽음과 고통, 무역 중지, 생산·금융 침체, 세금 가중 등의 나쁜 결과만을 낳는다고 설명하며, '만인의 피땀으로 오로지 몇몇 재상과 장군의 배를 채우는 것이 어찌 문명시대의 목적이겠는가?'라고 개탄하였다.[24] 3개월 후, 그는 또 「제국주의 비판론」을 발표하여 의화단 진압에 참여한 일본 제국주의를 '군인의 제국주의', '이세공(飴細工, 손으로 빚은 엿으로 만든 인형이나 동물)의 제국주의'라 칭하였으며, 1901년 4월에는 『20세기의 괴물—제국주의』를 출판하였는데, 그는 이 책에서 일본 제국주의 침략의 본질을 폭로하고 아울러 여러 차례 의화단 사건을 언급하였다. 그는 일본 병사들이 중국에 가서 싸우는 것이 '문명의 진보와 복리 증진에 있어서 아무런 공헌도 없음'을 지적하고, 또한 '작년 북청(北淸)의 난(즉, 의화단 운동)으로 독일 황제

23) 주 18) 참조
24) 주 16) 참조

가 복수를 부르짖으면서 왈더시 장군을 동아시아에 파견하였다. 같은 해 9월에, 독일 사회민주당 대회의 결의는 독일 제국주의의 진상을 폭로하였다'라고 언급하고는 이 결의에 대해 '얼마나 공정하고 뛰어난가? 참으로 시대에 있어서 빛날 만하다'라고 찬양하였다.[25)]

특히 주목할 만한 것은 『여학잡지(女學雜誌)』이다. 이 잡지는 1885년(명치 18년)에 창간되고 1904년(명치 37년)에 정간되었다. 편집장과 부편집장은 근등현삼(近藤賢三)과 암본선치(岩本善治)였다. 이 잡지는 비록 부녀를 대상으로 했지만, 내용이 매우 광범위하였고 비평은 상당히 깊었으며 제재(題材)가 정치·사회·국제관계 등 각 방면에 걸쳐 있었다. 『여학잡지』는 민주·자유를 선전하고 억압받는 민족과 국민을 동정하였는데, 이전에 이미 노동자 처지를 동정하는 전중정조(田中正造)의 「광독문학(礦毒文學)」을 실어 법원에 기소된 적도 있었다. 그리고 일본정부가 중국 침략과 의화단 진압을 위해 군대를 출동시킨 데 대해 시종 반대 태도를 견지하였다.

1900년 12월, 『여학잡지(女學雜誌)』 512호에 「지나인 문명론(支那人文明論)」, 부제(副題)는 「단도권당(團徒拳黨)의 기론(奇論)」이 게재되었다. 글의 앞부분에 있는 편집자의 말에 의하면 이것은 영국 런던에서 한 중국 의화단 단원과 영국 『쾌보(快報)』 기자의 담화인데, 현재 일본인의 중국에 대한 오해를 반성하게 하기 위해 그 진상을 제공한 것이라고 하였다. 사실 이것은 의화단 운동을 변호하는 글이었다. 이 글은 '당신들 영국인은 자신들의 이익만을 생각해서는 안 된다. 그리고 중국에 대해 선입견을 가지고 서양의 문명만을 선양하는데 실제로 중국은 이미 수천 년의 유구한 문명을 가지고 있다'라고 서방 식민주의(植民主義)의 침략을 비난하였으며, '우리는 아름다운 고향의 자유 산하(山河)를 사랑한다. 그런데 당신들이 항구를 점령하고 국토를 분할하니 우리 권당(拳黨)도 비로소 결심을 하였다. 당신들의 간섭을 벗어나기 위해서는 당신들을 죽이는 외에는 다른 방법이 없다. 우리는 결코 사납고 호전적인 야만인도 아니고, 더욱이 다른 사람을 약탈

25) 幸德秋水, 『二十世紀の怪物-帝國主義』, p.72.

하는 도적도 아니다. 우리가 당신들이 깨닫도록 일찍이 권고와 호소를 했었지만 당신들이 모두 듣지 않으니, 부득불 최후의 수단 즉, 무장투쟁을 벌일 수밖에 없다'라고 의화단 운동을 일으킨 원인을 설명하고 있다. 또한 「황화론(黃禍論)」의 아우성에 대해서도 '우리는 결코 세계인류를 침해할 생각이 없다. 우리는 이미 성숙된 문명과 완전한 철학 도덕을 가지고 있어 결코 무도(無道)한 일을 할 리가 없다', '중국은 전혀 정치적·종교적·개인적인 야심을 갖거나 침략할 필요가 없으며 더욱이 토지나 재산을 약탈하려는 욕망도 없다'라고 의화단의 입을 빌어 엄숙하게 선언하고 있으며, 제국주의 침략자들에게 '만약 우리 4억 인이 일어서면 천하에 그 누가 대적할 수 있겠는가!', '당신들이 만일 우리를 간섭하지 않으면 우리 역시 결코 당신들을 간섭하지 않을 것이며, 이것은 당신들이 충분히 명심해야 할 것이다'라고 최후의 경고를 하였다.[26]

당시 의화단을 동정하는 일본 언론 중 가장 뛰어난 것은 「의화단 찬론(義和團讚論)」으로, 1901년 2월 25일에 발행한 『여학잡지(女學雜誌)』 513호에 게재되었다. 작자는 청류맹(青柳猛 : 즉 청류유미 青柳有美)인데, 1873년(명치 6년)에 추전현(秋田縣) 대관(大館)에서 태어나 동북(東北)대학을 졸업하고 명치 30년대부터 『신성(新聲)』에 원고를 쓰기 시작하였으며, 이후 『실업세계(實業世界)』 기자를 지냈다. 그는 자유주의 진보적 작가로서 이전에 정부에게 발행을 금지당한 『연애문학론(戀愛文學論)』 등의 책을 썼다. 그는 또한 『여학잡지(女學雜誌)』의 고정 집필자 중의 한 명이었다. 「의화단 찬론」은 원래 1900년 하반기에 씌어져 지방 신문에 보내질 예정이었으나, 나중에 신문관(新聞官)의 검열에 통과되지 못할까 우려되어 『여학잡지』로 보내져 1901년 2월에야 비로소 발표되었다.

당시 세계 여론은 모두 의화단을 한 무리의 폭도로 묘사하고 중국에 있는 외국인의 처지를 동정하였는데, 「의화단 찬론」의 작자는 대담하게 그러한 추세에 반하여 정의를 주장하였다. 그가 의화단을 참으로 동정하였던

26) 「支那人の文明-團徒拳黨の奇論」『女學雜誌』, 第512號

점은 바로 '그들은 전 세계의 원망을 한 몸에 모으고 만인이 저주하는 대상이 되었다'는 데 있었다. 따라서 더 나아가 '마땅히 비난받아야 할 것은 결코 의화단이 아니라, 그들 외국인(일본인도 포함)과 완고하고 악질적인 예수 교도이며, 특히 외국 정부 세력을 믿고 거만하게 함부로 행동하는 선교사들이다'라고 엄중하게 비판하였다. 그는 제국주의 열강이 무력으로 중국 영토를 점거하고 중국의 권리와 이익을 약탈한 범행을 폭로하였다.

특히 19세기 말에는 각 제국주의 국가가 잇달아 강제로 중국의 연해 항만을 조차하고 세력 범위를 구분하여, 예컨대 독일은 교주만(膠州灣)을, 러시아는 여순(旅順)을, 영국은 위해위(威海衛)를 점유하여 중국이 과분(瓜分)되는 흐름이 일어났다. 청류맹(青柳猛)은 또한 일본정부가 '단지 소수 정치가의 이익과 야심을 위한다'라고 질책하고, 침화전쟁(侵華戰爭 : 즉 갑오 청일 전쟁)을 일으킨 것에 대해서도 비난하였다. 그는 억압이 있으면 반항이 있다는 진리를 천명하면서, 제국주의의 침략이 바로 중국 민중의 의화단 반제 운동을 불러일으킨 근본 원인이라고 지적하였다. 의화단 운동은 바로 중국 민중의 각성이 표현되었던 것이다. 그는 '중화 민족은 그 감각이 무뎌서 아무래도 각성이 필요하였으며, 결국 무기를 잡고 그들의 치욕을 씻기 위해 투쟁해야 했다'라고 설명하였다. 의화단의 행동은 제국주의 열강이 교주만 · 여순 · 위해위를 점유한 것에 대한 당연한 회답이었다.

청류맹(青柳猛)은 또 일본정부의 침화(侵華)정책에 대해 첨예한 비판과 폭로를 가하였고, 당시 일본 여론이 일본 공사관 서기인 삼산빈(杉山彬)의 피살로 인해 미친 듯이 의화단 운동을 저주하는 것에 대해 '어찌 우리나라가 초래한 불의의 본보기라는 것을 알겠는가? 이미 그들 국가는 몇 천 몇 백의 귀한 생명이 희생되었고 그들의 땅에서 재산을 빼앗겼다'라고 말하였다. 게다가 일본이 중국의 대만을 침략함으로 인해 열강을 자극하여 중국을 과분하는 형세를 불러와 동방의 세력균형을 위해 독일 · 러시아 · 영국이 교주만 · 여순 · 위해위를 다투어 점령하였으니 이러한 의미에서 볼 때, 일본의 침략은 실제로 의화단 운동을 야기한 근원이 되었다고 보았다. 따라서 그는 일본 군국주의 정부의 죄가 막중하여 당연히 천벌을 받아야 한다고 생각하였는데, 현재 단지 한사람의 서기만이 죽었으므로 '천벌이 상당히 가벼움에 일본 국민은 하늘의 자비와 관대함에 더욱 삼가 감사 드려야 한다'라고 언급하였다.

청류맹(青柳猛)은 「의화단 찬론」에서 의화단 운동의 정의성(正義性)을 명확히 서술하고 있다. 특히 그는 일본을 포함한 제국주의 열강이 중국을 침략한 것에 대해 구체적으로 비유하여 '마치 손에 흉기를 들고 약탈하는 강도처럼 제멋대로 민가를 침입하고 약탈하였다', '이런 폭도에 대해서 평화의 방법으로 설득시킨다는 것은 당연히 매우 어려우며, 오직 무력에 호소할 뿐이다'라고 하였으며, '손에 흉기를 지닌 강도를 방어하기 위해 무기를 든 것은 절대 죄가 없으며, 어느 나라의 법률에도 정당방위에 속하여 죄를 물을 수 없다'라고 설명하였다. 때문에, 청류맹은 '오직 의화단만을 비난하고 외국 선교사와 예수교도들의 비열한 행위에 대해서는 침묵을 지킨다면, 이는 터무니없으며 아주 불공평한 것이다!', '나는 의화단은 동정할 만하다고 생각하며, 비난받아야 하는 것은 바로 외국인(일본인 포함)과 그들 비호 아래 있는 예수 교도들이다'라고 소리 높여 주장하였다.[27)]

청류맹의 「의화단 찬론」은 중문(中文)으로 번역하면 약 4천 자인데, 글의 전체에 중국 의화단 반제운동에 대한 깊은 동정과 제국주의 식민침략에 대한 원한과 증오가 흐르고 있다. 그는 구미나 일본 제국주의의 침화정책(侵華政策)을 날카롭게 폭로 비판하였으며, 중화 민족의 각성을 열렬히 환호하였다. 일본의 진보적 인사의 이러한 언론은 근현대 시기에 일본 통치 집단이 군국주의와 반화(反華)감정을 부추기는 데 진력하고, 심지어 침화 정책까지 폈음에도 불구하고 많은 일본인과 중국인이 서로 동정과 지지하는 마음이 통한 것이며, 중·일 양국 국민이 대대로 우호적으로 지내려는 희망과 행동은 어떠한 세력도 막을 수 없었다.

27) 青柳猛, 「義和團讚論」『女學雜誌』, 第513號

제6장

신해혁명(辛亥革命)과 일본

1911년에 일어난 중국의 신해혁명은 전 세계를 뒤흔들었다. 신해혁명이 제국주의 열강들에게 거대한 4억 인구를 가진 동방의 대국으로 여겨진 중국에서 일어났고, 아울러 2천년의 봉건 제제(封建帝制)를 한번에 전복하여 아시아에서 첫 번째로 공화국을 수립한 대국이었으므로, 자연히 세계 각국에게 엄청난 놀라움과 넓은 파장을 일으키지 않을 수 없었다. 당시 세계 제국주의 국가 중, 신해혁명의 영향을 가장 많이 받고 반응이 강렬했던 곳은 중국과 하나의 바다를 접하고 있던 일본이었다.

1. 동해경뇌(東海驚雷 동해가 천둥소리에 놀라다)
—신해혁명이 일본을 뒤흔들다

1911년 10월 10일에 일어난 중국 무창기의(武昌起義) 소식은 일본에 매우 빨리 전달되었으며, 정부와 민간에서 모두 강렬한 반향을 불러 일으켰다. 신문 중에서, 가장 먼저 무창기의 소식을 보도한 것은 10월 13일의 『동경조일신문(東京朝日新聞)』과 『시사신보(時事新報)』였으며, 같은 날 『대판매일신문(大阪每日新聞)』은 「호외(號外)」를 발행할 만큼 신해혁명의 소식은 매우 빠르게 톱뉴스가 되었다. 10월 14일에 거의 모든 일본 신문들은 대량의 지면을 할애해 중국의 혁명 소식을 보도하였으며, 각종 평론을 발표하였다. 『대판조일신문』이란 한 신문에서만 1911년(明治44年) 10월부터 12월까지

신해혁명과 관련된 사설을 38편이나 실었다.

신해혁명은 또한 당시 일본 각종 잡지의 중요한 의제가 되었다. 1911년 11월 1일에 출판되어 일본에 비교적 많은 영향을 준 간행물 몇 가지를 보면, 『중앙공론(中央公論)』은 근진일(根津一)의 「중국 혁명당과 비밀결사」와 궁기도천(宮崎滔天)의 「한 세대의 대 인물 손일선(一代 大人物 孫逸仙)」 등 신해혁명과 관련된 평론 12편을 실어 발표했다. 『대국민(大國民)』이란 잡지에는 「혁명전기(革命戰紀)」와 외계생(隈溪生)의 「중국혁명당사론(中國革命黨史論)」 등 중국 혁명과 관련된 문장 17편을 게재하였고, 『신일본(新日本)』이란 잡지에는 대외중신(大隈重信)의 「중국혁명론(中國革命論)」과 장곡천방지조(長谷川芳之助)의 「혁명(革命)과 일본」 등 10여 편의 평론을 실었다.

같은 날 출판된 『일본여일본인(日本與日本人)』이란 잡지를 구체적으로 살펴보자. 잡지를 펼치면 우선 신해혁명과 관련된 신문을 종합하여 서술하고 있으며 소제목으로 나누었다. 예를 들면 청국 동란의 계기, 혁명의 점화, 무한(武漢)의 형세, 반란의 진정한 원인, 동란의 범위, 멸만흥한(滅滿興漢) 선언, 혁명군의 병력, 열강의 태도 등이다. 그 다음에 신해혁명과 일본의 관계 및 일본 정부의 중국에 대한 외교 동향을 소개하고 있다. 평론에는 「한민족(漢民族)의 혁명변란(革命變亂)」이란 사설이 있는데, 신해혁명의 발생 원인을 분석하고 있으며, 도원신태랑(稻垣伸太郎)의 「청국 동란의 전도(前途) 여하(如何)」에서는 신해혁명의 앞길을 예측하고 있고, 도엽군산(稻葉君山)이 쓴 「반청조(反淸朝)의 사상(思想)」은 역사적 각도에서 반청 사상의 유래를 거슬러 올라갔다. 잡지의 「인물평론(人物評論)」면에는 신해혁명의 지도자 두 명을 소개한 백태생(白態生)의 「손문(孫文)과 황흥(黃興)」을 수록하고 있다. 「평림(評林)」에는 신해혁명을 반영한 시가(詩歌) 6수(首)가 있는데, 예를 들어 「자기원(玆紀元)」의 내용은 '한족(漢族) 중 누가 황제(黃帝)의 자손이 아닌가, 웅대한 결의로 중원을 회복하고자 한다. 대국이 부끄럽게 그 적에게 빌붙으며, 지금을 새로운 조정을 일으키는 기원(紀元)으로 삼는 것을 두려워한다'는 것이었다.[1)]

이 이외에 큰 제목의 「중청동란관(中淸動亂觀)」이라는 논단(論壇) 중에는 육군 소장 주방덕장(鑄方德藏)의 「혁명당(革命黨)의 장래」, 근진일(根津一)의 「혁명과 초야(草野)의 영웅」, 청류독항(青柳篤恒)의 「풍운유급야(風雲愈急也)」, 청국 경제통인 모씨의 「정부의 파산」 등이 있다. 그리고 손중산(孫中山), 황흥(黃興), 장병린(章炳麟) 등의 사진을 싣고 있다. 이 잡지의 마지막에는 평산주(平山周)가 저술한 「중국혁명당과 비밀결사」가 수록되어 있는데, 백련교(白蓮教)·삼합회(三合會)·가로회(哥老會) 등의 반청 비밀 단체와 흥중회·동맹회(同盟會) 등의 혁명조직에 대해 썼다. 또한 사견여(史堅如)·오월(吳樾)·진천화(陳天華)·鄒容(추용) 등의 「혁명열사상전(革命烈士像傳)」을 부가했는데, 모두 합치면 백여 페이지다.[2] 이 잡지의 내용은 당시 신해혁명에 대한 일본 여론의 중시 정도를 반영한 것이다.

일본 사회의 각급 계층과 군중들은 이웃나라인 중국의 혁명에 관심이 매우 많았다. 신해혁명에 대해 이해하려는 민중들의 바람을 만족시키기 위해, 동경의 조도전 대학(早稻田大學)은 특별히 1911년 11월 2일에 교외(校外) 교육부주최로 중국사변 강연회(中國事變講演會)를 열었는데, 청중들이 앞을 다투어 참가하였다. 강연은 원래 일교제국교육회(一橋帝國教育會) 강당(講堂)에서 하려고 했으나, 청중이 예상 인원의 3배를 초과하게 되자, 할 수 없이 임시로 공립직업학교 대강당에서 이루어졌다. 청강 인원은 1천 2백여 명이었으며, 그 중에는 대학생·중소학교(中小學校) 교원(教員)·은행원·군인 등 각계의 인사가 포함되었다.

강연은 시촌찬차랑(市村瓚次郎)의 「중국혁명의 역사적 관찰」, 중촌진오(中村進午)의 「중국사변과 국제법」, 전중수적(田中穗積)의 「중국사변이 일본 경제계에 끼친 영향」, 청류독원(青柳篤垣)의 「최근 중국의 정치변화」 등으로 이루어졌다. 강연회의 내용은 『조도전 강연(早稻田講演) 임시 증간(臨時增刊) — 중국혁명호(中國革命號)』로 엮여 출판되었다. 조도전 대학(早稻田大學) 정치학과의 학생들은 심지어 청제 퇴위 후 「신중국 건설문제(建設

1) 『日本及日本人』, 第569號(1911.11.1)
2) 위와 같음.

問題)」 토론회를 거행했다.

일본정부의 입장에서 본다면, 중국을 자신들의 주요 침략목표로 삼았기에 중국의 정체(正體) 변화에 민감하였으므로, 신해혁명의 동향을 주도면밀하게 주시하였다. 『외교문서(日本外交文書)』에 기재된 내용을 살펴보면, 일본 주한구(漢口)영사 송촌정웅(松村貞雄)은 무창기의가 일어난 지 2일째 되는 날에 바로 외무대신에게 무창기의의 소식을 보고했다. 일본 주중국공사 이집원언길(伊集院彦吉)을 비롯해서 상해(上海)·광주(廣州)·향항(香港, 홍콩)·천진(天津)·봉천(奉天) 등지에 주재하고 있던 총영사(總領事)와, 장사(長沙)·사시(沙市)·장춘(長春)·소주(蘇州)·남경(南京)·복주(福州)·항주(杭州)·산두(汕頭)·중경(重慶)·무호(蕪湖)·지배(芝罘)·하얼빈(哈爾濱)·요양(遼陽)·구강(九江)·철영(鐵嶺) 등지에 있던 영사들도 계속해서 일본정부에게 중국혁명의 동향과 각지의 호응과 혁명 정보를 보고하였다.

일본 내각과 의회는 여러 차례 중국의 정세를 토론하였고, 천황은 심지어 원로중신회의(元老重臣會議)에서 대화정책(對華政策)을 의논하였다. 신해혁명은 확실히 동해에 벼락 치는 천둥과 같이 일본을 뒤흔들었다.

2. 적대시(敵對視)와 간섭(干涉)

—일본 통치 집단의 태도

일본은 20세기 초에 이미 제국주의 국가의 하나가 되었다. 천황을 수뇌로 하고 군벌과 재벌을 지주로 하는 일본 통치 집단은 대내적으로 군국주의 전제통치를 강화하고 국내의 민주진보세력을 진압하였다. 대외적으로는 식민주의 영토 확장과 경제 약탈을 강화하였다. 따라서 그들은 자신의 주요 침략 대상이 혁명을 통해 강대한 독립국가가 되는 것을 결코 원하지 않았으며, 자신의 이웃이 혁명을 통해 민주 공화 제도를 실현하게 되는 것도 원치 않았다. 그러므로 일본 통치 집단이 중국 신해혁명에 대해 적대적인 태도를 갖도록 만들었다.

일본 주한구총영사 송촌정웅(松村貞雄)이 무창기의 이틀째 일본 정부에 보내는 보고서 중에는 혁명군을 '폭도(暴徒)'라 칭하고 있다. 일본정부는 소식을 듣는 즉시 장강(長江) 중 하류 일대에 군함을 파견하여 한편으로는 중국에서 일본의 권익을 보호하고, 다른 한편으로는 혁명군의 행동을 감시하며 무장 간섭의 기회를 엿보고 있었다.

일본 육군성(陸軍省)·해군성(海軍省)과 군부(軍部 참모본부 參謀本部)의 군국주의자들은 한시도 지체하지 않고 이 기회를 이용하여 중국으로 출병할 것을 계획하였다. 무창기의 4일째(10월 13일) 일본 육군성 군무국장 특사(軍務局長 特使) 전촌대위(田村大尉)는 「청국병문제에 대하여(對淸國兵問題)」에서 무창기의는 열강이 무력을 이용해 중국을 간섭할 좋은 기회라고 인식하고 있음을 밝혔다. 그는 일본이 중국에 출병하는 몇 가지 구상을 제시하였다. '우리는 남만(南滿)을 얻는 것으로 만족하는가? 혹은 직예(直隸)·산서(山西)지역을 점령하여 청국 중부의 자원을 획득할 것인가? 또는 장강(長江)입구를 막아 이 강의 이익과 제철이나 광산 등을 점령할 것인가? 또는 광동(廣東)·복건(福建)을 할양할 것인가?'[3] 여기에서 일본 군국주의자들이 중국침략에 대해 큰 관심을 가지고 있었음을 볼 수 있으며, 북쪽에서 남쪽까지 거의 전 지역에 손을 뻗고자 하였다. 다음날 일본 해군성(日本海軍省)도 앞다투어 해군을 파견해 대고(大沽) 입구와 장강(長江)을 점령하는 계획을 제시하였다.

10월 15일에 일본참모본부 제2부 부장 우도궁태랑(宇都宮太郎)은 영향력 있는 군부영수들에게 회람한 「일본의 중국 정책에 대한 나의 의견(극비)」이란 의견서 가운데 중국을 분할하는 8조 강령을 제시하였다. 그 내용은 1) 평소 주장에 따라 먼저 중국의 보전(保全)을 표방한다. 2) 일정한 정도에 이르면 청조를 원조하여 청조의 전복을 방지한다. 3) 동시에 극비상황에서 (반대당을 이용하는 간접 수단을 채택하여) 반란 분자를 도와주고 적당한 시기에 중간에서 조정에 나서 만한(滿漢) 두 민족을 남북 양국으로 분리한

3) 日本海軍省, 『淸國事變文書』; 栗原健, 『滿蒙政策史の一面』, p.290.

다. 4) 답례로서 만주 문제를 유리하게 해결한다. 5) 상술한 분리된 양국과 특수한 관계를 체결한다. 6) 열강의 분할을 제일 먼저 절대적으로 반대한다. 7) 대세의 흐름에 따라 부득이할 때는 우리 역시 취할 수 있는 부분을 취하면서 시종 본의가 아니라고 가장한다. 8) 우리가 얻은 지방에서 북쪽은 만인(滿人)의 작은 조정을 세우고 남쪽은 한인(漢人)의 작은 조정을 세워 이를 미끼로 기타 열강이 분할한 지역의 인심을 우리에게 돌려 제2막의 연출을 준비한다.'[4] 일본 제국주의가 중국을 침략·분열·독점하려는 음모와 야심은 이 강령 중에 여지없이 폭로되었다고 할 수 있다.

일본 군국주의자가 항상 「중국의 보전(保全)」을 떠들어댄 진정한 의도는 무엇이었을까? 우도궁태랑(宇都宮太郎)의 자백을 읽으면 매우 분명해진다. 그는 '만약 중국을 얻을 수 있다면 당연히 이를 가장 상책으로 삼는다. 그러나 열강이 대치하는 오늘날 이는 일시에 관철될 수 없으며 부득이 현재의 상황을 인정해야 하는 것이 실로 유감이다. 우리나라가 취할 수 없음에도 불구하고 타인에게 양도할 수는 없다. 이는 내가 주장하는 소위 중국 보전론으로 중국으로 하여금 중국을 보전케 하는 것이 아니다.'[5]

일본 정부는 청 정부의 혁명진압을 지지하기 위해 상인이 청 정부에게 무기탄약을 제공할 것을 명령했다. 1911년 10월 16일에 외무대신 내전강재(內田康哉)가 주중국공사 이집원언길(伊集院彦吉)에게 보내는 전보 중에 '제국 정부는 청 정부가 혁명군을 토벌하기 위해 총기·탄약 등이 급히 필요한 절박한 상황에 비추어 본국 상인에게 공급 방법을 세워 충분한 원조를 주도록 하고, 제국 정부는 이러한 큰 위험을 무릅쓰고라도 원조를 제공하여 청정부에 대한 특수한 호의와 동아대국을 유지하는데 필요한 배려를 하기로 결정하였다'고 말했다.[6] 대창양행(大倉洋行)은 청 정부 육군부와 무기구입에 관한 계약을 체결하였는데, 각각 포탄 12만 발, 기관총탄 1백만

4) 『上原勇作關係文書』, pp.55-57.
5) 위와 같음.
6) 內田外務大臣이 伊集院 駐淸公使에게 보낸 전보(1911.10.16), 『日本外交文書選譯-關於辛亥革命』, pp.43-44.

발, 보병총탄 15백만 발 등을 포함하여 전부 270여만 엔이었다. 일본주중국 공사는 청정부의 요원을 위협하여 '위급한 시기에 청 정부가 점령한 지역의 이익에 대해 실력 있는 일본 제국을 신뢰하지 않는다면, 평정한 다음에 나타날 정세는 고려할 수 없다'고 하였다.[7)]

10월 24일에 일본 내각은 회의를 소집해 중국에 대한 정책을 토론하였고 다음과 같이 결정하였다. '제국은 정치상, 경제상에서 청국과 밀접한 관계를 가지고 있으므로 우리 정부는 끊임없이 노력하여 청국에 대해 우세한 지위를 점유하고, 다방면으로 계획하여 만주 현상에서 영원한 지속성을 획득한다.'[8)] 그들은 만몽왕공(滿蒙王公)을 책동하여 소위 「만몽 독립운동」을 진행하고, 이 기회를 이용해 동북과 내몽고를 삼키려 기도하였다. 주중국공사 이집원언길(伊集院彦吉)은 심지어 '화중(華中)·화남(華南)에 두 개의 독립 국가를 건설하고 만청 조정을 화북에 존속시켜 계속 그 통치를 유지하자'고 건의하였다. '이로써 제국정부의 백년대계를 일시에 안정시키고 원동 평화의 근간을 확립하며 나아가 세계 평화를 위한 화근을 제거한다'는 망상을 가졌다.[9)]

신해혁명의 크나큰 공헌은 중국에서 2천여 년 간 지속된 군주 전제 제도를 전복하여 공화국을 건립한 것이다. 이는 천황제도 통치아래 있는 일본에까지도 큰 충격을 주어 일본 통치 집단에게 공포감과 적대감을 불러일으켰다. 일본 주조선총독 사내정의(寺內正毅)는 '중국 공화론은 우리나라 여론에 큰 영향을 주었으니 실로 두려워할 만하다. 오늘날 새로운 소식을 접하는 청년들의 의론을 보면 알 수 있다', '당국은 이런 추세에 대해 상당한 인식이 있어야 한다'고 말했다.[10)] 군벌 세력을 대표하는 군부 역시 중국의 공화혁명이 일본 천황제의 위기를 가져왔으며 '일본제국은 민주국가를 지

---

7) 伊集院 駐淸公使가 內田外務大臣에게 보낸 전보(1911.10.28·12.23), 『日本外交文書選譯』, p.53, 112, 312.
8) 日本政府關於對淸政策問題的內閣會議(1911.10.24), 『日本外交文書選譯』, p.109.
9) 주 7) 참조
10) 信夫淸三郞, 『日本外交史』, pp.249-250.

향하는가? 그렇다면 신해(신해혁명)는 군주국을 누르기 위함인가? 이는 소위 천하 성패의 시기'이라고 인식하였다.[11] 덕부소봉(德富蘇峰)은 중국혁명을 유행병에 비교하며 '페스트 같은 유형의 병, 공화제 같은 무형의 병'이라고 떠들어댔다.[12] 중국에 신설된 공화정체는 일본제국의 황실중심주의와 근본적으로 충돌하는 것이라고 강조하였다. 당시 영국작가는 중국이 공화제도를 건립한 것에 대한 일본 통치 집단의 공포심을 이렇게 표시했다. '만약 아주 가까이 있는 중앙군주제 왕조인 중국이 쿠리(노동자)와 같은 이들에게 단번에 쫓겨났다면, 일본에서는 왜 이것이 불가능하겠는가? 만일 중국에서 청 황실이 연봉을 지급 받고 퇴위될 수 있다면, 이런 방법은 일본의 천황과 번벌관료(藩閥官僚)에게도 똑같이 해당될 수 없을 리 있겠는가?'[13]

바로 상술한 원인 때문에 일본 정부는 신해혁명기간에 전력을 다해 중국에서 군주정체를 유지하고자 기도했다. 군벌의 원로인 산현유붕(山縣有朋)은 일본 통치 집단의 태도를 분명하게 나타냈다. '일본은 중국에 하나의 강력한 황제가 있는 것을 희망하지 않으며, 일본은 그곳에 하나의 성공적인 공화국이 있는 것을 희망하지 않는다. 일본이 희망하는 것은 약하고 무능한 중국이다. 일본의 영향을 받는 약한 황제의 통치아래 약한 중국이야말로 이상적인 국가이다.'[14]

1911년 11월 28일에 일본내각은 회의를 열어 중국정세를 토론했다. 회의 후 외무대신 내전강재(內田康哉)는 주일본외국공사들에게 다음과 같이 전달했다. '청국 문제에 관하여 현재 논의의 초점은 군주・공화라는 두 정체에서 어느 것을 얻고 어느 것을 잃는가 이다. 청국의 국정으로 말하면 공화정체는 실행되기 어렵다. 또한 현재 상황에서 이를 보면 청국은 공화제를 실행할 준비가 되어있다는 것도 인정할 수 없다. 혁명에 대하여도 공화를 실행할 능력이 있다는 것도 기대할 수 없다.'[15] 따라서 일본 정부의 방침은

---

11) 위와 같음.

12) 德富蘇峰,「對岸之火」『國民新聞』, 1911.11.12

13) A.M.波列,『日本的外交政策』, 런던, 1912, pp.64-65.

14) 密勒,「民主政治與遠東問題」『國外中國近代史研究』, 第2輯, p.328.

열강 공동 간섭을 통해 남북타협을 재촉하여 중국의 군주 정체를 지키는 것이었다. 뒤에 만청 조정의 위신이 땅에 떨어진 것을 보고, 원세개(袁世凱)를 지지해 군주입헌을 견지하는 데 희망을 두었다. 12월 22일에 오후에 일본 주중국공사 이집원(伊集院)은 원세개에게 공개적으로 지지를 표했다. '만일 귀국이 공화국제로 변한다면 일본 국민은 사상적인 면에서 적지 않은 영향을 받을 것이다. 이러한 점에서 우리나라 역시 귀국이 군주 입헌을 실행할 것을 지지하며 그 실현을 촉진할 수 있다.'[16] 12월 24일에 일본 천황도 대중국 방침을 연구하는 원로회의를 소집하여 거듭 천명하였다. '제국 정부는 군주 입헌 제도를 확립하기 위해 청국의 상황을 구제하는 것을 최우선 방침으로 삼는다.'[17]

그러나 역사적 발전은 일본 통치 집단의 희망에 따라 진행되지 않았다. 혁명의 급격한 발전에 따라 원세개(袁世凱)는 대세의 흐름과 개인의 야심에서 공화제를 받아들였으며, 특히 영 · 미 등 기타 열강이 일본과 함께 중국의 정체 문제에 간섭하기를 원치 않았다. 일본 통치 집단은 어쩔 수 없이 다음과 같이 표명했다. '잠시 사태를 자연적인 발전에 맡기며, 청 정부는 제국 정부가 청국 황실과 그 국민을 위해 심혈을 기울이고 있음을 충분히 이해시켜 최후까지 최대한의 노력을 다해 유지 방법을 찾기를 희망한다.'[18] 일본 정부는 심지어 재야인사 견양의(犬養毅) 등을 통해 혁명파의 영수가 공화 제도를 설립하려는 주장을 포기하도록 설득시키고자 했으나, 손중산(孫中山) 등에게 단호하게 거절당했다. 1912년 1월에 부르주아계급의 공화국정권 성격을 가진 남경임시정부(南京臨時政府)가 성립되고, 2월에 청제가 퇴위를 선포하여 일본 통치 집단이 중국에서 군주 정치를 유지하려는 시도는 완전히 실패했다.

---

15) 內田外務大臣이 山座 駐英代理公使에게 보낸 전보(1911.11.28), 『日本外交文書選譯』, pp.254-255.
16) 주 7) 참조
17) 內田外務大臣이 伊集院 駐清公使에게 보낸 전보(1911.12.24), 『日本外交文書選譯』, p.316, 326.
18) 위와 같음.

일본 통치 집단은 중국 신해혁명의 발전이 조선 등 일본 식민지의 민족해방운동을 자극하고 일본국내에 혁명사상의 전파를 조장하여 그들의 통치를 동요시킬까 걱정하였다. 어떤 일본 신문은 다음과 같이 지적하였다. '우리나라가 만일 이웃나라의 반란(신해혁명)을 동정한다면, 새로운 선민(鮮民: 일본식민지가 된 조선인)에게 영향이 있을 것이다. 게다가 한편으로는 국내의 위험사상을 엄금하면서 국외의 위험 행위를 승인하는 것은 논리적으로 모순된 것이다.'[19) 『보지신문(報知新聞)』에 실린 글은 '반드시 최저한도에서 청국의 재난을 억제하여 양국의 위기를 막아야한다'고 공개적으로 발표하였다.[20)

3. 동정과 지지

—일본 진보 인사들의 반응

통치 집단이 중국의 혁명에 대해 두려움·적대시·간섭의 태도를 보인 것과 달리, 일본의 많은 진보 인사와 식자층은 중국의 신해혁명을 동정했다. 그들은 중국혁명을 성원하고 중국의 공화제 실행을 지지하고 정부가 중국의 언론과 글들을 간섭하는 데 반대하는 글을 많이 발표했다.

일본의 적지 않은 민간 간행물들도 신해혁명을 동정하는 쪽으로 기울었다. 1911년 1월 1일에 출판된 잡지인 『일본과 일본인』은 무창기의에 관한 보도에서 기의가 결코 우발적인 것이 아니며 부패하고 혼미한 청 정부는 이미 '미라'와 같은데, 혁명군은 '위용이 당당하고 대오도 가지런하며, 포화 속에서도 죽음을 무릅쓰는 자세로 전투를 하고 마음과 움직임이 굳세서 우리는 결코 일반적인 반란으로 보지 않는다', 혁명은 '앞으로 요원의 불길과 같은 기세로 동서남북을 휩쓸 것이다'고 서술했다.[21) 평산주(平山周)는 『중

---

19) 「世界多事の年」, 『大阪朝日新聞』, 1911.10.27
20) 『新知新聞』, 1911.11.14
21) 주 1) 참조

국혁명당(中國革命黨)과 비밀결사』에서 예를 들어가면서 '무창 혁명군의 흥기는 천시(天時)·지리(地理)·인화(人和)를 얻었으니 그 성공은 의심의 여지가 없다'고 여겼다.[22)]

일본에서 상당한 영향력이 있었던 잡지 『태양(太陽)』의 편집장이면서 조도전 대학(早稻田大學)의 교수인 부전화민(浮田和民)은 『태양(太陽)』에 「동방의 첫 번째 공화국」이라는 글에서, '일본인으로서 이번 중국혁명에 동정을 표시해야만 정리(情理)에 합당할 것이다'고 지적하고, '중국은 동방의 첫 번째 공화국이 되었으니 이것은 세계 역사에서 하나의 신기원이다'고 환호했다. 그는 중국이 혁명을 통해서 공화제를 실현하는 것은 자연스런 추세라고 여겼다. 그는 '중국인은 옛날부터 갖고 있던 민주 사상 이외에도 구미 각 국의 민주 공화의 이상을 학습했다. 따라서 군주제를 폐지하고 공화제를 세우기로 결정했으니, 장차 국가와 정부는 '명백하게 주권재민(主權在民)'의 기초 위에 건립되는 것이 자연스런 추세이다'고 여겼다.[23)]

평론가인 중야정강(中野正剛)도 『대판조일신문(大阪朝日新聞)』에 「대안(對岸)의 화재」라는 제목의 글에서 덕부소봉(德富蘇峰)이 신해혁명은 일본을 위협할 것이라는 견해를 반박했다. 그는 '이웃 나라의 혁명은 우리나라에 결코 천하의 운명을 바꾸는 혁명이 아니라, 단지 정계의 현상을 타파하려는 혁신 운동일 뿐이라는 영향을 주고 있다. 자세히 말하면, 번벌(藩閥)을 타파하고 부패한 정당을 개조하는 것이다. 우리들은 그것을 쾌거로 받아들이고 일어서서 환영해야 한다'고 지적했다.[24)] 그는 신해혁명에 대해 동정과 환영을 표시했을 뿐만 아니라, 중국혁명이 일본에서 번벌(藩閥)을 타도하고 정당을 개조하는 민주혁신운동을 추진시켜 나갈 수 있을 것이라고 희망했다.

잡지 『사회정책(社會政策)』의 주편(主編)인 화전삼랑(和田三郎)은 그가 편집한 잡지에 실린 「세계의 사회정책」이라는 글에서, 중국 혁명에 간섭하려

---

22) 위와 같음.
23) 『太陽』, 第18卷 第2期(1912年2月)
24) 『大阪朝日新聞』, 1912年12月18～22日

는 여론을 고취하는 것에 대해 강도 높게 반박했다. 그는 세계 사회정책의 근본원칙은 '첫째, 각 국은 모두 자기 나라의 생명과 독립의 기초가 되는 국민성을 존중해야 한다. 둘째, 각 국은 본국 국민이 직접 국가를 다스린다는 것을 원칙으로 해야 한다'고 여겼다. 다시 말해서 각 국 인민의 민족 자결권을 인정하고 타국의 내정간섭에 반대해야 한다는 것이다. 그는 또한 만약 중국이 일본과 같은 군주제를 채택하지 않는다는 이유로 간섭해야 한다는 것은, '타인이 자신과 같은 모자를 쓰지 않으면 곧바로 가서 그 사람의 머리를 때리는 것과 같이 야만적이고 난폭한 것'과 같다고 지적했다. 그는 사실 공화제는 군주제보다 더 진보적이어서, 일본 민중이 일단 그 진보를 보게 되면 곧 각성하여 번벌(藩閥)・관료의 부패한 통치를 타도하러 일어날 것이라고 여겼다. 그는 '우리나라의 인민이 비록 우매하지만, 만일 눈앞에 우리보다 선진적인 국가가 나타나서 자유 정치를 실시한다면 각성하지 않을 수 없을 것이다. 일단 각성하면 곧 관료통치는 타파될 것이다'고 말했다.[25)]

화전(和田)은 당시 일본 정계와 언론계가 중국을 경시하던 태도를 반대하여, 중국 혁명이 일본인의 각성을 계발할 것이며 중국의 신생 공화국이 일본의 천황제 국가제도보다 더 선진적이라고 인정한 것은 확실히 보기 드문 소중한 태도였다. 그는 '지금의 관료 정치가는 바로 이 점이 두려워서 황실의 안위라는 미명아래 중국의 공화제를 간섭하려 하지 않는가?'[26)]

신해혁명이 적지 않은 일본 인사들의 동정과 지지를 얻은 이유는 먼저 중국 인민의 투쟁이 독립・민주・자유를 쟁취하려는 정의로운 것이었기 때문이다. 동시에 손중산(孫中山) 등 혁명파와 일본에 유학 중이었던 많은 애국 학생들이 일본에서 오랫동안 활동하여 일본인들로 하여금 중국의 혁명에 대해 친근감을 느끼게 했고 부패한 청 정부에 대해 혐오감을 갖고 있었기 때문이었다. 일본의 진보적인 인사들은 또한 중국 혁명에 대한 동정

---

25) 『社會政策』, 1911年12月, 1912年2月
26) 위와 같음.

을 통해 당시 일본의 군벌 관료들의 전제 정치에 대한 불만과 분노를 표출했고, 그것을 기회로 민중의 각성을 계발하려 했다. 따라서 좌좌목조산(佐佐木照山)은 「배후에서 바라본 중국혁명」이라는 글에서 일본 인사의 중국 신해혁명에 대한 동정은, '관료정치가에 대한 일종의 분노 표출'이며, '정론가들이 이웃 나라의 혁명을 빌어 권력을 잡고 있던 사람들에게 경고하려는 하나의 수단'이었다고 여겼다.[27]

동시에 중국 혁명을 지지한 일본 인사들 중에서 일부는 다른 속셈이 있었다는 점도 반드시 지적해야 한다. 자본가들은 혁명파를 지지함으로써 중국 남부 장강(長江)유역과 화남(華南)에서 더 많은 경제적 이익을 얻으려 했다. 정객·군인·낭인들은 중국의 혁명 세력을 이용하여 중국이 분열과 혼란이 일어나고 있는 틈을 타서 중국에 대한 침략을 확대하고 중국의 영토를 약탈하려 했다.

예를 들어 당시 영향력이 컸던 흑룡회(黑龍會)의 영수 내전량평(內田良平)은 중국으로 세력을 확대하려는 의도에서 중국 혁명과 공화제를 지지했다. 그가 신해혁명기간에 쓴 「중국 개조론」에서 '일본은 열국(列國)을 지도하여 중국을 개조하는 주도권을 장악해야 하고, 공화 정치를 건설하는 일을 찬성하는 방법으로 중국이 과분 되는 것을 막아야 한다'고 힘껏 고취했다. 그리고 1914년 10월에 기초한 「중국 문제 해결에 관한 의견서」에서 더욱 철저하게 그가 중국을 멸망시키려 하는 망령된 의도를 드러냈다. 그는 일본과 중국이 비밀군사동맹조약을 체결하되 조건을 걸어야 한다고 건의했다. 즉, 일본은 중국의 남만주(南滿洲)·내몽고(內蒙古)·산동(山東)·복건(福建) 등에서 특수한 권리를 누리고, 중국의 군대·군수공장·해군·재정·교육 등은 모두 일본에게 위탁 처리하고, 중국이 타국에 차관·조차·할양을 할 경우 반드시 일본의 동의를 얻어야 한다는 것 등이었다. 사실상 이것은 중국을 일본의 식민지로 만드는 것이었다. 이 「의견서」는 뒤에 일본 정부가 원세개(袁世凱)정부에 제출하여 중국을 멸망시키려 했던 「산동

27) 『海外の日本』, 1912年4月號, 「中國近代化の社會構造」, p.178.

21개조」의 토대가 되었다. 정체에 관한 문제의 경우, 그는 「의견서」에서 '우리들은 반드시 눈앞의 기회를 이용하여 중국의 공화제를 군주 입헌제로 바꾸고, 그것은 모든 세부 사항에서 일본의 군주 입헌제와 부합해야 한다'고 주장했다.[28] 여기에서 내전량평(內田良平)이 중국 혁명을 지지한 사악한 속셈을 볼 수 있다.

4. 우후춘순(雨後春筍 비온 다음에 봄 싹이 돋아 나온다) —일본의 중국 문제 연구단체가 쏟아져 나오다

일본의 각계 인사들은 신해혁명에 관한 많은 글을 발표했을 뿐만 아니라, 중국 문제를 연구하기 위하여 수많은 단체를 조직했다. 이러한 단체가 쏟아져 나온 것은 중국의 신해혁명이 일본 사회에 큰 영향을 끼쳤고 일본의 각계 인사들이 중국 혁명에 관심을 가지고 있었음을 반영한다. 동시에 중국 혁명과 일본 정치운동 사이에 면면히 이어진 밀접한 관계와 상호작용이 구체화된 것이었다. 당연히 이러한 단체의 상황은 아주 복잡했고, 그 구성원으로는 정치가·의원·기업가·신문기자·변호사·학자·군인·낭인 등이 있었다. 그리고 단체 내부의 각 조직과 파벌도 구별이 있었다.

그들이 중국 혁명에 관심을 가지고 중국 문제를 연구한 동기·목적·주장도 각기 달랐다. 일부는 정의감에서 출발하여 중국인의 반압박 투쟁을 지지했고, 일부는 중국과 손중산(孫中山)이 이끄는 중국 혁명파에 우호적인 감정에서 출발하여 중국 혁명을 성원했다. 그러나 일부는 중국 혁명을 기회로 삼아서 중국에 대한 침략을 확대하고 중국을 침략하여 멸망시키려는 대륙정책을 추진했다. 또한 중국 혁명을 통해 중국에서 경제적 이익과 시장을 확대하거나 물을 어지럽혀 단번에 고기(많은 이익)를 잡으려는 생각을 갖기도 했다. 일부 재야 정객은 중국 문제를 빌어 국내의 정당과 계파의

28) 『第一次世界大戰以來帝國主義侵華文件選輯』, pp.4-11.

정쟁을 일으켰다. 각 단체는 시기별로도 다른 양상을 보여서, 중국 혁명을 지지하다가 차츰 중국 침략을 고취하는 쪽으로 바뀌기도 했다. 참으로 여러 종류로 다양했고 옥석이 뒤섞여 있어서 구체적이고 세밀한 분석이 필요하다.

일본의 각종 단체는 중국 혁명의 발전과 미래에 깊은 관심을 가지고 있었다. 무창기의(武昌起義)가 일어난 지 1개월이 되는 1911년 10월 10일에 일본의 저명한 중산계급 지식인과 실업가 단체인 「교순사(交詢社)」는 어느 만찬회에서 중국의 미래에 대한 민의를 측정하려 했다. 사회자는 참석자들에게 5가지 방안을 제시하고 투표를 하게 했다. 그 5가지 방안이란, 1) 현상의 유지, 2) 남북 분리, 3) 중국 합중제(中國合衆制 : 연방공화국), 4) 각 국으로 분할, 5) 신제국 건립 등이었다. 1차 투표의 결과, 현상유지가 8표, 남북분리가 22표, 중국 합중제가 22표, 신제국 건립이 12표, 각 국 분할이 6표였다. 그 뒤 투표자 수가 비교적 많았고 같았던 2, 3항에 대해 다시 2차 투표를 진행했는데, 결과는 남북 분리가 30표로 증가했고 중국 합중제는 14표로 줄어들었다.[29] 이 민의의 측정은 교순사의 구성원들의 중국 정치 문제에 대한 경향과 태도를 반영하고 있는 것이다.

신해혁명 후 일본에서 만들어진 첫 번째 중국 문제 단체는 「유린회(有隣會)」였다. 유린회는 1911년 11월 상순에, 소천평길(小川平吉) · 내전량평(內田良平) 등의 발기로 조직되었다. 그 주요 구성원으로는 궁기인장(宮崎寅藏) · 복전화오랑(福田和五郎) · 고도일웅(古島一雄) 등이 있었다. 이 회는 중국 혁명에 지지를 표시했을 뿐만 아니라, 미기행창(尾崎行昌) · 궁기인장(宮崎寅藏) · 평산주(平山周) 등이 포함된 「도청단(渡淸團)」을 중국에 파견하여 중국 각지의 혁명당원들과 연락하게 했다. 그 중 궁기인장(宮崎寅藏, 즉, 궁기도천(宮崎滔天)) 등은 확실히 진심으로 중국 혁명을 도우려 했다. 기자였던 중야정강(中野正剛)은 중국 방문을 마치고 귀국한 지 얼마 되지 않아서 중국 혁명을 찬양하고 중국에 대한 간섭을 반대하는 적지 않은 글들을 썼

29) 『時事新報』, 1911年11月10日, 『中國近代化の社會構造』, p.18-82에서 재인용.

고, '반드시 일본의 관료주의를 소멸시켜야 중국과의 선린관계를 공고히 할 수 있다'고 여겼다.[30)]

신문계와 법률계를 중심으로 조직된 「중국문제동지회」의 발기인으로 신문계의 부전화민(浮田和民)·송산충차랑(松山忠次郎)·사파정길(斯波貞吉)과, 법률계의 가뢰희조(加瀨禧造)·평송시장(平松市藏) 등이 있었다. 1911년 12월 26일에 「중국문제동지회」는 동경(東京)의 일비곡(日比谷)의 송본루(松本樓)에서 제1차 집회를 거행했는데, 출석한 사람으로는 『조일신문(朝日新聞)』·『매일신문(每日新聞)』·『일일신문(日日新聞)』·『일본신문(日本新聞)』·『이육신문(二六新聞)』·『만조보(萬朝報)』·『태양(太陽)』·『일본급일본인(日本及日本人)』·『신일본(新日本)』·『동양경제(東洋經濟)』 등 각 간행물의 대표자 14명이었다. 회의에서 중국에 대한 정책의 두 가지 방침을 통과시켰다. 첫째, 중국 영토의 완전한 보존, 둘째, 이웃나라의 민의를 존중하여 정체 문제에 대해 제멋대로 간섭해서는 안 된다. 중국문제동지회는 또한 대표를 파견하여 수상과 외상을 방문했고 정부가 중국 혁명에 간섭하려는 방침을 질책했다. 뒤에 다시 이 단체의 구성원을 골간으로 해서 「공화신정부승인동지회(共和新政府承認同志會)」로 확대했고, 국회 내에서 정부의 중국에 대한 정책을 비판하면서 중국의 공화 신정부를 승인하는 운동을 촉진시켰다.

그 외에 1911년 12월 27일에 동아동문서원(東亞同文書院) 원장 근진일(根津一) 등의 발기로 축지(築地) 정양헌(靜養軒)에서 「선린동지회」를 결성하여 중국 혁명에 성원을 표시했다.

1912년에 중화민국의 건립으로 일본의 중국 문제 단체는 더욱 더 확대 발전했다. 1912년 2월 22일에 각 정당과 단체의 대표인 견양의(犬養毅)·미기행웅(尾崎行雄)·부전화민(浮田和民)·근진일(根津一) 등 수 십 명의 발기자들이 「중국문제동지연합간친회(中國問題同志聯合懇親會)」를 소집했다. 회의에는 약 300명이 참석했고 중국 혁명을 지지하고 정부에게 중국에 대

30) 『日本及日本人』, 1912年5月15日·1913年1月15日

한 정책의 확정을 요구하는 결의를 통과시켰다. 그리고 연합하여 「중국문제동지회」를 성립시켰다. 화정탁장(花井卓藏)·궁삭전(弓削田) 등 15명을 간사로 추대했다. 대죽관일(大竹貫一)·오백목량삼(五百木良三) 등을 중심으로 한 「태평양회」도 회의를 통해 중국을 보전하고 중국 혁명군을 원조하는 결의를 통과시켰다. 그리고 이등지야(伊藤知也)·중서정수(中西正樹)·전중사신(田中舍身) 등 「낭인회」 100여 명도 회의를 소집하여, '먼저 근심하고 즐거움을 뒤에 하는 진정한 낭인으로서 경세제민(經世濟民)의 참된 혁명을 원조하여 중국의 위기를 용기를 내어 돕는 것이 동서 대국을 위해 공헌'한다고 제기했다.[31)]

비록 이러한 단체 및 그 구성원들은 여러 가지 목적과 주장을 품고 있었지만, 그들의 활동은 일본에서 신해혁명의 영향을 확대했고 일본에서 민중 사이에서 중국 혁명을 어느 정도 선전하고 성원하는 역할을 했다.

1913년에 중국에서 「2차 혁명」과 「남경사건(南京事件)」(군벌 장훈(張勳)의 군대가 남경에서 혁명군과 교전할 때, 일본 상점을 약탈하고 3명의 일본인을 살해한 사건)이 발생하자, 일본에서 다시 한 번 중국 문제를 연구하는 단체를 조직하는 열기가 나타났다. 그러나 성격은 이미 중국에 대한 침략과 확장을 고취하는 측면으로 바뀌었다. 1913년 7월 상순에 내전량평(內田良平)·대정관태랑(大井寬太郎) 등이 발기하여 「대화연구회(對華研究會)」를 조직했다. 7월 19일에 평론원(評論員) 회의에서 중국과 관련된 각 단체들의 연합대회를 개최하자는 건의를 제출했다. 이 건의는 중국동지회·낭인회·흑룡회·동방협회·태평양회·일화실업가협회(日華實業家協會) 등의 동의를 얻었다. 7월 27일에 신전(神田) 청년회관에서 중국문제연구회의가 열렸는데, 회의에서 대화연구회(對華研究會)·중국동지회·낭인회 등 11개가 단체 연합하여 「대화동지연합회(對華同志聯合會)」를 만들었고, 중국에 대한 강경한 정책의 채택을 정부에 건의했다.

9월 1일에 「남경사건(南京事件)」이 발생한 뒤, 9월 4일에 견양의(犬養

31) 『東京朝日新聞』, 1912年3月12日

毅)·두산만(頭山滿)·근진일(根津一) 등이 발기하여 「남경사건유지회(南京事件有志會)」를 열고, 국민대회를 소집하여 수상과 외상을 만나게 해줄 것을 요구했다. 같은 날 대화동지연합회는 정부에 열하(熱河)로 출병하여 북경 정부에게 압력을 가하도록 요구했다. 다음날, 다시 평의회(評議會)를 소집하여 중국의 동몽고(東蒙古)·남만주(南滿州)의 요지를 점령하고 장강(長江) 일대의 요충지에 출병할 것을 건의했다. 9월 7일에 대화동지연합회는 국민대회를 개최하여 정부에게 중국 출병을 강력히 요구하면서 행진을 했고 심지어 외무성 기관을 습격하기까지 했다. 이 때가 되면, 이상의 단체들은 이미 완전히 군국주의를 선전하고 중국에 대한 침략을 떠들어대는 도구가 되었다.

여기에서 당시 일본 자본가들의 활동을 살펴보아야 한다. 그들은 절박하게 중국 남방의 풍요로운 경제 자원을 약탈하려하였고, 중국 혁명파를 지원하거나 심지어 매수하여서라도 남쪽으로 진출하려 하였다. 그리하여 점차 화남(華南)을 병탐하고 또한 장강 유역을 잠식해 나가려 하였다. 따라서 그들은 표면적으로 중국 혁명파를 동정하고 정부가 원세개(袁世凱)정권을 지원하는 방침을 반대했다. 그들은 또한 '중·일 연합개발' 등의 기치 아래 단체들을 조직했다. 예를 들어 추원흥조(秋元興朝)를 부총재로 하는 「일화협회(日華協會)」, 대정헌태랑(大井憲太郎)이 발기한 「일화실업협회(日華實業協會)」 등이 있다. 재벌 삽택영일(澁澤榮一)도 손중산(孫中山)과 교섭하여 합작으로 「중일흥업주식회사(中日興業株式會社)」를 설립했다.

5. 연쇄반응

—호헌 운동(護憲運動)과 대정 정변(大正政變)

신해혁명이 일본에 끼친 가장 중요한 영향은 일본인들이 민주와 자유를 쟁취하도록 계발·고취하고 직접적으로 일본 대정(大正) 초년의 호헌 운동과 「대정 정변」을 이끌어낸 것이었다.

일본은 명치유신 이후 천황제의 정권이 들어섰다. 비록 헌법을 반포하고 국회를 소집했지만, 천황은 여전히 절대 권력을 누리고 있어서 칙령의 형식을 사용하여 임의로 법을 만들고 국회를 소집하거나 해산할 수 있었다. 사실상 천황 및 그 주위 번벌(藩閥 : 원로·귀족·군벌·관료 등을 포함)의 전제 통치였다. 그러나 헌법이 승인한 국민의 민주적 권리와 자유는 오히려 자의적으로 짓밟히고 박탈당했다. 20세기 초에 일본은 군사적 봉건 제국주의 국가가 되었다. 연이은 대외 전쟁으로 군벌은 대권을 장악하고 크게 발호 했으며, 국민에 대한 착취와 진보사상이나 민주운동에 대한 박해를 강화시켰다. 1905년(명치 38년)에 일본 열도를 뒤흔들었던 동경 인민 대폭동을 무자비하게 진압했고, 1910년(명치 43년)에 다시 「행덕추수 사건(幸德秋水事件)」을 만들어서 수 백 명의 사회주의자를 체포한 뒤 죄목을 날조하여 행덕추수(幸德秋水) 등 12명을 사형에 처했다.

1912년(명치 45년, 대정 원년으로 개원함) 7월에, 명치천황(明治天皇)이 서거하고 대정천황(大正天皇)이 황위를 계승했다. 12월에 군부는 국가의 재정적 곤란을 고려하지 않고 육군 두 개 사단을 증편시키는 요구를 했고 서원사공망(西園寺公望)을 압박하여 내각에서 사퇴하도록 했다. 그리고 군벌의 거두로 궁내대신이며 육군대장인 계태랑(桂太郎)이 조각(組閣)했다. 번벌(藩閥)과 군부의 횡행 그리고 헌정에 대한 파괴는 광대한 민중의 분노를 격화시켜서 광범위한 호헌 운동을 폭발시켰다.

각계 인사들은 사단의 증파 문제는 이미 재정 문제일 뿐만 아니라 헌법 문제라고 지적했다. 서원사(西園寺) 수상과 군부의 대립은 '헌정주의와 비입헌주의, 국민 중심과 육군 중심'의 투쟁이었고, 서원사(西園寺) 내각의 사직은 '벌족(閥族)이 국헌을 유린한 결과였다.'[32] 각지에서 잇달아 거행된 벌족 타도와 호헌의 국민대회는 '벌족의 횡포가 이미 극에 달했고 헌정의 위기가 눈앞에 이르렀다', 반드시 '국론을 무시하고 헌정을 파괴하는 관료에 대해 끝까지 투쟁해야 한다', '결코 타협의 여지가 없다'고 호소했다.[33]

---

32) 山本四郎, 『大正政變の基礎研究』, pp.654-656.
33) 山本四郎, 앞의 책, pp.660-661.

중국 신해혁명의 폭발과 민주 공화 운동의 바람은 일본인들을 아주 크게 자극하고 고무시켰다. 줄곧 낙후되고 몽매하다고 멸시받던 중국이 각성하기 시작하여 중국인들이 일거에 청왕조의 군주 전제 통치를 무너뜨리고 동방의 대국 중에 처음으로 공화국을 성립시켰던 것이다. 손중산(孫中山)을 우두머리로 하는 혁명파는 전투적이고 진정한 민주주의의 강령을 내놓았고 중국인의 민주 정신과 혁명의 투지가 고조되었다. 이 모든 것들이 어떻게 여전히 천황과 군벌의 전제적인 통치아래 있던 이웃나라 일본에 거대한 영향을 일으키지 않을 수 있었겠는가! 이 때문에 화전삼랑(和田三郎)은 '우리나라의 국민이 비록 우매하지만, 눈앞에서 우리보다 선진적인 국가가 나타나서 자유정치를 실시한다면 각성하지 않을 수 없다. 일단 각성하면 곧바로 관료통치를 타파할 것'이라고 여겼다.[34] 화전삼랑은 심지어 공개적으로 일본 정부를 「일본의 만청 조정(滿淸朝廷)」이라고 불렀다. 그는 잡지 『사회정책』에 「일본의 만청 조정」이라는 글을 썼다. 그 글에서 '명치(明治)가 이미 45년이나 지났으니 우리나라의 사회는 바로 큰 변혁의 시점에 놓여있다. 이 시기에 이웃 중국에서 독립적인 전투가 벌어져서 완고함의 대명사였던 만청 조정이 이미 무너졌고, 아울러 제정의 족쇄를 벗어 던지고 공화정을 수립했다. 우리나라는 반신불수의 입헌정체를 언제까지 참아야 하는가? 나는 믿어 의심치 않는다. 중국의 독립은 반드시 우리나라에게 큰 교훈을 가져다 줄 것이다'라고 서술했다.[35]

일본 인사들은 계속해서 중국 혁명을 본국에서 민주 권리를 쟁취하는 것과 연계시켰다. 조도전 대학(早稻田大學) 교수 영정류태랑(永井柳太郎)은 『중앙공론(中央公論)』의 1913년(대정 2년) 1월호에 「중국인을 대신하여 일본인을 조롱하는 글을 씀」이라는 글을 실어, 중국 혁명이 '결코 왕조를 바꾸는 작은 일이 아니라 정치제도의 근본적인 개혁이며', '중국을 중국인의 중국으로 바꾼 운동'이라고 여겼다. 그것은 세계적인 추세이며 국민의 자

34) 주 25) 참조
35) 주 25) 참조

각과 자주 정신을 보여준 것이다. 그러나 일본은 현재 오히려 '국가의 큰일을 원로의 한 마디 말에 따라 정하는' 가련한 상황에 처해 있으니, 어찌 일본인의 일본인가! 그러므로 일본인은 중국 혁명을 돕기 전에 먼저 자신의 조국 일본에서 '국민운동을 일으키고', '벌족(閥族)통치를 몰아내야 한다.'[36] 경응 대학(慶應大學) 교수 상군치(向軍治)는 심지어 벌족의 통치가 인민의 불만을 자극했으니, '중국에서 혁명이 일어나지 않았더라도 일본에서 먼저 혁명이 일어나는 것도 불가능한 것이 아니었다'고 여겼다.[37] 적지 않은 사람들이 중국의 신해혁명에 대한 동정과 지지를 통해 당시 일본 천황·군벌·관료의 전제통치에 대한 불만과 반대를 표시했고, 그것을 기회로 민중을 각성시키려 했다. 따라서 중국 혁명을 지지하고 중국문제를 연구하는 많은 단체들은 모두 차츰 호헌 운동의 조직이나 외곽 단체가 되었다.

호헌 운동은 일본사회의 모순이 날로 첨예화되고 중국 혁명이 영향을 끼치면서 끊임없이 발전·성장했다. 1911년 12월 5일에 의원협의회·전국상업회의소·정우회·조사총회(調査總會) 등이 발기하여 신전(神田) 미사대정(美士代町) 청년회관에서 「군대의 사단 증설 반대 국민대회」를 열어 '벌족 타도, 헌정 옹호'의 구호를 외쳤다. 14일에 의원·기자 50여 명이 축지(築地) 정양헌(精養軒)에서 「시국문제유지간친회(時局問題有志懇親會)」를 열어서 벌족 정치의 타파, 정당주의의 발양, 헌정 옹호 등의 결의를 통과시켰다. 19일에 동경에서 큰 규모의 「헌정옹호연합대회」를 거행했는데, 의원·실업가·기자·평민 등 모두 3,000여 명이 참가했다. 27일에 「제1차 헌정옹호간친대회」를 거행했다. 그 뒤 1913년 1월 13일에 제2차 간친대회, 24일에 다시 제3차 간친대회를 거행하여 「헌정진작회(憲政振作會)」를 성립시켰다. 일본 각지에서도 계속해서 현민(縣民)대회·시민대회 및 각 정당이나 단체의 회의가 열렸다. 이 회의들에서 이루어진 연설·결의 및 헌정을 옹호하는 각 신문이나 잡지의 글들은 모두 연달아 군벌·관료들의 횡포를 질책하

---

36) 『中央公論』, 1913年1月號

37) 向軍治, 「以勢制人」『早稻田演講』, 明治45年 1月號

고, 헌정의 유지와 국민의 민주적 권리를 요구했다. 『일본과 일본인』의 평론에서 '벌족의 전횡과 교만함이 극에 달하여, 국민의 압박 · 가렴주구 · 사당의 옹호 · 현로(賢路)의 차단 · 헌장(憲章)의 무시 · 풍속의 파괴 · 위복(威福)의 농단 · 충신의 탄압 등 죄악은 끝이 없어서 천인(天人)이 공노(共怒)하고 있다'고 공격했다. 따라서 이번 호헌의 승패는 '헌정의 흥폐(興廢)', '민력(民力)의 소장(消長)', '국운의 성쇠' 등과 관련이 있다고 말했다.[38] 헌정옹호연합회는 또한 「토벌의 노래(討閥之歌)」를 만들었다. 그 가사는 '헌정옹호의 기치가 산야(山野)에 휘날리고, 벌족 타도의 북소리가 사해를 뒤흔든다. 40년 동안 국민을 유린한 벌족의 화근을 없애고, 헌정은 반드시 결실을 맺어야 한다'는 내용이었다.[39]

불꽃처럼 강했던 호헌 운동은 계태랑(桂太郎) 내각의 통치에 충격을 주었고, 계태랑(桂太郎) 계파의 압제와 파괴는 민중을 더욱 분개하게 만들었다. 호헌파 의원들도 의회에서 수상 계태랑에 대해 질책하고 탄핵을 제기했다. 2월 10일에 호헌파는 동경 일비곡(日比谷)공원에서 국민대회를 열었는데 수 만 군중이 참가했다. 회의 뒤 군중은 '번벌 타도'의 구호를 외치며 국회(제국의사당, 帝國議事堂)를 포위했다. 계태랑(桂太郎) 정부는 2,500 여명의 경찰과 3개 대의 헌병을 출동시켜 진압하려 했다. 분노한 군중들은 군경과 격렬하게 난투극을 벌였고, 아울러 동경 각처의 경찰서와 파출소를 습격했고 『국민신문(國民新聞)』 등 정부의 어용신문과 잡지사를 불질렀다. 투쟁은 경도(京都) · 대판(大阪) · 신호(神戸) · 광도(廣島) 등의 도시로 파급되었다. 민중의 투쟁열기에 심각한 타격을 받은 계태랑은 다음날 사직하는 수밖에 없었다. 한 때 무위(武威)를 떨치고 한 세대이상 갈 것 같던 계태랑 내각은 15일도 안 되어 물러났다. 이것은 일본근대사에서 처음으로 민중의 항쟁을 통해 내각을 무너뜨린 큰 의의를 지니고 있다.

계태랑(桂太郎)이 실각한 뒤 후임 수상은 또 다른 군벌이면서 해군대장

---

38) 『神戸又新日報』, 1913年3月14 · 15日

39) 山本四郎, 앞의 책, pp.547-548.

인 산본권병위(山本權兵衛)였다. 그는 잇달아 군대의 증강을 강행하고 부정 부패를 용인하여 다시 사회 각계의 반대를 불러 일으켰다. 1914년(대정 3년) 2월 10일에 수만 명의 군중이 다시 의회를 포위하고 경찰과 투쟁을 벌여서, 결국 산본(山本) 내각도 얼마 되지 않아 물러났다. 호헌 운동을 통해 두 차례에 걸쳐 군벌내각을 몰아낸 사건은 대정(大正) 초년에 발생했기 때문에 일본 역사상 「대정 정변(大正政變)」 혹은 「대정 유신」이라고 불린다.

일본에서 호헌 운동이 활기차게 전개되고 있던 1913년 2, 3월에 중국 혁명의 영수 손중산(孫中山)이 조사차 일본에 왔다. 그는 일본에서 각계 인사와 화교들의 열렬한 환영을 받았고 각처에서 연설을 통해 중국 혁명의 경험과 삼민주의(三民主義) 사상을 소개했다. 이것은 의심할 나위 없이 일본의 뜨거운 호헌 운동의 열기에 기름을 붙는 것이었다. 일본의 간행물들은 손중산(孫中山)이 일본 각지에서 한 활동을 대대적으로 보도했고, 일본의 많은 민중들이 '민국 건설의 큰 위인의 풍채'를 앞 다투어 보려했는가를 묘사했다.[40] 3월 13일에 손중산(孫中山)은 신호(神戶) 기독교 청년회관의 연설에서 중・일 양국의 국민 정서는 유사하고 정당정치를 발전시키는 것은 중・일 양국의 공통적인 과제라고 지적했다. 다음날 동문학교(同文學校)의 강연에서 손중산은 다시 중국 공화정의 유래를 소개하고, '군주의 전제 통치 아래에서 인민은 노예와 같다. 그러나 공화 제도에서는 관민(官民)은 한 가족이다'라고 지적했다.[41] 이처럼 손중산(孫中山)이 일본에서 행한 언행은 일본인들이 민주를 쟁취하고 헌정을 유지하려는데 긍정적인 영향을 끼쳤다. 일본의 시인 아옥화외(兒玉花外)는 특히 「손일선(孫逸仙)에게 보내는 시」를 썼는데, 그 시에서 '아아, 한 시대의 선구자이며 무관의 혁명왕 손일선(중산)이여, 그대는 2월 봄까지 머물러주오. 일본 헌정화(憲政花)가 꽃을 피우면 벗 꽃을 한 가지 꺾어 보내리'라고 썼다.[42] 여기에는 일본인들의 손중산에 대한 흠모와 호헌 운동의 승리를 바라는 심정이 반영되어 있다.

---

40) 주 38) 참조
41) 위와 같음.
42) 『太陽』, 1913年3月, 『中國近代化的構造』, p.193.

신해혁명이 대정 정변에 끼친 영향은 당시 잡지 『일본 및 일본인』을 간행한 도원신태랑(稻垣伸太郞)의 「중국 혁명과 우리들의 벌족 정치」라는 글에서 다음과 같이 말했다. '대정의 새로운 시대에 새로운 정치 중 하나는 바로 번벌(藩閥)·관료와 같은 명치시대이래 남겨진 폐해를 제거하고 정치상의 일대 혁명을 진행하는 것이다. 다시 말해서 대정 유신(大正維新)은 제2의 중국 혁명을 의미한다.'[43] 이는 명확하게 신해혁명과 대정유신 둘 사이의 연관성을 긍정적으로 본 것이다.

43) 주 30) 참조

제7장

근대중일 교류 실록

— 近代日本遊記研究札記(上)

근대에 많은 중국인들이 연달아 동쪽으로 건너가 일본을 방문·유람·답사·출사(出使)·유학했다. 그들은 많은 양의 일본 유기(日本遊記)를 써냈다. 필자가 처음에 수집해서 열람한 것이 백여 종이나 되었다. 이 유기(遊記)들은 중국인이 일본에서 보고들은 것과 일본 사회에 대한 각종의 견해가 실려 있어서, 근대 중·일 관계사 연구에 적지 않은 가치를 지닌 자료를 제공했는데, 근대 중국과 일본의 상호 교류와 문화 교류의 실록이라고 할 수 있다.

본 장은 1850년대부터 1880년대까지 중국인이 쓴 다섯 부의 일본 유기를 소개하고 평가하는 데 중점을 둔다.

1. 근대 중국의 첫 번째 일본유기

—나삼(羅森)의 『일본일기(日本日記)』

1854년(함풍 4년, 일본 가영 7년)에 일본을 뒤흔든 대 사건이 일어났다. 미국 페리 함대의 제2차 일본원정으로 마침내 일본 「쇄국」의 대문을 두드려서 열고, 일본에 압력을 가하여 서방 국가와 첫 번째 정식 국제조약—「일미친선조약(日美親善條約)」(또 「일미신나천(가나가와)조약(日美神奈川條約)」이라고도 한다)을 체결했다. 일본 역사상 '흑선(黑船)'이라고 부르는 미국 함대에는 통역을 담당한 중국인이 있었는데, 이 사람은 중국 근대 첫 번째의 일본 유기인 『일본일기』의 작자 나삼(羅森)이다.

나삼(羅森)은 자(字)가 향교(向喬)이고 광동성(廣東省) 남해(南海)사람이다. 1854년 초, 그는 홍콩에서 활동하고 있던 미국 선교사 웰리스(Wellis)의 요청에 따라 해군준장 페리가 이끄는 미국 함대의 중국어 통역을 담당했다. 페리 함대는 1854년 1월 17일에 홍콩을 떠나 대만(臺灣)해협을 건너 유구(琉球)군도를 거쳐, 1854년 2월 11일에 일본 강호만(江戸灣) 포하항(浦賀港)에 도착했다. 일본과 담판해서 조약을 체결하고 유람한 후에, 또 같은 해 8월 7일에 홍콩으로 돌아오는데 반년쯤 걸렸다.

나삼이 일본에 간 기간에 쓴 『일본일기』는 귀국 후 홍콩 영화서원(英華書院)에서 주관하는 중국어 월간지 『하이관진(遐邇貫珍)』에 세 차례에 걸쳐 연재 발표되었다. 『일본일기』에서 나삼은 살아 움직이는 문필(文筆)로 유구(琉球) · 횡빈(横濱) · 하전(下田) · 상관(箱館) 등지의 산수 · 인정 · 풍속 · 물산을 그려냈다. 일본과 미국의 담판과 조약체결의 경과 등 흥미 있는 소식을 서술했다. 그리고 그와 일본의 관원 · 문인 · 승려의 필담(筆談) 문답과 읊조린 시편도 적지 않게 기재하고 있다. 이 때문에 이 『일본일기』는 이미 어느 정도 사료 가치가 있고 상당한 문학적인 감각도 갖추고 있다.

나삼(羅森)은 글 속에서 유구인들을 칭찬해서 '질박함과 검소함을 달갑게 받아들이고, 사치와 화려함에 힘쓰지 않고, 또한 속이는 일이 드물다. 판자문에 종이창의 집에서 살고 밤에도 도둑을 걱정하지 않는다. 길에서 물건을 줍는 일이 있어도 원래의 주인에게 되돌려주고 있다. 관청은 고요하고 적막해서 공문서의 번잡함이 없고, 순박한 풍조가 있어 간략함이 상고시대와 같다'라고 했다. 그는 또한 일본의 사회 치안을 과장해서 '무릇 한 나라에는 한 나라에 맞는 선정(善政)이 있는데, 일본이 비록 중화보다 나라가 작지만 빼앗고 위협하는 풍조 또한 아직 본적이 없다. 그들의 방문(房門)은 비록 종이로 발랐지만, 개나 쥐처럼 훔치는 폐단은 없었다. 이는 다스리는 방법이 뛰어남을 가지고 있다'라고 했다. 나삼은 횡빈에서 일본의 스모(일본식 씨름) 경기를 보고 칭찬하며, '일본인 중에 힘쓰는 자가 많다는 것을 보기에 충분했다'라고 말했다. 그는 또한 하전에서 계정민(桂正敏)이라 부르는 일본 시동(侍童)에 관해 기록했다. '나이는 비록 어리지만, 몸에 쌍검을 차고 지기가 뛰어나고 대답을 잘했다. 또 공당(公堂) 위에서 아국(亞國 : 미국)의 각 관리들의 모습을 그려냈고, 총명하고 준수해서 많은 사람들이 그를 좋아했다.' 페리 함대의 수행원이 되었던 나삼은 직접 일본과 미국 사이의 담판과, 조약체결 과정을 직접 보고 참여했다. 이 때문에 일기에서 그 중대한 사건에 관한 약간의 사실을 묘사하고 있다. 예를 들면, 그는 페리 함대가 횡빈(橫濱)에 처음 도착했을 때, 일본 막부는 의구심을 품고 방범을 엄하게 하여, '일본의 관에 소속된 작은 배가 백여 척이 먼 해안에 정박하고 있었는데, 모두 돛을 펴고 군영과 무기도 각각 갖춤으로써 그들의 무례함을 막으려고 했다'고 기록했다. 그는 또한 양쪽이 담판 교섭하고 조약을 체결한 후에 미국 군함 위에서 성대한 연회를 베풀고 일본 관원을 초대한 장면과 자질구레한 일들을 묘사했다.

조약체결 후, 미국은 일련의 근대화된 기계들을 일본 정부에 증여하고, 또한 횡빈(橫濱) 교외에서 공개적으로 전시해 보였다. 이 기계들은 많은 일본 관중을 끌어들였을 뿐만 아니라, 나삼에게 큰 흥미를 끌었다. 그는 경탄하는 어투로 하나하나 소개를 덧붙였는데, 예를 들면 「화륜차(火輪車 : 자동차)」는 '구르는 것이 지극히 빨라서 사람들이 대부분 기이하다고 말하고', 「전화기」는 '구리선만으로 먼 곳과 통하게 해서 이쪽의 목소리를 즉시 저쪽으로 전달하는데 그 응답이 메아리 같고', 「자영상(自影像 : 사진기)」은 '거울을 해로 향하게 해서 사진을 그려 모양을 만드는데 붓으로 그리지 않았는데도 오래도록 변하지 않고', 「부랑정(浮浪艇 : 모터보트)」는 '안에 풀무가 있어서 어떤 경우에는 풍회선(風壞船)이라고 하는데 이것으로 산 사람을 띄워 목숨을 보존하게 할 수 있고', 또한 「경농구(耕農具 : 농업 기구)」는 '미국의 기묘한 농기구로 힘을 들이지 않고 수확할 수 있다'고 했다. 이런 기계들 중 중국인과 일본인 모두 처음 본 것이 적지 않아서 신기함이 더했는데, 아마 나삼의 기록도 그것들에 대하여 중국인으로서는 가장 빠른 묘사 중의 하나일 것이다.

적지 않은 일본의 관원과 문인이 주동적으로 나삼과 필담을 나누고, '오랜만에 서로 만난 듯이 일본이 중국 문물을 우러러본다는 마음'을 표현하고, 아울러 그에게서 중국의 상황을 들으려고 했다. 특히 평산겸이랑(平山謙二郎)이라는 일본 관리는 사람 됨됨이가 '순후하고 박학'해서 두 세 번이나 그에게 중국의 치란(治亂)상황을 물었다. 당시는 태평천국이 막 일어나서 평정되지 않았을 때라서, 나삼은 곧 자신이 쓴 태평천국에 관한 기술과 치안책을 평산(平山)에게 빌려주어 보게 했다. 연회 중이었기 때문에 세밀하게 읽을 수 없어, 평산(平山)은 다시 서신을 보내 빌려가서 보겠다고 부탁하자, 필사하도록 해주었다. 뒤에 그 책은 일본에서 떠돌다가 『남경기사(南京紀事)』의 초본이 되었다. 얼마 뒤 『만청기사(晩淸紀事)』의 목판활자 증보판 개정본도 간행되었다. 이 책의 기술은 비록 간략하지만, 처음으로 일본에게 제공된 태평천국에 관한 비교적 진상에 가까운 구체적인 소개이고 일본 인사들에게 중시되었다. 나삼이 이전에 횡빈(橫濱)의 빈관(賓館)에서 미국 접대에 참가한 일본 관원 한 명과 한자리에서 필담 했는데, 그가 제기한 태평천국에 관한 약간의 문제에 대답하고 몇몇 오전(誤傳)도 바로 잡았다. 예를 들면, 일본 관원이 '태평왕(太平王) 소도회(小刀會)는 이름이 무엇이냐?'라고 묻자, 나삼은 바로 '홍수전(洪秀全)이 태평왕이고 소도회가 아니다'라고 그에게 알려 주었다. 그가 '청조 황제가 조선으로 달아났다고 하던데 사실인가 ?'라고 다시 묻자, 나삼이 곧바로 부정하고 '나는 이전에 들어본 적이 없는데, 당신은 어디서 들었소 ?'라고 물었다.

평산겸이랑(平山謙二郎)이 책을 돌려줄 때, 나삼에게 긴 편지 한 통을 썼는데, 먼저 나삼의 사람 됨됨이에 존경하여 따르겠다고 표현하고, '지난번 『남경기사』와 치안책 두 책자를 얻어 네 번이나 열심히 읽고서야 비로소 중국 치란의 원인을 알았습니다. 또한 나향교(羅向喬 : 나삼)는 학술이 순정하고, 임금에 대한 애정과 나라를 근심하는 뜻을 힘들게 여러 곳을 떠돌아다니면서도 잊은 적이 없으며, 주먹을 쥐고 한탄하지 않은 적도 없음을 알았습니다'라고 했다. 그는 세계 각 국의 사람들이 똑같이 '천지의 갓난 아이'여서 마땅히 '서로 사랑하고 서로 우애 있는 사람'이 되어야 한다고 생각했다. 이 때문에 '전 세계는 예양(禮讓) · 신의(信義)로 서로 돈독하게 사귀고', '강한 자가 약한 자를 병합하거나 큰 자가 작은 자를 집어삼키는 것은 거의 호랑이나 늑대와 사귐에 가깝다!'고 반대했다. 평산(平山)은 나삼(羅森)에게 사해(四海)를 주유할 때 발길이 닿는 곳마다 '반드시 이러한 생각으로 각 국의 군주에게 유세하는 것은, 공자와 맹자의 뜻을 천만년 뒤에 계승하여 전 세계에 퍼뜨리자'고 희망했다.

나삼(羅森)이 일본에서 많은 문인 · 학자 · 관원들과 문화적 교류를 했다. 그는 일본인사들이 '중국의 문학과 시사(詩詞)를 매우 사랑한다'는 것을 발견했다. 항상 일본 사람들이 오면 나삼에게 글을 지어 부채에 적어달라고 부탁했다. 횡빈(橫濱)에 있을 때, '한 달 사이에 부탁을 들어준 것이 500개를 밑돌지 않았다.' 하전(下田)에서는 '부채에다 써준 것이 천여 자루를 밑돌지 않았다.' 그는 또한 항상 일본 문인들과 한시를 읊조리고 서로 글과 그림을 주었는데, 『일본일기』에 적지 않게 읊조린 시가를 기록하고 있다. 예를 들면 평산겸이랑(平山謙二郎)이 이별할 때에 당시(唐詩) '그대에게 다시 술 한 잔을 비우라고 권하지만, 양관(陽關)을 서쪽으로 나서니 옛 벗이 없었다'를 부채에다 써서 주자, 나삼(羅森)은 시를 읊조려서 화답했다.

> 화선(火船)이 날듯이 광동(廣東)의 동쪽을 나서니,
> 이날은 푸른 거울 속에 돛이 걸렸다.
> 굽은 봉우리들을 두루 돌아보는데 정은 끝이 없고,
> 귀한 보석들을 거닐며 살펴보는데 흥이 다하지 않는다.
> 두 바퀴가 파도를 가르니 내달리는 말 같고,
> 한 키(舵)가 물살을 가르니 예쁜 가을 무지개와 같다.
> 드넓은 물길에 고래를 타니 큰 파도가 부딪히고,
> 편안히 학에 걸터앉아 큰바람을 휘 젓는다.
> 유구(琉球)에서 잠시 벗어나자 구름이 비로소 흩어지고,
> 일본에 처음 이르렀을 때 눈이 막 녹고 있었다.
> 잠시 한 몸을 천지 바깥에다 의탁했었는데,
> 지음(知音)과 한담하며 타향살이의 애달픔을 호소한다.

하전(下田)에서 명독(明篤)이라는 일본인이 그에게 물었다. '그대는 중국의 선비인데, 어찌 알아들을 수 없는 오랑캐 말의 문하(門下)에 귀의했는가?' 그 뜻은 너는 중국의 지식인으로 어떻게 통역을 맡게 되었는가 이다. 나삼(羅森)도 시를 지어 대답했다.

> 일본을 떠돌다가 옛 사연을 말하는데,
> 말이 통하지 않아 더욱 상심이 된다.
> 남방(南方)의 야만인은 아직 구름이 바람에 흩어지는 것도 모르면서,
> 함부로 헤아리지만 어찌 세상에 기린이 있는 것을 알겠는가 ?
> 벽옥(璧玉)은 연성(連城)이 최고라 하지만 모름지기 주인을 만나야 하고,
> 구슬은 조승(照乘)이라고들 말하지만 반드시 사람에 기대야 한다.
> 동쪽 오랑캐가 예를 익혔는데도 끝내 벗이 없고,
> 남국에 인재가 많아 저절로 진실이 생긴다.
> 예전에 영웅들은 검(劍)을 지니고 있었듯이,
> 지금의 호걸들은 윤선(輪船)을 다룬다.
> 바람을 타고 파도를 깨뜨리기를 평생 원해서,
> 만리 씩 이나 아득한데도 이웃 같았다.

이 시는 그의 원대한 포부와 지향을 충분히 드러냈다. 나삼(羅森)의 이 첫 번째 일본행은 근대 중일교류사의 한 토막 아름다운 이야기라고 할 수 있다.

2. 첫 번째 주일공사(駐日公使)의 부임기
— 하여장(何如璋)의 『사동술략(使東述略)』

1877년(광서 3년, 명치 10년) 11월 30일에, 중국 최초의 주일사절단이 탑승한 중국 군함 「해안호(海安號)」가 서서히 일본 장기(長崎)항으로 들어서자, 장기(長崎) 포대는 예포를 21발 울렸고, 동시에 용기(龍旗)를 들어 환영했다. 12월 7일에 사절단이 신호(神戶)항에 도착했을 때 화교와 일본 군중

들이 에워싸며 다가왔고, 많은 사람들이 골목을 나와서 '길이 그들로 막혔고' 앞 다투어 '한인 관리의 위엄 있는 거동'을 바라보았다. 심지어는 110여 리 밖의 대판(大阪)에서 온 자도 있었고, 구미의 교민들까지도 아내와 아이를 데리고 앞으로 나와서 중국 사신의 풍채를 우러러보았다. 이상은 모두 첫 번째 주일공사 하여장(何如璋)이 그의 일본 유기 『사동술략(使東述略)』에서 묘사한 근대 중국의 첫 번째 주일외교사절단이 일본에 도착했을 때의 모습이다.

일본은 명치유신 후 얼마 되지 않아 중국과 외교접촉을 진행하기 위하여, 외무권대승(外務權大丞) 유원전광(柳原前光)·대장경(大藏卿) 이달종성(伊達宗城) 등을 차례로 중국에 보내 담판했다. 1871년 (동치 10년, 명치 4년) 9월에 「중일수호조규(中日修好條規)」 18개조와 「중일통상장정(中日通商章程)」 33개조를 체결하고, 두 나라가 정식으로 외교 관계를 수립했다. 수교 후 일본은 외무경(外務卿) 부도종신(副島種臣)을 파견해서 청의 황제를 알현했고, 또 내무경(內務卿) 대구보리통(大久保利通)이 중국에 와서 교섭했다. 1875년(광서 원년)에 외무소보(外務小輔) 삼유례(森有禮)를 주중국특명전권공사(駐華特命全權公使)로 임명하여 장기간 북경(北京)에 머물렀다. 그런데 중국은 처음에 외교관을 일본에 파견하지 않았지만, 중국과 일본이 조약을 체결하고 수교한 이후부터 외교 문제가 많아지고 더욱이 대만(臺灣)·유구(琉球) 등의 문제에 관한 교섭이 빈번해서 관계가 긴장되었을 뿐 아니라, 거의 1만 명에 가까운 중국 상인과 교민도 일본에 머무르고 있어서, 이홍장이 빨리 주일사절을 파견하자고 주청하였다. '청컨대 총리아문의 왕과 대신들에게 칙(勅)을 내려 상세한 정황을 상세하게 파악하고 일 처리에 능숙한 3·4품(品) 경당대원(京堂大員) 가운데 한사람을 인선하도록 하고, 지(旨)를 내려 상으로 높은 직함을 주고 일본공사로 머무르도록 파견하십시오'라 하였다.

청 정부는 1877년 1월 15일(광서 2년 12월 2일)에 정식으로 한림원시강(翰林院侍講) 하여장(何如璋)을 출사일본국흠차대신(出使日本國欽差大臣)으로 삼고, 곧 지부(知府) 장사계(張士桂)를 발탁해서 부사(副使)로 삼았다. 본래 그 해 봄에 바로 출발하려고 했는데, 일본에서 서남전쟁(西南戰爭)이 일어나 연말로 시기를 늦춰 떠났다. 하여장(何如璋) 일행은 11월 27일에 오송(吳淞) 항을 떠나 30일에 일본 장기(長崎)항에 도착했다.

하여장(何如璋)은 자(字)가 자아(子峨)이고 광동(廣東) 대포(大埔)사람으로, 동치 7년에 진사급제하여 한림원에 들어가 서길사(庶吉士)로서 편수(編修)를 맡았다. 그리고 시강(侍講)으로 일본에 가게 되었다. 그는 북경을 떠나서 동경의 사관(使館)에 도착하는 부임 과정을 일기 형식으로 기록했다. '지나온 바닷길이 만 리에 가깝고, 선행(船行)이 18일이나 걸려서 바다와 땅을 건넜다. 보고 듣는 풍토와 정속(政俗)에 대해서 어떤 것은 살펴봐도 아직 자세하지 않고, 어떤 것은 물어봐도 상세하지 않고, 어떤 것은 서책을 뒤져봐도 다 맞는 것이 아니어서, 알게 된 대략을 취해서 날마다 기록하고 한 때의 발자취를 남긴다.' 『사동술략(使東述略)』이라고 이름한 일본유기는 뒷부분에 또한 칠언절구의 시 67수를 덧붙여서 『사동잡영(使東雜詠)』이라고도 부른다. 시(詩)마다 앞에 소주(小注)가 있어 일본에 출사(出使)하는 행로의 견문(見聞)을 묘사해서 『술략(述略)』과 서로 비교해 볼 만하다.

이 책 속의 몇 가지 측면은 주의를 기울일 만한 것이 있다. 먼저 일본 형세에 대한 기록이다. 당시 하여장(何如璋)은 직접 증기선을 타고 오송항에서 일본 장기(長崎)로 간 다음, 다시 장기에서 일본 해안을 따라서 장문(長門) 해협 · 뇌호내해(瀨戶內海) · 신호(神戶) · 대판(大阪) · 횡빈(橫濱) 등을 지나 마지막으로 동경(東京)에 도착했다. 그는 지리에 주의를 기울여 현지조사를 덧붙였기 때문에 일본의 지리상황에 대해서 비교적 정확히 묘사를 했다. '그 영토는 4개의 큰 섬으로 구성되었고 기내(畿內)에서 팔도(八道)까지 총괄한다.' 이 4개의 큰 섬은 곧 본주(本州) · 구주(九州) · 사국(四國) · 북해도(北海島)이다. '전국은 사방이 바다로 둘러싸였고 큰 섬 밖으로는 작은 섬들이 그 사이에 흩어져 있으며, 길이는 2천여 리, 넓이는 1백 리에서 3백여 리이다.' 구주도(九州島)는 '지세가 험하고 길어서 남북으로 5백여 리이고, 동서로 2 · 3십리에서 1백여 리에 이르러 같지 않고, 옛부터 구주(九州)로 나뉘어 있었다.' '서쪽에는 장기(長崎)가 있고', '서남(西南)을 살마(薩摩)라고 하고', '대마도(對馬島)는 조선과 수십 리 정도의 가까운 거리이다.' 이렇게 서계여(徐繼畬)부터 위원(魏源)에 이르기까지 줄곧 일본을 주로 장기(長崎)·살마(薩摩)·대마(對馬) 3섬으로 이루어졌다고 말하던 착오를 바로 잡았다.

그 다음은 일본 명치유신에 대한 인식이다. 하여장(何如璋)이 일본에 부임했을 때가 바로 일본 명치 초기로, 명치 정부는 일련의 개혁을 진행하고 있는 중이었다. 하여장이 본 명치유신에 대해 당시 중국 국내에서 논의가 분분했다. 예를 들면 진기원(陳其元)의 『일본근사기(日本近事記)』는 명치유신을 간신이 권력을 찬탈하여 조대(朝代)를 바꾼 것으로 보았다. 그런데 김안정(金安淨)은 『동왜고(東倭考)』에서 일본의 명치유신을 중국 전국시대 조(趙) 무영왕(武靈王)이 호복기사(胡服騎射)로 바꾼 것과 비견할 수 있다고 생각했다.

그렇다면 첫 주일공사가 된 하여장은 일본 명치유신에 대해서 도대체 어떻게 인식했을까? 『사동술략(使東述略)』에 한 토막의 평론이 있다. '근래 20년 강한 이웃을 차례로 핍박해서 호시(互市)를 크게 열었는데, 때를 근심하는 선비들이 정령(政令)이 어그러져서 나라의 근본을 굳건히 하고 바다 밖을 막기에 충분하지 않다고 말하고, 존왕양이를 제창했다. 여러 국(國)들은 동요하고 군중들이 일어나서 도하(都下)에서 횡행했다. 덕천씨(德川氏)가 궁지에 빠져 거점을 잃고 무권(武權)이 날로 축소되었다. 한 두 명의 능력 있는 인재가 마침내 때를 만나서 그 변란을 바로 잡았다. 공실(公室)을 강하게 하고 사문(私門)을 막고 폐번치현(廢藩治縣)하고, 백년 묵은 폐단을 들어내어 점차 바꾸어 시행하니 손바닥 뒤집듯이 했는데 어찌 또한 쉬웠겠는가?' 이 말은 명치 유신의 원인을 공실 강화에서 백년 묵은 폐단의 경장(更張)까지라고 분석해서, 명치유신에 대해서 기본적으로 긍정적인 태도를 보였다. 그러나 마지막에 여전히 그 성과에 대해 회의를 표시했다. 하여장(何如璋)은 또한 '명치 이후 개혁이 어지럽게 생겨나서 일찍이 그 서적을 살피고 그 정치와 풍속을 물었다.' 그는 『사동술략(使東述略)』에서 당시 일본의 관제·병제·학제·재정 등을 간략하게 서술했다. 일본 명치유신 이후에

서방을 학습하는 상황에 대해서 그는 다음과 같이 평했다. '근래 유럽 풍속을 쫓아서, 위로는 관부(官府)에서 아래로는 학교까지, 모든 제도 · 기물 · 언어 · 문자를 모두 서양을 본보기로 삼았다. 따라서 유노(遺老)와 일민(逸民)으로 뜻을 얻지 못한 선비 중에서 항상 옛 습속에 힘쓰고, 한학을 얘기하고, 주변머리 없이 옛 풍속으로 자신을 지키던 사람들이 자신을 불쌍히 여길 만하다'고 하였다.

일본이 서방의 선진 과학 기술을 끌어들이는 것에 대해서도 하여장(何如璋)은 찬양했다. 그는 전보를 칭찬해서 '비록 천리만리라고 하더라도 즉시 도달한다'고 했다. 아울러 시를 지어 '부드러워 손가락에 감을 수 있는데도 하늘에 팽팽하게 서려있고, 길에 쇠줄을 끌어다가 만리에 통한다. 한 번 끌어다가 소리를 날리면 번개처럼 빠르게 달려가 기교를 다투어 신(神)의 공력(功力)을 빼앗는다'라고 했다. 서양식 종이 제조법을 보고 경탄해서 '만드는 기교가 썩은 것을 완전히 바꿔서 신기한 것으로 만든다'고 했다. 이 때문에 그는 마땅히 서방과 일본을 배워서 '상하가 마음을 하나로 하고 힘을 합쳐서 광산을 열고, 기계를 만들고, 교역을 통하게 하고, 공업에 은혜를 베풀어야 한다'고 주장했다. '전신을 만들어서 공문을 빨리 보내고 수송로를 만들어 통신과 수송을 통하게 한다.' '자강을 추구하고 선비를 기르고 인재를 쌓으며, 군비를 정비하고 관리의 다스림을 경계하고 인심을 굳건히 한다'고 하였다. 그는 일본에 사신으로 갔던 일을 통해서 세계로 시야를 넓히고 마침내 양무파 관료의 하나가 되었다.

그밖에 주의를 기울일 만한 것은 최초의 주일공사가 된 하여장(何如璋)의 중 · 일 관계에 대한 견해이다. 그는 '오대부주(五大部洲)를 둘러보면, 오직 중국 땅과 경계가 서로 닿아서 입술과 이가 서로 의지하는 것과 같으니, 중국과 일본이 서로 의지할 수 있다면, 남으로 대팽(臺澎, 대만 팽호)이고 북으로 비살(肥薩)이여서 수미(首尾)가 상응하고 호흡이 통할 만하여, 이는 발해만(渤海)에서 월민(粵閩 : 광동 복건)까지 수천 리의 문호(門戶) 사이에 밖으로 병풍을 두른 것이다'라고 생각했다. 이 때문에 그는 중국과 일본이 우호적으로 연합해서 함께 서방의 침략을 막아야 한다고 주장했다. 동시에 그는 일본 통치 집단이 중·일 우호관계를 파괴하는 행위에 대해서 원칙을 견지하고 그들과 이유를 설명하며 힘껏 싸웠는데, 예를 들면 유구(琉球)문제에서도 마찬가지였는데 후에 청 정부 특히 이홍장(李鴻章)의 지지를 얻지 못해서 실패하고 국내로 소환되었다.

하여장(何如璋)은 『사동술략(使東述略)』과 『사동잡영(使東雜詠)』에서 일본의 풍경을 접하고 정이 생겨서, 적지 않은 아름다운 글과 시를 썼다. 예를 들면 윤선(輪船)이 장기(長崎)항에 들어설 때의 모습을 다음과 같이 묘사했다. '항구의 형세가 동남으로 비스듬히 기울어져, 수십 리가 굽어져 있고, 헤엄치는 용이 바다를 희롱하는 듯하고, 마침 그곳 이름도 야모기(野母崎)이다. 북으로 섬들이 흩어져 있어 크고 작은 것이 대여섯이고 산골짝이 울창하고 나무숲이 무성하여 비가 온 후에는 비취 같은 물방울이 떨어지고, 아직 겨울인데 오히려 봄여름과 같다. 섬을 따라서 천천히 가다가 그늘진 산길로 들어서니 생각할 겨를도 없이, 옛날에 이르던 삼신산(三神山)은 바로 이곳이 아닌가?' 또 시를 써서, '아득히 신선길이 마침내 통해서, 배를 멈추고 아직 믿지 못하고 있는데 회풍(回風)이 불었다. 그윽한 풍기(嵐氣)가 만 겹이나 휘감고 파도가 천경(千頃)에 이르러, 시 안에 있지 않다면 바로 그림 속이구나'라고 읊조렸다. 그는 일본 부사산(富士山)의 경관을 다음과 같이 형용했다. '북쪽 봉우리에 눈이 쌓였는데 남쪽 봉우리는 불이 나고, 뿌연 솜뭉치가 어지럽게 휘날려서 파도를 좇아간다. 한결같이 험악한 얼굴에 차고 뜨거움이 나뉘니, 산이 이러한데 사람은 어떻겠는가?' 귀국한 후에 하여장(何如璋)은 복건선정대신(福建船政大臣)이 되었다. 1884년에 중국과 프랑스의 마강(馬江 : 청·프전쟁) 전투에서 패한 것에 대해서 무거운 책임을 짊어졌기 때문에 청 정부에 의해 군역에 충당되었고 그에 따라 명성도 흔적 없이 사라졌다. 단지 냉정하게 논하면, 그는 일본에 출사했을 적에 결코 어떤 권리를 상실하고 나라를 욕되게 하는 일을 하지 않았다. 『사동술략(使東述略)』과 『사동잡영(使東雜詠)』은 근대 중·일 교류의 실록이고 어느 정도의 가치가 있다.

3. 명치 초기 일본 정찰기

—왕지춘(王之春)의『담영록(談瀛錄)』

일본에서 명치유신 이후에 나타난 변화, 특히 1874년(동치 13년) 갑자기 대만을 침략한 것은 청 정부의 주의를 끌었다. 하여장(何如璋)을 출사일본대신(出使日本大臣)으로 파견하여 그에게 주일외교사절단을 인솔하게 하는 것 외에 청 정부는 계속해서 관리를 한 명 파견하여 일본을 관광·여행하도록 하였다. 사실상 이것은 일본에 대한 조사·정찰을 진행한 것이었다. 당시 그러한 관리들 중에 나중에 돌아와서 광서순무(廣西巡撫)가 된 왕지춘(王之春)은 비교적 직급이 높은 사람이었다. 그는 귀국한 후에『담영록(談瀛錄)』이라는 책을 썼는데, 모두 세 권으로 이루어졌다. 제1·2권은『동유일기(東遊日記)』로 그 속에는 수십 수의 시가 들어 있고, 제3권은『동양쇄기(東洋瑣記)』로 내용은 잡기(雜記)이다.

왕지춘(王之春)의 일본 방문 목적에 관해서, 팽옥린(彭玉麟)은『담영록(談瀛錄)』의 서문에 '러시아를 방어하기 위해서는 우선 일본을 방어해야 한다. …… 그러나 일본을 방어하기 위해서는 먼저 일본의 요충지와 풍속의 장단점, 정치적 득실을 연구하지 않으면 빈틈을 공격하여 일본을 꼼짝 못하게 만들 수 없다. 그리고 무력으로 일본을 대한다면 일이 쉽게 해결될 것이나, 사절을 보내 일본을 존중한다면 오히려 시기심을 초래할 것이다. 감정을 드러내지 않고 적의 소굴을 염탐하여, 몰래 두루 돌아보면서 오랑캐가 내심에 품은 것을 계속 통찰할 수 있는 사람을 오랫동안 찾았지만, 찾기가 어려웠다. 왕작당관찰(王爵堂觀察 : 왕지춘(王之春))은 명을 받고 기꺼이 떠날 것을 청하였다.'라고 한 것에서 그가 일본 탐방의 사명을 맡았다는 것을 알 수 있다. 그가 떠나기 전에, 양강총독(兩江總督) 심보정(沈葆楨)은 '생각이 깊고 박식하여 반드시 여러 가지 실정을 경험할 수 있을 것이다'라고 왕지춘(王之春)을 평가하였다.

왕지춘(王之春)은 1879년(광서 5년, 명치 12년) 12월 4일에 오송(吳淞)항을 출발하였다. 2월 6일에 장기(長崎)에 도착했고, 8일에 신호(神戶), 9일에 대판(大阪), 12일에 횡빈(橫濱)을 거쳐, 13일에 동경(東京)에 이르렀다. 그 후에 다시 신호(神戶)·대판(大阪)·경도(京都)를 여행하였다. 1880년 1월 3일에 장기(長崎)를 떠나 귀국 길에 올라서, 5일에 상해에 도착하여 일본 정찰 여행은 한달 남짓 걸렸다.

백문이 불여일견이라고 왕지춘(王之春)은 방일 기간 동안 많은 새로운 사물을 보고 견문을 넓혔다. 그는 자서(自序)에서 '새로운 것들을 보고 들어 포부를 넓게 하였다'고 썼다. 그러므로 그는 기본적으로 일본의 유신에 긍정적이었으며, 더욱 일본이 서방의 선진 과학기술을 받아들인 것에 관하여 기행문 속에서 생동적으로 묘사하였다.

동경에서 왕지춘(王之春)은 권공장(勸工場 : 장인을 장려하는 시장)을 참관하였는데, 그곳에서 '진기하고 다채로운 기구를 만들 수 있는 사람들은 모두 시장에 좌판을 벌이고 재화를 팔도록 허락하여, 좋은 물건과 그렇지 못한 것이 모두 시장에 모였다. 가격은 모두 정찰제이어서, 비록 어린아이를 시장에 보내더라도 상인이 아이를 속일 수가 없었다.' 그는 '가지런히 놓여진 물건들이 모두 정교하다. 신기한 물건들이 물건마다 종류에 따라 하나의 점포를 이루고 있다. 예를 들면 은기(銀器)·동기(銅器)·석기(錫器)·철기(鐵器)·죽목기(竹木器)·자기(瓷器)·휴칠기(髹漆器) 등 각각 그 종류에 따라 점포가 셀 수 없이 많다. 물건 중에 좋지 않은 것은 시장에 들어오지 못하고, 들어오더라도 또한 지나가면서 묻는 자가 없다. 정교함과 진기함이 다투어 사람들의 눈을 현혹시킨다'고 직접 본 것을 묘사했다. 그는 이러한 공장이 상공업과 과학기술의 발전을 촉진시킬 수 있다고 생각하여, '시장을 설치하고 사람들이 각기 자신의 지혜와 기교를 다하도록 하는 것은, 재능을 장려하고 무능한 것을 부끄러워하게 하려는 의도이니, 이것이 권공(勸工)이라고 이름을 붙인 이유이다'라고 말했다. 시를 읊어 감탄하며 말했다. '누가 보산(寶山)에서 아름다움을 취하고, 예포(藝圃)에서 신기를 다투는가? … 십만 금으로도 모두 사기 힘들고, 서성이다가 떠나고자 하나 눈이 현란하다.'

그는 동경(東京)박물관도 참관하였다. 이 박물관은 매우 큰 규모로 그 안에 이기원(彝器院)·금석원(金石院)·제작원(製作院)이 있었고, '준설·조선의 여러 기계를 모아 놓았다. 제형(堤形)·교형(橋形)·주식(舟式)·차식(車式) 등 갖추지 않은 것이 없었다. 어떤 것은 대나무로 만들어졌고, 어떤 것은 진흙으로 빚은 것 등 모양을 만들어 놓지 않은 것이 없다. 농사도구로는 쟁기·보습·호미·끌·톱·도끼 등 갖추어 있지 않은 물건이 없다. 각 국의 사용방법이 다르므로 각 국의 형태도 서로 다른데, 일일이 그 위에 상세하게 설명을 달아 놓아 공업에 대한 연구가 이보다 박학다식할 수는 없구나!'라고 서술하였다. 식물원(植物院)·인개원(鱗介院 : 어패류)·비수충치원(飛禽蟲豸院)·도수원(徒獸院)에는 '평생 보지 못한 것들일 뿐 아니라, 그 이름도 평생 듣지 못한' 동물이 매우 많았다. 이외에 진보원(珍寶院)에는 '세상에 희귀한 보물'이 있었다. 왕지춘(王之春)은 전관을 참관하고 감정이 고조되어 돌아오면서, 다만 '서둘러 한 번 돌아본 것이 안타깝다. 일일이 기록하지 못한 것이 정말로 한스럽다'라고 말하고, 그는 시를 통해 일본정부가 박물원을 만들고, 표본·보물을 수집하여 백성들에게 참관할 수 있게 한 조치에 대해 찬미하였다. '일본인의 입법 또한 매우 훌륭한데, 국민이 기이한 물건이 있으면 국가에 헌납하고', '한곳에 진열하여 서로 줄을 지어 부녀자와 어린아이들까지도 앞다투어 보려고 한다.' 동시에 중국 당국에 대해 보물을 사랑하지 않아서 '흩어져 모을 수 없는 것은 차라리 없는 것과 같다'고 비판하였다. 또한 '박물지(博物志)·산해경(山海經)은 다만 공허한 명칭과 소문만 남았다. 아! 슬프다. 어찌 일본인이 그 이름을 기록하고 그 형태를 보존하는 것만 같지 못한가?'라고 썼다.

그는 시문을 통해 일본에서 본 선진 과학기술에 대해 생동적인 묘사를 하였다. 예를 들면,

> 기차 :
> 차 소리가 칙칙폭폭 저녁 햇살을 쫓으면, 사면이 아득히 산기슭으로 잠겨 들어간다.
> 훌륭한 말이 바람을 쫓아 풍모를 뽐내니, 한가한 용이 하늘을 날개 삼아 날 수 있다.

철로는 긴 먹줄을 놓은 듯 곧고, 화차가 내뿜는 연기는 나타났다가는 어느새 사라진다.
끌거나 미는 차는 모두 어리석으니, 본래 달자(達者)는 기계를 사용할 줄 안다.

전보 :
어찌 필묵의 마음을 다 싣겠는가, 만 리에 보낸 소리가 한 선에 전달되어 온다.
산천 모두 전기가 통할 수 있고, 오고 가는 데 바람을 빌리지 않아도 빠르다.
기교가 매우 뛰어나니 하늘도 놀랄 만하고, 글귀는 많지 않아도 뜻은 이미 갖추어 졌다.
약수(弱水) 삼천리를 나는 듯이 건너고, 그대를 위한 소식이 봉래산(蓬萊山)에 이른다.

왕지춘(王之春)은 일본에서 1개월 간 정찰을 하고 『동유일기(東遊日記)』, 특히 『동양쇄기(東洋瑣記)』 속에 일본의 지리·호구·병제·관제·조세·국채·교육·물산 방면의 상황을 기재하여, 하여장(何如璋)의 『사동술략(使東述略)』에 비해 더욱 구체적이었다. 그는 근대 과학의 개념을 사용하여 일본의 지리적 위치를 정확하게 서술하였다. '일본의 범위는 북위 30도에서 43도까지, 동경선 30도에서 29도까지이다. 지세는 좁고 길며, 모양은 잠자리와 같다. 그 사이에 작은 섬들이 복잡하게 있고 큰 섬들이 바깥쪽에서 감싸고 있다. 길이는 약 4천여 리, 넓이는 1백 리에서 3백 리 정도이고, 마일로 계산하면 15만 6천 6백 4평방 마일'이다. 그는 책 속에 다시 「일본지도(日本地圖)」와 「중국계연일본도(中國界連日本圖)」(즉 중일교계도 中日交界圖)를 각각 한 폭씩 첨가하였다. 이것은 근대 중국에서 비교적 일찍 정확하고 상세한 일본지도라고 할 수 있다.

일본의 현지 참관을 통해 형성된 왕지춘(王之春)의 중·일 양국관계에 대한 주장은 두 마디로 표현할 수 있다. 즉, '국가는 서로 광대뼈와 턱처럼 협력해야 무너지지 않고, 우의(友誼)는 입술과 이(齒)처럼 의기(意氣)가 투합해야 한다'는 것이다.

4. 일본 신정의 비평자

—이소포(李篠圃)의 『일본기유(日本紀遊)』

명치초년 일본을 방문한 중국인이 모두 일본의 명치유신의 개혁에 대해 찬동한 것은 아니다, 『소방호재여지총초(小方壺齋輿地叢鈔)』에서 일본신정에 대해 신랄하게 비판한 일본 유기인 『일본기유(日本紀遊)』가 실려 있다. 『일본기유(日本紀遊)』에서 작자는 일정한 지위를 가진 인물임을 알 수 있다. 그러나 『소방호재여지총초(小方壺齋輿地叢鈔)』에서는 오히려 「궐명(闕名)」이라고 하여, 누가 썼는지 알 수 없다. 『일본기유(日本紀遊)』의 작자는 도대체 누구인가? 자세히 글의 내용을 고증하면 하나의 단서를 찾을 수 있다. 일본학자 좌등삼랑(佐藤三郎)은 『대하내문서(大河內文書)』에서 대하내휘성(大河內輝聲, 즉 원계각(源桂閣))과 중국인의 필담 기록을 대조하여 1880년에 『경진필화(庚辰筆話)』의 기록 중에서 실마리를 발견했다. 지위와 명예가 있는 이소포(李篠圃)라는 중국인이 일본에 와서 휘성(輝聲)과 동수각(東水閣)에서 필담한 후, 교외의 미술관을 참관하고 함께 소서호(小西湖) 삼천옥(三川屋)에 도착하여 조출한 연회를 가졌는데, 『일본기유(日本紀遊)』에 작자와 대하내휘성(大河內輝聲)이 교류한 내용도 포함되어 있었다. 그리고 그의 서재에서 '반시간 정도 필담하고 함께 교외의 박물원으로 놀러가서 소서호(小西湖)의 술집에서 오찬을 하였다'고 서술되었다. 두 곳에 기록된 것이 서로 꼭 맞으므로, 『일본기유(日本紀遊)』의 작자가 바로 이소포(李篠圃)라는 것을 알 수 있다. 고증에 의하면, 이소포(李篠圃)는 일찍이 강서성(江西省) 길안부(吉安府) 동지(同知)를 역임하였으며, 1880년에 일본을 관광하였다. 그는 관리였으므로 일본에서 많은 일본 조야의 명사들과 회견할 수 있었고 일본 주재 중국의 관리들에게 환대를 받았다.

이소포(李篠圃)는 1880년(광서 6년, 명치 30년) 5월 4일에 상해에서 출발, 5월 7일에 장기(長崎)에 도착하였다. 장기(長崎)·신호(神戶)·대판(大阪)·경도(京都)·횡빈(橫濱)·동경(東京) 등을 여행하고, 6월 16일에 귀국하였다. 그가 쓴 『일본기유(日本紀遊)』에는 일본 각지의 산수·풍속이 묘사된 이외에, 특히 주목할 만한 것은 일본 명치유신에 대한 태도가 드러나 있다. 그는 동경(東京)에서 덕천묘(德川墓)를 관람하고 명치유신에 대한 의견을 발표하였다. 그는 '덕천(德川)은 일본제후라고 생각한다. 호칭은 대장군(大將軍)으로 3백 년 동안 대대로 국정을 장악하여 국왕은 단지 자리를 지키고 있을 뿐이었다. 미국이 통상을 요구하였을 때, 덕천(德川)은 힘으로 거절하기 어렵다고 생각하여 서둘러 허락하고자 하였다. 그러나 백성이 불복하고 덕천(德川)은 그 때문에 세력을 상실하였다. 국왕은 이때를 기회로 정권을 빼앗고, 등(藤)·귤(橘)·원(源) ·평(平) 각 제후들을 폐위하고 그들의 봉지를 몰수하여 국고에 귀속시켰으며, 다만 세봉(歲俸)을 지급하였다. 대권이 모두 국가에 귀속되니 이를 유신지정(維新之政)이라고 한다. 지금은 서양의 세력을 거절할 수 없을 뿐만 아니라 서법(西法)을 채용하는 데 힘을 기울이니, 나라는 날로 가난해지고 세금을 거두는 것이 가혹하여 백성들은 다시 덕천(德川)의 인자함과 은택을 그리워한다'라고 하였다. 끝 부분의 몇 구절로 알 수 있는 것은 그가 일본 유신에 대해 기본적으로 부정적인 태도를 지니고 있다는 것이다. 그는 당시 일본의 재정적 곤란의 책임을 모두 명치유신과 서법 채용에 돌리고 있다. 여기서 중요한 것은 그가 보수적인 입장에 서 있기 때문이다. 그는 관찰적인 입장을 버리고 색안경을 쓰고 글을 썼다. 동시에 그와 일본에서 접촉한 대부분의 인사는 구 귀족·유학자·보수주의자와 관계가 있다. 『일본기유(日本紀遊)』에서 일본 미장국(尾張國) 애지현(愛知縣) 사람인 중촌도태(中村道太)가 내방하여 호(號)가 질당(疾堂)인 그의 친구 관근록삼랑(關根錄三郎)이 최근에 쓴 시 두 책을 내밀며 서문을 구하였는데, 시 안에는 모두 세상의 고통스러운 시기를 질타하는 내용이었다는 기록이 있다. 이소포(李篠圃)는 '일본은 유신이후 모든 일이 새로 바뀌어 일체 서양을 본받고, 세역을 고치고 복장을 바꾸며 심지어 육경(六經)을 폐지하여 사용하지 않으려고 하는 점'에 대해 큰 반감을 가졌다. 그리고 '유노(遺老)와 일민(逸民)이 옛날부터 한학(漢學)을 숭상했으니', '질당(疾堂)은 아마도 일민(逸民) 중에 현명한 자'라고 찬양하였다. 그는 중화 문화의 우월감과, 일본에서 유학의 지배적 지위을 유지하고자 애썼다. 그와 교류한 대하내휘성(大河內輝聲)은 본래 고기번(高崎藩)의 번주(藩主)로 번(藩)이 폐지된 후, 한가로이 지내면서 출사(出仕)하지 않고 시문(詩文)으로 즐거움을 삼았던 인물이다. 그들은 당연히 유신 개혁에 대해서도 불만적이었다.

비록 이소포(李篠圃)가 일본신정에 대해 부정적인 태도를 가지고 있었으나, 직접 본 선진과학기술에 대해서는 찬탄하지 않을 수 없었다. 예를 들면 그는 신호(神戶)에서 기차를 타고 대판(大阪)에 도착한 후 기차에 대해 매우 신기하다고 느꼈다. 그는 책 속에서 '차는 약 길이가 1장(丈), 폭은 각 6척(尺) 정도, 사면이 유리창으로 되어 있어 열고 닫을 수 있다. 기관차에는 화로가 설치되어 있어 기관차가 10여 개의 차를 끌고, 차는 모두 사륜이고 철로를 따라 움직인다. 철로 주변에는 사람들이 서서 차가 지나갈 때마다 남녀노소를 불문하고 바라보면서 표정이 얼떨떨해지니, 빠르다고 할 만하다'라고 썼고 경탄을 그치지 않았다. 또한 왕자산(王子山)을 참관할 때 그는 방사(紡絲) 효율성이 높은 방사기기를 발견하고 자기도 모르게 감탄하여 '이 기계가 있으면 한 사람의 공이 여러 사람을 감당할 수 있으니 정말로 놀랍다'라고 하였다.

5. 분투 노력한 유람사절

— 부운용(傅雲龍)의 『유력일본도경여기(遊歷日本圖經餘記)』

1884년(광서 10년)에 어사 사조원(謝祖源)은 걸출한 인물들을 모집하여 외국을 유람하게 하자고 주청하였다. 1885년에 총리각국사무아문(總理各國事務衙門)은 한림원(翰林院)과 6부(部)에 추천하도록 하여 모두 75명이 추천되었다. 1887년에 광서제(光緒帝)는 총리각국사무 왕대신(總理各國事務王大臣)에게 명하여 외국을 유람할 관리를 선발하도록 하였다. 시험 과목은 각각 해방변방론(海防邊防論)·통상구안기(通商口岸記)·철도론(鐵道論)·명대이후 서양 각 국과의 교류대략을 적는 것 등이었다. 시험 결과 28명이 합격했고, 그 중 병부랑중(兵部郎中) 부운용(傅雲龍)이 수석을 차지하였다. 이들 합격자는 총리각국사무 왕대신(總理各國事務王大臣)을 따라 황제를 알현하고 황제는 부운룡(傅雲龍)·고후혼(顧厚焜) 등 12명의 관리에게 주필권(朱筆圈)을 선사하고 일본·미국·캐나다·페루·쿠바·브라질 등에 파견하였다. 중국 정부는 최초로 외국에 이처럼 많은 관리를 파견했고, 동시에 일본과 미주의 많은 국가를 시찰하게 하였다.

유람사절단 중에서 가장 분투노력한 사람은 시험에서 수석을 차지한 부운룡이었다. 그는 본래 병부랑중(兵部郎中)이었으며, 새로 화령이품함 직예즉보도 북양기기국총판(花翎二品銜·直隷卽補道·北洋機器局總辦)을 제수받았다. 그는 각국의 지리·역사·정치·경제·문화·풍속 방면의 자료를 수집·조사하고 지도와 도표를 그려 도경(圖經)을 만들었다. 그 혼자서 『유력일본도경(遊歷日本圖經)』 30권, 『유력미국합중국도경(遊歷美國合衆國圖經)』 32권, 『유력영속지가납대도경(遊歷英屬地加納大圖經)』 8권, 『유력비노도경(遊歷秘魯圖經)』 4권, 『유력고파도경(遊歷古巴圖經)』 2권, 『유력파서도경(遊歷巴西圖經)』 10권을 편찬하였다. 이외에도 각 국을 유람하는 과정 중에 『유력도경여기(遊歷圖經餘記)』라는 15권의 상세한 일기를 기록하였다. 도경(圖經)과 기타 기록들이 모두 101권에 달한다.

부운용(傅雲龍)의 『유력일본도경(遊歷日本圖經)』은 모두 30권으로 천문·지리·하천·국기·풍속·식화·고공·병제·관직·외교·정치·문학·예문·금석·문징(文徵) 등의 부분을 포함하고 있다. 따라서 이 책은 일본지도와 많은 도표를 수집하여 일본에 대하여 전면적으로 조사 소개한 소백과전서의 일부라고 할 수 있다. 그리고 사학(史學)적 가치가 높아서 아마도 거의 황준헌(黃遵憲)의 40권짜리 거작 『일본국지(日本國志)』와 맞먹는 것일 듯하다. 또한 이 책은 『일본국지』가 정식으로 간행되기 이전인 1889년(光緖 15년)에 출판되었다. (황준헌의 『일본국지』는 1887년에 완성되어 1895년에 비로소 정식으로 간행되었다.)

부운용이 일본유람 중에 쓴 일기인 『유력일본도경여기(遊歷日本圖經餘記)』 전편(前篇)은 상하로 되어 있는데, 이것은 제1차 방일을 위해 출발할 때 쓴 일기이고, 후편(後篇)은 제2차 방일을 마치고 귀국하기 전에 쓴 일기이다. 이 책은 그의 두 번에 걸친 일본 유람 상황을 설명하였기 때문에 대단히 가치 있는 일본유람기이다.

부운용(傅雲龍) 일행은 유람의 첫 번째 나라로 일본을 택하여 1887년(광서 13년, 명치 20년) 11월 14일 일본에 도착했고, 1888년 5월 29일에 일본을 떠났다. 미주를 유람한 후, 1889년(광서 15년, 명치 22년) 5월 27일에 다시 일본으로 돌아와서, 같은 해 10월 19일에 일본을 떠나 귀국하였다. 두 번에 걸친 일본 경유기간은 모두 1년 남짓이다. 부운용 일행의 이와 같은 일본·미주여행은 2년이 걸렸고, 거리는 3만 리 정도 된다. 그는 '여러 나라를 유람해보니, 미국은 가장 부강한 나라이고, 일본은 아시아에서 중추적인 국가라고 하지 않을 수 없다'라고 생각하였다.

『유력일본도경여기(遊歷日本圖經餘記)』에서 우리들은 부운용이 일본 각지를 분주히 뛰어다니고, 일본의 각계 인사들과 교류하고, 일본의 각 기관·공장·학교를 견학하고, 각종 연회에 참석하고, 명승 고적지를 탐방하였음을 알 수 있다. 그는 당시 일본내각의 총리 겸 외무대신(總理兼外務大臣)인 이등박문(伊藤博文)과 육군대신(陸軍大臣) 대산엄(大山嚴), 해군대신(海軍大臣) 서향종도(西鄕從道), 체신대신(遞信大臣) 가본무장(榎本武楊), 농상무대신(農商務大臣) 흑전청륭(墨田淸隆), 궁내대신(宮內大臣) 토방구원(土方久元) 등 정계의 요인을 접견하였다. 또한 삼릉조선창(三菱造船廠)·삼릉매광(三菱煤礦)·천주제계소(千住製絨所)·해군조선소·포병공장·유산공창(硫酸工廠)·방직공장·철공장·주창(酒廠) 등 공장과 기업을 견학하였다. 또한 대학·중학·소학·사범학교·군사학교·맹아원(盲啞院)·박물원·병영·사묘(寺廟)·감옥 등을 방문하는 등, 광범위하게 고찰하여 많은 식견과 새로운 지식을 얻었다. 그는 많은 일본문인 학자와 교류하고 기념으로 시를 지었다. 그는 중국의 유실된 옛 서적인 『당권자본(唐卷子本)』·『신수본초(新修本草)』 등의 진귀한 고적을 찾아서 도처를 돌아다녔으며, '중국의 잃어버린 책은 일단 보물로 인정되었으니 적당한 때를 만나지 못했다'라고 하였다.

비록 부운용이 일본에서 이처럼 바쁘게 뛰었지만, 그는 자료수집·도경

편찬에 가장 큰 힘을 쏟았다. 제1차 방일기간 중에 일본도경의 서문을 작성한 후, 곧 총리아문으로 전송하고 제2차 방일 중에 다시 '예전에는 유람을 위주로 하였으나 지금은 기행을 위주로 한다'고 명확히 하였다. 서둘러 도경을 작성하기 위해 항상 밤늦게까지 작업을 하고, 심지어 밤을 꼬박 세우기도 하였다. 그는 일기에서 항상 '날은 새는데 초고는 아직도 완성되지 않았다', '탈고(脫稿), 닭이 다시 운다'라고 쓰고 있다. 부운용은 일본 체류가 끝날 무렵에 『유력일본도경』을 마침내 완성하고 탈고하였다. 그리고 동판각(銅板刻)을 사용하여 『일본총도(日本總圖)·분도(分圖)』 모두 24폭을 완성하였는데, 이것은 당시 중국인이 볼 수 있는 가장 최신의 상세한 일본지도였다. 이러한 부분은 중국인이 일본을 인식하는 데 풍부한 자료를 제공하였다. 부운용의 이러한 노력은 중·일 양국 상호이해를 증진시키고, 중·일 문화교류를 발전시켰다. 그의 노력하는 제작정신이 바로 오늘날의 우리 중·일 관계사 연구자가 계승하고 발전시켜야 할 정신이 아닐까?

제8장

타산지석, 가이공옥(他山之石, 可以攻玉)

— 近代日本遊記研究札記(下)

이 장에서는 1890년대에서 1900년대 초까지 중국인이 쓴 5부의 일본유기(日本遊記)를 소개한다. 이것들은 중국인이 세계를 향해 발을 내딛는 과정에서 열심히 일본을 배우려했던 축소판이다.

우리나라 최초의 시가집인 『시경(詩經)』의 「소아(小雅)·학명(鶴鳴)」편에 다음과 같은 두 구절의 시가 있다. '남의 산에 있는 돌도 숫돌을 만들 수 있고(他山之石, 可以爲錯)', '남의 산에 있는 돌도 옥을 만들 수 있다(他山之石, 可以攻玉). '착(錯)'은 칼을 가는 숫돌이다. 한대 경학가 정현(鄭玄)은 타산(他山)을 '이국(異國)에 비유한 것'으로 보았다. 이 두 구절의 시가 의미하는 본 뜻은 다른 나라의 현재도 본국의 보좌(輔佐)로 삼을 수 있다는 것이고, 이것은 남의 산에 있는 돌멩이를 갈아서 옥을 가공하는 숫돌을 만들 수 있는 것과 같다. 참으로 생동감 있고 심오한 비유이다! 만약 오늘날 우리들이 사용하는 말로 표현해 본다면, 다른 나라의 경험과 교훈을 진지하게 조사·분석해야만 본국의 건설을 위한 거울로 삼을 수 있고 긍정적인 효과를 가져올 것이다. 일본민족은 이러한 측면의 역사적 전통과 성공적인 경험을 가지고 있다. 일찍이 일본 고대의 나랑(奈良)·평안(平安) 시대에 그들은 대량으로 중국 수·당 시기(隋唐時期)의 각종 제도, 물질·정신문명의 성과를 흡수하여 일본의 정치, 경제, 문화적인 발전을 촉진시켰다. 명치유신 후 그들은 또한 적극적으로 서양 자본주의 국가의 정치, 경제, 문화, 그리고 선진적인 과학기술을 학습하여 일본이 근대화로 나아가는데 박차를 가하여 겨우 수십 년 만에 세계의 강대국 대열에 진입했다.

일본인이 서양을 배우는데 성공했으니 중국인도 일본인을 배우려 했다. 19세기말에서 20세기 초 중국에서 일본 유학과 탐방의 열기가 높아져서, 어린 학생에서 백발의 노인, 전족한 부녀자에서 수재(秀才)나 거인(擧人)에 이르기까지 너도나도 '동쪽으로 책보자기를 지고' 일제히 일본으로 가는 현상이 있었다. 일본을 방문하거나 유람한 관원과 학자의 경우 더욱 끊이지 않고 이어졌다. 따라서 19세기말부터 20세기 초까지 많은 중국인들이 일본 유기를 썼다. 소수의 저자들이 산수나 이국의 모습을 서술한 것을 제외하고는, 적지 않은 사람들이 중국이 도대체 일본에서 무엇을, 어떻게 배워야 하는가를 생각했다. 아울러 일본 유신의 요체와 부강하게 된 원인도 분석했다. 당연히 이러한 문제에 대해 각 계층과 각 계파 인사들은 자신들의 입장과 관점에서 출발하여 여러 가지 다른 견해와 해결방안이 나타날 수 있었다. 이 장에서 평가·서술하는 몇 부의 일본유기는 바로 어느 정도 대표성과 영향력을 지닌 저작들이다.

1. 그들의 방법만을 배우고, 그들의 마음은 배우지 않는다
—황경징(黃慶澄)의 『동유일기(東遊日記)』

1890년대 초 중국인이 쓴 일본 유기 가운데 사람들의 주목을 끈 저작은 황경징(黃慶澄)의 『동유일기(東遊日記)』였다. 필자는 북경대학 도서관에 소장된 1894년 2월에 동우영고재(東甌咏古齋) 판본을 발견했고, 문득 이 책의 마지막에 있는 제자(題字)를 보게 되었다. 「광서(光緖) 갑오(甲午) 중구(重九) 후 2일, 천남둔유(天南遯叟)가 등불 아래에서 독파함. 금년 나이 67세.」 여기에서 말하는 천남둔유는 바로 중국 근대의 저명한 학자인 왕도(王韜)로 그의 친필이었다. 고희를 바라보는 왕도가 이 책이 간행된 지 단지 몇 개월 뒤에 정독을 했으니 당시 사람들이 이 책을 아주 중시했음을 볼 수 있다.

저자 황경징(黃慶澄)은 자(字)가 우초(愚初)로 절강(浙江) 평양인(平陽人)

이다. 그는 안휘순무(安徽巡撫) 심중복(沈仲復)과 주일공사 왕봉조(汪鳳藻)의 도움으로 1893년(광서 19년, 명치 26년) 5월부터 7월까지 일본을 탐방했다. 장기(長崎)·신호(神戶)·대판(大阪)·횡빈(橫濱)·동경(東京)·경도(京都)·나량(奈良) 등을 차례로 참관했고 많은 일본의 정계와 문화·학술계 인사 및 중국의 주일 관원과 일본에 여행 온 화교들과 왕래하여 '만난 중외(中外)의 사대부가 무려 78명이었다.' 황경징은 시사에 관심을 가졌고 열심히 배우며 질문하기를 좋아하여, 항상 중일(中日) 인사들과 술을 마시고 꽃을 감상하며 시를 지을 때 양국의 정치와 학술에 대해 터놓고 이야기를 나누었고, 거침없이 의논했으며 상당히 독자적인 견해를 가지고 있었다. 그의 『동유일기』에는 유람한 일본의 각 도시·관청·학교의 상황 및 감상뿐만 아니라, 중·일 인사들의 담론과 토론의 상황도 적지 않게 기록했다.

그러면 황경징(黃慶澄)은 일본의 명치유신과 중국인이 일본을 배우는 것에 대해 어떻게 바라보았을까? 그는 책에서 상당히 정밀하게 논술했다. '내가 보기에 유신 정치는 아래로는 주위에 휩쓸려 흉흉한 것이 미친 듯하니 가소롭다. 위로는 외부상황을 살펴서 자신과 상대방을 알고는 자신의 나라가 고립되었다고 여겨, 한꺼번에 따라가니 슬프면서도 기쁘다.' 일본은 명치유신 후 근대화를 실현하기 위해 서양의 방식을 배우고 구제(舊制)를 개혁하여 신정을 실시했으니, 확실히 고립에서 한번에 벗어나려는 결심을 하여 미친 듯한 열정을 쏟았다. 바로 이러한 용기 있게 곧장 앞으로 나가려는 정신이라야만 유신이 성공할 수 있다. 만약 과거를 그리워하여 머뭇거리면서 결심을 하지 못하면 실패하지 않을 수 없다. 황경징은 외부의 관찰자로서, 비록 이러한 열정과 정신이 가소롭고 슬펐지만 일본의 집정자들이 '외부 상황을 살펴서 자신과 상대방을 아는' 것에 탄복하지 않을 수 없었다. 그들이 아무 것도 뒤돌아보지 않고 낡은 것을 부수고 새로운 것을 세우려는 결정을 내린 것에 대해, 기쁘고 고귀하다고 생각했다. 그는 또한 일본 유신의 역사를 추적하여, '덕천(德川) 말부터 미군(美軍)이 국경을 압박하여 한 귀퉁이가 소란스러워지자 전국이 들끓고 인심이 동요되어 편안한 해가 없었다'고 여겼다. 당시 일본인들 중에 일부는 개국을 주장하고 일부는 쇄국을 고집했으며, 일부는 근왕(勤王)을 호소했고 일부는 막부를 옹호했으며 일부는 양이(攘夷)를 요구하는 등 의논이 분분했고 '서로 자신의 견해를 고집했다.' 그러나 외국과 교섭에서 '여러 차례 전투에서 이권을 빼앗기자' 비로소 개국하여 자본주의를 발전시키는 것이 피할 수 없는 역사적 흐름임을 인식했다. 그리하여 서양을 배우기로 결정했고 유신을 실행했다. 명치정부는 과감하게 각종 정치 · 경제 · 문화 · 교육제도 등의 개혁을 실행했고, 심지어 수도를 옮기고 역법을 고치고 복식도 서양식으로 바꿨다. '눈과 귀를 새롭게 하고 국기를 진작시키는데 급하여' 각 국의 비웃음이나 논의도 전혀 고려하지 않았다. 황경징은 '거문고의 음이 시원치 않으면 줄을 바꾸어 조율해야 한다. 호걸이 국가를 도모하는데 그 심원한 생각은 나무에 기대어 토끼를 기다리는 자와 이야기할 바가 아니다'고 감탄했다.

그러나 황경징(黃慶澄)은 결코 맹목적으로 외국을 배우자고 주장하지는 않았다. 그는 '군자는 다른 나라를 바라보는데 반드시 그 상하와 실제 상황을 통찰하고 반복하여 추진한 뒤에 그 이익과 폐단의 소재를 알 수 있다'고 여겼다. 그는 중 · 일 양국의 국정을 대비하고 일본 민족의 특징을 분석하여, '내가 동유(東遊)한 것이 비록 오랜 기간은 아니었지만 그들의 품성을 자세히 관찰하고 그들의 풍속을 살펴보니, 대체로 중국과 비교해서 소박하고 동적인 것을 좋아하고 정적인 것을 좋아하지 않으며, 새로운 것을 좋아하고 낡은 것을 좋아하지 않아서, 떨쳐 일어나는 모습은 있지만 참아내는 기운은 없었다. 일본인의 단점은 바로 여기에 있지만, 그들이 유신을 이룬다면 그 공도 여기에 있을 것이다'고 서술했다. 그는 일본인의 풍속이 소박하고 동적인 것을 좋아하고 새로운 것에 기뻐하여 떨쳐 일어서는 지기(氣志)가 있으며, 이것이 바로 명치유신이 성공한 중요 요인이라고 여겼다. 일본과 비교하여, 그는 당시 중국 관신(官紳)의 보수적이고 폐쇄적인 것을 날카롭게 비판했다. '중국인의 경우 민월(閩粵 : 복건 · 광동) 및 개항장 이외에서는 진신(縉紳)들이 경사(經史)를 즐겨 이야기하고 외국의 일을 듣기 싫어한다. 백성들은 각기 본업에 힘쓰고 마을 밖으로 나가지 않는다.' 그러므로 만약 유신개혁을 하려 한다면, '중국 사대부의 지식은 몹시 편협하고 중국

관원의 역량은 너무 단순하다'고 하였다.

황경징(黃慶澄)이 제출한 변법의 주장은 전통적인 윤리체계를 유지하는 기초 위에서 서양의 선진적인 정치 제도와 과학 기술을 받아들이자는 것이었다. 그리고 일본과 같이 '조속하고도 결연하게 시행하고 힘써 추진해야 하고', 또한 '어렵다고 기세가 꺾여서도, 조금 좌절했다고 기회를 잃어서도, 빈 말로 어리석은 집정자에게 구실을 주어서도, 가벼이 믿어서 허영이 있는 자에게 일을 맡겨서도 안 될 것'이라 했다. 동시에 그는 변법의 절차는 신중하고 온건해야 한다고 건의했다. '초기에 일을 할 때 국면을 과대해서는 안 된다. 이미 이루어진 일은 잘 막아서 느슨해지지 않도록 하고 차츰 확대시켜야 한다. 그들(일본)의 장점으로 우리의 단점을 보완한다면, 흔들림이 없이 태산에서 천하를 움직이는 것처럼 편안해질 것이다.' 그는 이렇게 하는 것이 일본 유신의 조급함이나 '외국의 비웃음을 산 것에 비해 훨씬 좋지 않은가'라고 하였다. 황경징 자신은 일본 유신의 경험과 교훈을 총괄하여 결론을 내렸다. '대체로 천하를 다스리는 데는 방법과 마음이 있다. 그런데 그들의 방법만을 배우고 그들의 마음은 배우지 않는다는 것이다.'

황경징(黃慶澄)의 일본신정에 대한 구체적인 평론도 이러한 생각을 위주로 진행하였다. 예를 들어 그는 일본 의회를 참관하면서 한편으로는 '의회라는 것은 만방의 총명함을 모아서 수많은 폐단을 물리치는 곳이다'고 칭찬했고, 처음 보았을 때 '확실히 다스림에 이를 수 있는 효력이 있다'고 말했다. 그러나 다른 한편으로 오히려 '100여 년이래 세계 각 국에서 뒤좇아 시행하여 그 폐단이 여기까지 이르렀다'고 비판했다. 따라서 그는 결론적으로 '세계 각 국을 다스리는 것도 의회이고 세계를 어지럽히는 것도 틀림없이 의원(議院)이다'고 말했다.

일본의 학회에 대해서 그는 매우 높이 평가했다. 그는 '일본인이 근래에 만든 학회들이 아주 많다. 예를 들어 철학회 · 지학협회 등 하나로는 충분하지 않다. 생각하건대 글을 통해서 벗을 모으고 직접 학문을 이루려 한다. 명유지학(明儒之學)도 강학에 힘쓰는 자들이 아주 많다'고 말했다. 따라서 중국도 그것을 모방해야 한다고 주장했고, '학회의 활동은 매우 유익하고 중국에 뜻이 있는 선비가 부족한 것도 아니니 분발하여 시행하는 것이 세도(世道)에 마음을 둔 자에게 바라는 바이다.' 동시에 그는 또한 일본인을 '학문을 논하는데 걸핏하면 만국의 장점을 모은다고 말하며, 과장이 지나치고 왕왕 그럴 듯한 말을 한다. 예컨대 학문이 중토(中土 : 중국)에서 사라지고 구미에 존재한다고 말한다'며 비판했다. 그는 '구미의 학문은 크게 확대되어 모르는 것들을 만들어 냈다'고 지적했다. 따라서 그는 '삼대(三代)의 학문으로 구미를 반박하는 것도 불가하며, 구미의 학문으로 삼대에 견강부회하는 것도 불가하다'고 여겼다. 이는 당시 중국과 일본의 학자들이 온 힘을 기울여, 구미의 학문이 중국 상고시대 삼대의 성현들의 학문을 계승한 것이라는 명제를 논증하려 했던 것과 달리, 훨씬 뛰어난 것이다.

황경징(黃慶澄)은 또한 신호(神戶) 영사관에서 정소감(鄭蘇龕, 즉 정효시(鄭孝胥))와 일본 변법의 득실을 토론했다. 그는 『동유일기』에서 정소감의 평론을 기록했는데, 일본 유신의 경험은 '통상이래 특히 기술의 장려를 중시했다. 인재를 학교에서 선발하여 각자에게 장기를 가르쳤다. 농업과 상업을 학당(學堂)에서 강의하고 별도로 한 부(관리부서)를 설치했다. 상인의 힘을 가지고 회사(會社)를 모아서 이권이 모두 돌아왔다. 여러 가지 뛰어난 기술에 대하여 상패를 만들어 주게 되면 유민은 더욱 적어질 것이다. 철도가 국내를 둘러쌓게 되면 전국이 통하게 될 것이다. 경찰이 민간에 퍼지면 도적이 자취를 감추게 될 것이다. 그 구체적인 실천 방안은 모두 구미 인들을 본받으면 될 것이다'라고 말했다. 이상은 모두 일본이 서양을 배워서 개혁에 성공한 부분이었다. 그러나 그는 그에 따른 폐해들이 생기게 된다고 생각했다. 예를 들어 '조세가 너무 무거우면 백성들이 견딜 수 없다. 형법이 너무 가벼우면 아래에서 두려움이 없어진다. 당회(黨會)가 많아지면 간인이 그 무리를 선동할 수 있을 것이다. 의원(議院)이 열리면 정부는 그 지위를 보전할 수 없을 것이다. 병사를 훈련시킨다는 명목만 있고 일정한 급여가 없으면 사졸들은 굳은 의지가 없어질 것이다. 모두가 주인이라는 말은 지속성이 있는 권한을 잃게 되어 군주는 허식에 불과하게 될 것이다.' 이는 정소감(鄭蘇龕)이 자신의 입장에서 출발하여 여러 해의 관찰을 통해 일본 변법의 이익과 폐단을 분석한 것이다.

황경징(黃慶澄)은 그의 관점에 찬성했고, 자신의 책에서 '이것을 보면 일본의 대세가 일목요연하게 드러나니 특별히 하나의 절로 만든다'고 말했다. 이는 아마도 그가 명치유신으로부터 흡수한 주요한 경험과 교훈일 것이다.

2. 부국(富國)은 반드시 상무(商務)의 진흥을 근본으로 한다
— 유학순(劉學洵)의 『유력일본고찰상무일기(遊歷日本考察商務日記)』

1899년(광서 25년, 명치 32년) 7월 19일에서 9월17일까지 이홍장(李鴻章)의 측근이고 화령이품함(花翎二品銜)을 받은 광동성(廣東省) 향산(香山) 사람 유학순(劉學洵)은, 상유(上諭)와 북양대신(北洋大臣) 이홍장(李鴻章)의 명을 받들어 전권사신으로 특파되었고, 일본에 가서 61일 동안 상무(商務)를 시찰하였다. 그는 갑오전쟁 후 중국 정부가 파견하고 또한 비교적 높은 신분으로 일본을 시찰한 첫 번째 관리였으며, 또한 이홍장의 측근이어서 일반적인 경우와 달랐다. 따라서 일본 조야, 특히 재계와 상공계의 큰 환대를 받았다. 『유력일본고찰상무일기(遊歷日本考察商務日記)』는 바로 당시 유학순(劉學洵)이 일본의 상공업을 탐방한 자세한 기록이다.

유학순(劉學洵)은 일본에 가기 전부터 항상 '일본이 예전에는 우리처럼 빈곤했는데, 30년 사이에 빈곤한 상황에서 몇 배나 부강해졌고 여러 나라와 우위를 다투고 있다. 일본이 자신을 남에게 이처럼 쉽게 적응시킨 것은 과연 어떤 방법으로 가능할 수 있었는가'를 생각했다. 일본은 도대체 어떤 방법으로 그렇게 빨리 빈곤한 상황에서 부유하게 되었는가? 이것이 그가 일본을 방문하여 살펴보려 한 주요 문제였다.

그는 일본에서 천황을 알현하고 전임 총리대신 이등박문(伊藤博文), 현임 총리대신 산현유붕(山縣有朋), 외무대신 청목주장(青木周藏), 육군대신 계태랑(桂太郎), 농상대신 증이황조(曾祢荒助), 사법대신 청포규오(清浦奎吾), 궁내대신(宮內大臣) 전중광현(田中光顯) 등을 차례로 방문하여 이야기를 나눴다. 그들과 아시아의 시국이나 오래된 중·일 관계에 대해 담소를 나눴다. 도대체 어떤 담소를 나눴을까? 아마도 '비밀 유지'를 위해 책에는 기록하지 않은 듯하다.

대화내용이 비교적 구체적인 것은 그가 일본의 재계, 공상계 인사들을 만나서 나눈 것들이다. 예를 들어 8월 7일에 동경(東京)의 거상(巨商)이 유학순을 연회에 초대했는데, 삼정(三井)·삼릉(三菱)·일본은행(日本銀行)·대만은행(臺灣銀行)·정금은행(正金銀行) 등의 수뇌들이 참석했다. 연회석상에서 동경상업회의소(東京商業會議所) 의장 삽택영일(澁澤榮一)은 환영사를 통해 '우리나라는 국토가 좁고 물산이 많지 않아서 본래 상무(商務)를 내세울 만하지 않습니다. 그러나 우리나라는 유신 이후 군신상하(君臣上下)가 모두 풍족해졌습니다. 부국은 반드시 상무의 진흥을 근본으로 한다고 여겨 힘을 다해 경영한 결과, 이제는 조금이나마 진보가 있게 되었습니다'라고 말했다. 여기에서 특히 '부국은 반드시 상무의 진흥을 근본으로 해야 한다'는 구절은 유학순에게 큰 자극이 되었다. 삽택(澁澤)은 또한 '귀국은 국토가 넓고 인구도 많으며 물산도 풍부하고 상인들도 어려움을 마다하지 않으니, 만약 발전시키려 한다면 전 세계에서 누구도 따라올 수 없을 것입니다'라고 말했다. 이 몇 마디 의례적인 말도 유학순의 가슴을 뛰게 했다. 그러나 삽택(澁澤)의 진정한 의도는 아래와 같다.

'다만 애석하게도 우리 양국은 비록 같은 주(洲) 안에 가까운 거리에 있지만 상인 사이에 서로 교류를 할 수 없습니다.' 원래 이들의 생각은 중국에 상품을 팔고 중국 시장을 점령하려는 데 있었다. 그래서 그는 유학순(劉學洵)의 이번 방문에서 '많이 살펴보시고 귀국해서 열심히 (상무를) 장려하는 것이 양국 상인들의 바람입니다'라고 했던 것이다.

유학순은 답사에서 '앞으로 중·일 양국이 상무를 교류하고 진흥시키는 데 오늘 모이신 여러분들을 중심으로 삼을 수 있을 것입니다. 더 나아가 양국은 같은 주(洲) 안에 있어서 바퀴와 바큇살처럼 의지해야 합니다. 국가 부강의 기초는 상무를 근본으로 삼는 것입니다. 만약 양국 사이의 우호를 통해 성심껏 교류하고 속이거나 요행 같은 수단을 쓰지 않는다면 상무가

융성하는 것은 빠른 시일 내에 가능할 것입니다'라고 했다.

유학순(劉學洵)은 재벌들과도 만남을 가졌다. 삼릉(三菱)의 암기미지조(岩崎彌之助)는 그와 '동아시아의 시국에 대해 친밀한 토론을 나눴다.' 대만은행(臺灣銀行) 감독 첨전수일(添田壽一)도 중국이 하루 빨리 은행을 설립하여야 한다고 권유했다. 그리고 '중 · 일 양국이 지금에야 교류하는 것은 늦은 감이 있지만 오히려 진흥의 기회이다'고 말했다.

유학순(劉學洵)은 일본에서 적지 않은 공장과 상점을 참관하게 되면서 많은 물건을 알게 되었다. 장기(長崎)에 내리자마자 그는 장기(長崎) 상품진열소(商品陳列所)를 참관했다. 그는 '진열된 것 중 본국에서 만들어진 것들은 기술을 배우고 이를 발전시켜 날로 새로워지고 각기 기능을 다하고 있어 옛 사람들이 남긴 기술을 제대로 실천하고 있다'는 느낌을 말했다. 그 뒤 동경(東京) 상품진열소를 참관하고 전람회와 같은 것은 '상공업에 자극을 줄 뿐만 아니라, 그것을 통해 상무를 유지시켜주니 참으로 좋은 방법이다!'고 칭찬했다.

그는 왕자기기조지소(王子機器造紙所)에서 종이를 만드는 모든 과정을 살피고 일본에서 만든 종이가 '문양과 제조 둘 다 뛰어나서 유럽과 비교가 안 된다'고 감탄을 금하지 못했다. 중국은 최초로 제지술을 발명한 국가로서 지금은 오히려 훨씬 뒤떨어져 있다. 그는 일본 양조공장인 혜비수맥주회사(惠比壽麥酒會社)를 방문하고 그들이 생산에 '온 힘을 쏟아서' 서양 맥주의 수입을 막을 뿐만 아니라 중국 각 항구에 수출하여 남양 군도(南洋群島)까지 진출했다고 칭찬했다. 이것은 끊임없이 기술을 개발하고 질을 높여야만 경쟁력을 가질 수 있다는 것을 의미한 것이다.

이외에도 그는 막사림모직회사(莫斯林毛織會社), 경연방직회사(鏡淵紡織會社), 족미동광(足尾銅鑛), 포병공창(炮兵工廠), 전화기기공창(電話機器工廠), 천기선창(川崎船廠) 등을 참관했고, 일본의 부르주아계급이 제기한 '부국은 반드시 상무의 진흥을 근본으로 해야 한다', '상업을 일으킴으로서 나라를 보전한다'는 것에 깊은 동의를 표시했으며, '바르고 큰 뜻을 지니고 논하면 남에게 존경을 받을 만하다'고 여겼다. 이것은 아마도 유학순이 알아낸 일본 부강의 원인이었을 것이다.

3. 물에서 나온 얼음이 더 차갑고 쪽에서 나온 푸른색이 더 푸르며, 앞서 일을 본보기로 삼을 만하다

— 나진옥(羅振玉)의 『부상양월기(扶桑兩月記)』

나진옥(羅振玉)은 자가 숙언(叔言), 절강성(浙江省) 상우인(上虞人)으로 청말의 저명한 학자이다. 그는 『농학보(農學報)』를 펴내고 동문학사(東文學社)를 조직하였다. 뒤에 다시 갑골문·청동기를 연구했다. 1901년(광서 27년)에 그는 양강총독(兩江總督) 유곤일(劉坤一)과 호광총독(湖廣總督) 장지동(張之洞)의 명으로 일본에 학무(學務: 교육계)를 시찰하였다. 이 『부상양월기(扶桑兩月記)』는 바로 그가 일본을 두 달 동안 돌아다니면서 조사한 기록이다.

두 달 동안의 현지 조사를 통해 나진옥(羅振玉)은 일본이 강성해진 중요한 원인이, '먼저 교통을 편리하게 만들고, 다음으로 공업을 일으키고, 군제를 개혁한 데에 있다', '군정(軍政)을 정돈하고서 교육을 일으키니 국력이 갈수록 강성해졌다. 이것은 분명 우리나라보다 앞서가는 나라가 주는 가르침'이라고 여겼다.

그는 편리한 교통이 문명의 가장 중요한 형태라고 강조했고, '따라서 민지(民智)를 깨우치는 데 편리한 교통이 무엇보다도 중요하다'고 여겼다. 그리고 교통 중에서도 철도·우정(郵政)·전보와 전화 등 세 가지가 가장 중요하고, 이것들은 모두 일본이 서양의 선진 과학 기술의 성과를 배운 것이었다. 나진옥(羅振玉)은 중국이 30년 전에 철로를 놓았다면 '어찌 오늘날까지도 (길이) 이처럼 막혀있겠는가'라면 한탄했다. 그는 또한 일본의 숙박 시설을 칭찬할 때, 매일 우정차(郵政車)가 끊임없이 보이고 전화는 곳곳에 설치되어 있어서 수십 수백 리 (떨어진 사람과) 얼굴을 맞대는 듯하니 '어찌 이처럼 편한가!'라고 말했다. 그는 '우리나라도 앞으로 반드시 그것을 모방해야 될 것이다'고 생각했다.

그는 '상업은 부의 끝'이라는 관점에 반대하여 '농·공·상(農·工·商) 세 가지는 모두 국가 재정의 중추이다. 사람의 몸에 비유하면 농업은 목이고, 공업은 위부(胃腑)이고, 상업은 대장(大腸)'이라고 했다. 그는『부상양월기(扶桑兩月記)』에서 은행 설립을 힘껏 제창했고, '은행은 국가 재정과 실업 발달의 근본이니 중국이 재정을 정돈하고 실업을 진흥하려면 은행의 설립부터 시작하지 않으면 안 된다'고 지적했다. 그는 또한 일본이 광산개발장정(開鑛章程)을 제정한 방법을 배워서 '민간에게 채굴하도록 명하고 외부의 세력에 대하여 대적하지 않으려 하는가!'라고 주장했다.

나진옥(羅振玉)은 일본의 각종 제도를 고찰하여 많은 부분을 중국이 본받을 만하다고 여겼다. 예를 들어 세수 제도·화폐 제도·도량형 제도 등, 그는 중국이 일본에서 토지세 이외에도 소득세를 징수하는 제도를 모방해야 한다고 주장했다. 일본의 의회 제도에 관해서, 그는 특별히 일본 중의원(衆議院)의 의원들에 '직업에 상관없이', '관리·의사·신문기자·변호사·은행원·회사원·농공상업 종사자·기타 직업인 그리고 무직자까지도 모두 포함된다'고 지적했다. 각계각층의 모든 사람들이 정부에 참여할 권리를 가지고 있어, 중국의 엄격한 등급이 있는 과거 제도와 선명하게 대비가 되었다.

이외에 나진옥(羅振玉)은『부상양월기(扶桑兩月記)』에서 일본에서 배워야 할 것들을 적지 않게 열거했다. 예를 들어 일본의 도로는 국도(國道)·현도(縣道)·리도(里道) 등으로 나뉘어져 있고 폭도 일정한 규정이 있으며 길가에는 휴지통이 있는데, 이것은 '중국이 모방해야 할 것이다.' 또한 일본과 같이 나무를 심고 숲을 가꾸는 것에 주의하여 지리적 이점을 살리지 않아서는 안 되며 '만약 중국이 모방할 수 있다면 그 이로움이 크지 않겠는가!'라고 했고, 또한 일본의 감옥은 범인을 노동으로 개조시켜서 '죄 값을 치르게 할 뿐만 아니라, 이익을 낳으니 이것이 가장 효과적인 방법'이라고 주장했다.

중국의 실업 발전을 장려하기 위해 나진옥(羅振玉)은 일본의 대자본가인 섭택영일(澁澤榮一)의『60년사(年史)』를 번역하여 소개했다. 그는 '섭택(澁

澤)은 동양의 대기업가로 은행 · 철도 · 인쇄 · 전차(電車) · 우편선 · 전선 · 전화 등 모든 실업의 발달이 선생에 의해 계발(啓發)되었다. 30여 년 동안 경영하여 국가가 오늘날의 번영에 이르게 했으니 참으로 위인이다'고 말했다.

교육 분야의 경우도 나진옥(羅振玉)이 일본 방문에서 주안점을 둔 것이다. 그는 유아원에서 대학까지 각종 학교를 참관했고 가납치오랑(嘉納治五郎) 등 일본의 저명한 교육가와 만나서 일본의 교육 제도와 관련된 각종 장정과 통계 숫자를 자세히 수집했다. 그는 일본 문부성의 보고를 통해서, 명치 32년(1899년)에 일본 전국의 학교가 과거보다 206개 소, 학생은 26만여 명이 증가했다는 사실을 알게 되었다. 그는 '1년 동안 이처럼 빠르게 발전하다니!'하고 경탄을 금하지 못했다. 일본의 취학연령에 이른 아동 중에서 입학한 비율을 보면, 도근(島根)지역의 경우 85% 이상이었고 복강(福岡)도 80% 이상이었다. 이에 나진옥은 '교육의 발전이 참으로 놀랄 만하다'고 놀라움을 표시했다. 그는 또한 일본이 명치 초년에 대신을 선발하여 구미를 시찰하도록 하고 친왕(親王)을 유럽에 유학시킨 것은 '교육의 근간이 되었다'고 여겼다.

나진옥(羅振玉)은 일본이 빠른 속도로 부강하게 된 원인이 주로 각 국의 선진적인 경험과 과학 기술을 요령 있게 배워서 더 발전시킬 수 있었고, 푸른색이 남색에서 나왔지만 남색보다 더 푸르듯이 뒤에 시작하여 더 우위에 설 수 있었다고 지적했다. 그는 인쇄술을 예로 들어 활자 인쇄는 중국인이 처음 발명하여 일본으로 전래되었다. 최초의 연자인쇄기(鉛字印刷機)는 일본에서 사람을 보내 상해에서 구매한 서양기계였다. 그러나 지금 일본의 인쇄기술은 '중국보다 우위'에 있을 뿐만 아니라 구미에도 뒤지지 않는다! 따라서 그는 수구적이고 외국을 배우는 것을 생각하지 않는 보수적인 사상을 비판했고, '물에서 나온 얼음이 더 차갑고 남색에서 나온 푸른색이 더 푸르며, 앞에 있었던 일을 본보기로 삼을 만하다(氷寒青勝, 前事可師). 우리나라 사람들은 마땅히 힘을 써서 배워서 앞으로 나가는 것을 부끄러워해서는 안 된다'고 말했다.

4. 나는 중국을 위해 농사를 배우겠다
―황경(黃璟)의 『유력일본고찰농무일기(遊歷日本考察農務日記)』

청말(淸末) 중국인은 일본으로부터 공상업·재정·교육 등을 힘써 배웠을 뿐만 아니라, 농업기술도 열심히 배웠다. 1902년(광서 28년)에 광동성(廣東省) 남해인(南海人)인 황경(黃璟)은 직예농무국 총판(直隸農務局總辦)으로 직예총독(直隸總督) 원세개(袁世凱)의 명을 받고 화령이품정대(花翎二品頂帶)의 신분으로 일본의 농무(農務)를 시찰하러 갔다. 원세개는 황제에게 상주를 올려 일본의 농무를 시찰해야 하는 필요성을 건의하여, '직예(直隸)는 토지가 척박하여 백성들이 가난하니, 지리(地利)를 강구하여 농무를 진흥하지 않으면 생계를 유지하고 재정을 풍족하기에 부족합니다. 생각하건대 외국이 비록 상공업을 통해 나라를 일으켰지만 농무에 더욱 주의를 기울여 전문 부서에서 그것을 통괄하고 학당을 세워 가르치고 있습니다. 그래서 근년에 구미의 농학이 더욱 정밀해진 것입니다. 서양을 배워 가장 큰 효과를 본 나라는 일본만 한 곳이 없습니다'라고 말했다. 황경(黃璟)도 원세개(袁世凱)를 추켜세우면서 '천자의 명을 받아서 유신에 힘쓰고 열심히 진흥하려는 것이 수를 헤아릴 수 없이 많습니다. 그 가운데도 농정(農政)의 경우 더욱 관심을 두고 있습니다. 중국은 현재 극히 빈궁하게 되었는데, 무엇보다도 농학을 진흥시키지 않으면 앞으로 국가의 재정을 풍족하게 하고 백성들의 생계를 보살펴 중흥을 이루기가 어려울 것입니다'라고 말했다. 야심이 컸던 원세개는 직예(直隸)를 근거지로 삼아 '중흥의 위업'을 이루려 하고 있었다. 따라서 황경(黃璟)을 보내 '일본을 시찰하면서 농기구를 구매하고 그들의 신법(新法)을 취하여 우리의 구습을 고치려'고 했다.

황경(黃璟)은 일본에 도착하자마자 일본의 농업과 신정에 대해 칭찬을 아끼지 않았고, '입국하여 농지가 바둑판 같이 반듯하게 정리되어 있고 남녀가 힘을 다하고 있으며 생산물의 품질이 우수하다. 옛말에 들에 노는 땅이 없고 나라 안에 유민이 없다는 말이 있는데 현재의 상황이 바로 그렇다'라고 말하여, 일본을 무릉도원과 같은 낙원으로 묘사하기까지 했다. 그 뿐만 아니라, '전국에 중학교가 수없이 많고 철로는 베를 짠 듯하며, 배우지 않는 사람이 없고 배움에 밝았다. 상업 · 공업 · 무비(武備) · 경찰 · 개간 · 광산 등의 모든 부문에서 온힘으로 계획하여 조금이라도 미흡함을 남기지 않는다'고 말했다. 그의 눈에 일본은 이미 완벽한 나라였던 것이다. 따라서 그는 '우리 중국은 땅이 넓고 백성은 많아서', '그들을 모두 따라서 할 수 있다면 헤아릴 수 없을 정도로 부강해질 것이다'고 말했다.

위의 목적을 위해 그는 일본에서 보고들은 모든 것, '사람들과의 교류나 음주 가무 등 모든 사소한 일까지 날짜를 따라 기록하여 일기를 만들었다.' 황경(黃璟)은 책 한 권을 조정(朝廷)에 바치면서 부본(副本)까지 만들었다. 그는 서문에서 '이 책을 본 모든 사람들은 나의 말에 일리가 있음을 알 것이다. 그리고 중국이 개혁하여 앞으로 나가는데 우리의 우방과 더불어 아시아에서 우뚝 서려면 어찌 농무에 기초를 닦고 이 책을 효시로 삼아야 함을 모르겠는가! 이것이 나의 바람이다'고 말했다.

황경(黃璟)은 일본에서 농업을 성실하게 시찰했다. 그는 일본의 농전(農田)이 '모두 길을 사이에 둔 수전(水田)으로 벼의 높이는 1척 정도 되며 심는 간격이 중국과 같다. 그러나 수로가 마르지 않게 하고 퇴비를 열심히 줘서 지리(地利)와 인력이 모두 갖추어져 있는 점은 중국이 미치지 못한다'고 여겼다. 그는 일본의 농작물 종류와 토지 · 비료의 이용방법을 주의 깊게 살폈고, '한지(旱地)에도 콩 · 조 · 고량 · 옥수수 등을 심고 짜투리 땅에는 연근 · 토란 · 채소 등을 심어서 노는 땅이 없다. 논 사이에는 정자를 만들어 비료를 저장하여 수시로 뿌려준다'고 말했다. 일본은 임업과 녹화(綠化)에서도 뛰어나서 '산림이 우거지고 정상까지 숲이 이어졌고, 크고 작은 소나무가 가지런하고 주변의 소나무도 규칙이 있어서 보기 좋게 이루어졌으니, 모두 사람들이 잘 가꾸었기 때문이다'고 말했다.

삽곡농과대학(澁谷農科大學)의 시험장에서 그는 여러 교실 · 묘포(苗圃) · 과수원 · 실험실 · 양어장 등을 차례로 모두 48 곳을 참관했다. 그는 좋은 종자의 배양 · 객토 · 비료 제조 등의 중요성을 깊이 인식했고, '대체로 토질의 구분과 비료의 제조 등이 급선무이다'고 말했다. 그는 서원농업시험장(西原農業試驗場)・자성현농사시험장(茨城縣農事試驗場)・환지내농업지질조사소(丸之內農業地質調査所) 및 몇 군데의 기상대를 참관했는데, 가는 곳마다 배움의 자세로 겸손하게 가르침을 받았고 표본과 좋은 종자를 구했다. 예를 들어 자성현농사시험장에서 '1무에 3홉을 심어 5두의 수확을 얻는' 것을 보았다. 그래서 '쌀・보리・콩 등의 표본을 요청했다.'

황경(黃璟)은 자성현(茨城縣)의 각계 환영 연회에 참석했다. 연회에서 자성현 농업학교장 삼택갱길(三宅鏗吉)은 맨 먼저 환영사에서 '저희 나라는 유신 이후 농무에 힘썼지만 여전히 볼 만한 것이 없습니다. 귀국은 땅이 넓고 사람도 많아서 농무에 힘쓴다면 저희에 비해 힘은 반만 들이고도 공은 배가 될 것입니다. 지금 귀하가 허심탄회하게 시찰하고 있으니 귀국에 도움이 될 수 있을 런지요?'라고 말했다. 황경(黃璟)은 답사에서 그가 일본에 와서 농업을 시찰한 수확과 감상을 총괄했다. 그는 '귀국의 농업이 날로 발전한다는 것은 저희도 일찍이 들어서 알고 있습니다. …귀현(貴縣)에 와서 사람의 노력과 물의 이로움이 함께 갖춰져 있는 것을 보았는데 그것은 저희가 미치지 못합니다'라고 말했다. 아울러 '지금 모든 방식을 배우고 사람을 초빙하여 교육 방법을 고치고 농기구를 구매하여, 앞으로 부국강병도 여기에 기초를 두면 귀국의 은혜입니다'라고 감사했다. 그는 또한 즉석에서 다음과 같은 시를 지었다.

> 잔치를 베풀어 내가 멀리서 온 것을 기뻐해 주고,
> 나는 농업이 잘 운영・계획되고 있다고 생각한다.
> 산은 우거진 숲으로 옷과 이불을 삼고,
> 백성은 힘을 논에 쏟는다.
> 농지 사이에 빈곳을 두지 않아서,
> 마을에서 가을을 반가운 마음으로 맞는다.
> 여유 있게 농업의 신법의 좋은 점을 말하고,
> 천시(天時)와 수리는 사람에 달려있다.

그는 일본 농업의 성공에 대해 결코 객관적인 조건을 강조하지 않고 주로 일본인의 근면과 지혜가 뛰어남을 이야기했다. 그는 일본에 가기 전에 쓴 시에서도 다음과 같이 썼다.

> 범선이 무슨 일로 봉래산(蓬萊山)에 가는가,
> 진득하게 농사를 배우러 간다네.
> 하늘이 아무렇게나 비와 이슬을 내린다고 놀라지 말지어다,
> 좋은 농지는 결국 사람이 가꾸는 데 달려 있다.

황경(黃璟)은 시인이기 때문에 『유력일본고찰농무일기(遊歷日本考察農務日記)』에서 그와 일본 문인 사이에 읊조렸던 시를 적지 않게 기록하여 문체가 우아하다는 큰 특징을 지니고 있다.

5. 세계와 문명(文明)을 다투는 데 나아가지 않으면 뒤떨어진다
—장건(張謇)의 『동유일기(東遊日記)』

장건(張謇)은 자가 계직(季直)이고 강소성(江蘇省) 남통인(南通人)으로 근대 중국의 저명한 실업가이다. 1894년(광서 20년)에 그는 과거에서 장원이 되었지만 국사가 날로 어그러지고 관이 부패하는 것을 보았다. 그래서 관리가 되는 것을 원하지 않게 되었고 기업과 학교를 세우는 길에 들어섰다. 그는 양강총독(兩江總督) 장지동(張之洞)·유곤일(劉坤一)의 지지 아래 1899년(광서 25년)에 남통에 대생사창(大生紗廠), 1900년에 다시 통해간목공사(通海墾牧公司), 1902년에 국내 최초의 사범학교인 통주사범(通州師範)을 설립했다. 그래서 중국의 실업계와 교육계에서 저명인사가 되었다. 그는 1903년(광서 29년)에 일본의 대판(大阪) 박람회의 초청으로 일본을 방문했고 『동유일기(東遊日記)』에서 방일 중에 보고들은 것을 썼는데, 뒤에 『장계자구록(張季子九錄)』 제33책의 네 번째에 모두 수록했다.

장건(張謇)은 일본에 가서 대판(大阪) 박람회를 참관했고, 북해도(北海道)의 간척 성과를 전시한 것을 보고 자신이 세운 통해간목공사와 같이 계획적이고 원대한 포부가 있음을 생각하지 않을 수 없었다. 그러나 북해도(北

海道)의 간척은 일본 정부의 지지를 받아서 '국가가 전력을 기울였지만', 자신이 공사를 설립할 때는 '배척하는 사람, 비웃는 사람, 비방하는 사람, 소란을 피우는 사람 등이 있었다. 저항을 막는데 고난은 더욱 심했다!' 당시 중국에서 민간이 경영하는 농공(農工)기업을 세우려면 엄청난 장애에 부딪혔으니 얼마나 쉽지 않은 일이었겠는가!

장건(張謇)은 일본의 공장들을 참관한 뒤, '일본인은 공업을 다루는데 가장 잘하는 것은 취할 것과 버릴 것을 잘 알고 있는데 그것은 구미에서 근본을 배운 것이다. 그리고 이 방법을 중국에 와 활용하고 있으며 구미와 이로움을 나누고 나라를 흥하게 하고 있다'고 여겼다. 그는 '중국 정부가 상업을 용인하고 공인(工人)을 잘 대우할 생각을 갖는다면 일본을 넘어설 수 있을 것이다'고 단언했다. 그 이유로는 다섯 가지를 들었다. 1) 원료가 풍부하다, 2) 임금이 저렴하다, 3) 각국의 장점을 모방할 수 있다, 4) 민중의 요구를 만족시킬 수 있다, 5) 세계와 문명을 다툴 수 있다. 따라서 그는 공업을 육성하는데 '힘써 정진하고 그쳐서는 안 된다'라고 목소리를 높여 호소했다. '세계와 문명을 다투는데 나아가지 않으면 퇴보할 것이고 중간에 선다는 것은 있을 수 없다.' 일본인은 이 이치를 깨닫고 열심히 부강을 도모하여 세계에서 강국의 대열에 들어섰다. 그러나 청 정부는 부패하고 보수적이어서 오래된 문명국인 중국을 남들에게 능욕과 할거를 당하는 처지로 만들었다. 일본인은 과거에 중국의 문명을 배웠고 지금은 구미를 배워야 한다면서 중국인을 멸시한다. 그는 '국세가 약해지면 조상이나 후손 모두 해를 입게 된다'는 점을 잘 알았다.

그는 일본 정부가 '생산의 제고와 공업의 진흥', 그리고 민간 상공업을 육성하는 정책을 제창한 것에 깊이 존경을 표했다. '관(官)은 민을 위해 정책을 추진하고 이익이 생기면 상인에게 돌려서, 그들의 이익을 빼앗지 않을 뿐만 아니라 보호하고 있으니 관(官)이 아주 지혜롭다'고 하였다. 그러나 중국에서는 그와 반대로 정부와 관료가 민간기업을 보호하지 않을 뿐만 아니라, 온갖 방법을 써서 억누르고 배제하거나 집어삼키기까지 했다. 명목상으로는 관상합판(官商合辦)이지만 이익은 관에 돌아가고 손해는 상인에게 돌렸다. 관료들은 여전히 자신들의 직권을 이용하여 독점권을 행사했다. 예를 들어 이홍장(李鴻章)은 상해기기직포국(上海機器織布局)을 설립한 뒤 10년 후까지는 민간에서 방직 공장을 설립하지 못하도록 규정했다. 장건(張謇)은 일본에서 공장의 효율이 높은 것을 목격했고 중국의 양무기업과 비교해서 '나는 상해제조국(上海製造局)의 규모나 경비는 그것의 몇 십 배나 된다고 본다', 그러나 효율은 어떠한가?, '농업이나 공업을 위해 기계 한 대도 만든 적이 없고, 백성들에게 판매하여 이익을 올려서 농업이나 상업을 지원하고 이익을 나눈 적도 없다'고 말했다. 그는 '그들과 우리가 얼마나 비교되는가!'라고 하여 긴 한숨을 내쉬지 않을 수 없었다.

장건은 특히 교육 구국과 실업 구국을 강조했다. 그는 일본 유신의 경험을 근거로 중요도에 따라 말해보면 '교육이 첫째, 공업이 둘째, 군대가 세 번째이다'고 말했다. 그는 또한 '삶을 도모하고 멸망에서 구해내는데 교육을 포기하면 안 된다. 그리고 널리 실업을 진흥시키지 않으면 어찌 얻은 것으로 부족한 부분을 도와줄 수 있겠는가?'라고 여겼다. 일본의 추밀고문관(樞密顧問官) 전중불이마(田中不二磨)도 '나라의 부강은 군사력에 있는 것이 아니라, 교육에 있습니다', '교육은 수많은 사람에게 보통의 지식을 보급하기 위한 것이지, 서너 명의 뛰어난 인재를 모으기 위함이 아닙니다'라고 알려주었다. 장건은 이 의견에 적극 동의했고 '그 생각은 우리 정부에게 흔쾌히 받아들여져야 한다'고 말했다. 그는 일본에서 각종 학교를 탐방했고 직업학교를 더욱 중시했다. 그는 공개적으로 '일본의 사대부 중에서 유신을 할 때 실업과 교육에서 어려웠던 점을 가르쳐 줄 수 있는 사람이 있으면 기꺼이 배울 것이다'고 말했다. 그는 또한 일본에서 유신이 효력을 본 이유는 '정부가 깨어 있어서 방향을 정할 수 있었고 사대부도 거기에 기꺼운 마음으로 찬성했다. 때문에 상하가 같은 마음으로 오늘날이 있게 되었다'고 여겼다.

장건(張謇)의 『동유일기(東遊日記)』는 당시 중국의 실업가 중에서 뛰어난 인물이 일본을 배울 때 느꼈던 마음과 바람을 잘 드러내 주고 있다.

맺음말

지면이 제한되어 있어서 본서에서 서술한 중일관계는 신해혁명시기까지로 한정되었다. 신해혁명 이후 동아시아는 세찬 바람을 맞고 있었고 일본의 군국주의는 날로 중국에 대한 침략을 강화했다. 예를 들어 1915년에 원세개(袁世凱)에게 중국을 멸망시키려는 생각에서 「산동 21개조」를 제출했고, 1928년에 「제남사변(濟南慘案)」을 일으켜 북벌을 가로막았고, 1931년에 「9・18(만주)사변」을 일으켜서 동북 3성을 점령했고, 1937년에 북경(北京) 노구교(蘆溝橋)에서 「7・7사변」을 일으켜 화북(華北)으로 대거 진출했다. 그리고 뒤이어 상해(上海)에서 「8・13사변」을 일으켜서 전화(戰火)가 화동(華東)까지 미쳤으며, 같은 해 12월에 일본군이 남경(南京)을 점령하고 수많은 사람을 살해한 「남경대학살」을 일으켰다. 1931년부터 1945년까지 일본 군국주의가 15년 동안 일으킨 대 중국 침략전쟁은 중화 민족에게 공전의 재난을 가져다주었고 일본인들에도 피해를 주어서, 중・일 관계사에서 가장 비극적인 역사적 교훈이 되었다.

옛말에 '앞선 일을 잊지 말고 뒷일에 교훈으로 삼는다'는 말이 있다. 역사는, 중・일 양국이 평화로운 관계이면 둘 다에게 이롭지만, 분쟁이 생기면 둘 다 피해를 본다는 사실을 보여주었다. 우리들은 근대 중일관계사를 연구하는데, 2000년 동안 양국의 전통적인 우호와 문화 교류가 두 나라의 역사 발전과 사회 진보에 가져다 준 거대하고 긍정적인 역할에 대해 중일 양국의 우호와 교류에 공헌한 인물들의 공헌을 기억해야 한다. 또한 반세기 가까이 일본 군국주의가 중국을 침략하여 두 나라 인민들에게 가져다 준 재난과 고통을 상기하여 교훈으로 삼아야 한다. 중・일 양국 정부와 학자들은 중·일 관계사에서 긍정과 부정적인 두 측면의 경험이나 교훈을 성실하게 종합해야 한다. 그리고 역사의 진상을 다음 세대에게 알려주어야만 양국의 진정한 이해와 협력을 강화하고 영원한 우호 관계를 유지할 수 있을 것이다. 만약 고의로 역사를 가벼이 여기고 숨기려 하거나, 역사를 왜곡·수정하려 하거나, 역사를 도외시하려는 몽상을 하는 사람이 있다면 정말로 위험한 생각이다.

현재 세계에서 중국과 일본은 모두 낱낱의 행동이 중요시되는 국가이다. 중·일 관계의 변화는 양국의 전도와 운명뿐만 아니라, 아시아 태평양 및 세계의 평화로운 발전에도 중대한 영향을 끼칠 것이다. 나는, 앞으로 21세기의 중·일 양국 관계는 서로 존중하고 장점으로 단점을 보완하고 공통점을 찾아내고 평등하게 서로를 대하고 평화롭게 공존하는 우호와 협력의 관계가 되어야 한다고 생각한다.

參考書籍

1. 中文書目

黃遵憲,『日本國志』, 40卷, 廣州富文齋, 1895

傅雲龍,『遊歷日本圖經』, 30卷, 1889

康有爲,『日本變政考』, 13卷, 北京故宮博物院進呈本

鍾叔河輯,『日本雜事詩廣注』, 湖南人民出版社, 1981

王曉秋標點,『日本早期遊記五種』, 湖南人民出版社, 1983

戴季陶,『日本論』, 上海民智書局, 1928. 臺灣故鄕出版社, 1987

王藝生,『六十年以來中國與日本』, 8卷, 天津大公報社, 1932-1934, 北京三聯書店, 1978-1982

『淸光緖朝中日交涉史料』, 北京故宮博物院, 1932

『淸季中日韓關係史料』, 11冊, 臺灣中央研究院, 1972

李毓澍,『淸季中日韓關係資料三十種綜合分類目錄』, 2冊, 臺灣中文研究資料中心, 1977

彭澤周,『近代中日關係研究論集』, 臺灣藝文印書館, 1978

林明德,『近代中日關係史』, 臺灣三民書局, 1984

許介麟,『近代日本論』, 臺灣故鄕出版社, 1987

黃福慶,『淸末留日學生』, 臺灣中央研究院近代史研究所, 1975

張聲振,『中日關係史』, 卷1, 吉林文史出版社, 1986

萬峰,『日本近代史』, 中國社會科學出版社, 1987

呂萬和,『簡明日本近代史』, 天津人民出版社, 1984

伊文成・馬家駿,『明治維新史』, 遼寧教育出版社, 1987

2. 日文書目

實藤惠秀,『近代日中交涉史話』, 春秋社, 1973
山根幸夫,『論集近代中國と日本』, 山川出版社, 1976
佐藤三郎,『近代日中交涉史日の研究』, 吉川弘文館, 1984
竹內好・橋川文三編,『近代日本と中國』, 2冊, 朝日新聞社, 1974
實藤惠秀,『中國人日本留學史』,增訂版, 東京くろしお出版社, 1970
山口一郎,『近代中國の對日觀』, アジア經濟研究所, 1969
增田涉,『西學東漸と中國事情-雜書札記』, 岩波書店, 1979
大庭修,『江戶時代における中國文化受容の研究』, 同朋舍, 1984
小島晉治외,『中國人の日本觀 100年史』, 自由國民社, 1974
小島晉治, アジ아アからみた近代日本』, 亞紀書店, 1978
河原宏,『近代日本のアジア認識』, 第三文化社, 1976
野原四郎,『中國革命と大日本帝國』, 研文出版, 1978
彭澤周,『中國近代化と明治維新』, 同朋舍, 1976
呂萬和,『明治維新と中國』, 六興出版, 1988
臼井勝美,『日本と中國-大正時代』, 原書房, 1972
信夫淸三郎,『日本政治史』, 南窗社, 1976
外務省,『日本外交文書』
『近代中日關係文獻目錄』(1945-1978), 中央公論美術出版, 1980
塚瀨進,『近代日中關係史硏究論文目錄』(1946-1989), 龍溪書舍, 1990
山根幸夫等編,『近代日中關係史研究入門』, 研文出版, 1992

색 인

가

다

마

바

사

아

자

차

카

타

파

하

「중국학총서」를 속간하면서

중국과의 관계가 활발하게 시작은 되었으나 잘 알 듯하면서도 그렇지 못한 곳이 중국이었다. 이는 중국학의 연구가 미흡했기 때문이었다. 이에 중국학의 대중화를 목표로 간행을 시작한 『중국학총서』는 출판사가 어려운 시기에 접어들면서 더 이상 계속할 수 없게 되었다. 특히 단행본 중심의 소설류를 전문으로 내던 출판사가 어렵게 결단을 내려 시작된 총서인 만큼 여전히 애착을 갖고 있다는 편집자의 말을 듣고 다른 출판사를 찾기도 어려웠다. 그저 기다릴 수밖에 없었던 것이 우리의 현실이었다.

사정이 이렇게 되다 보니 연구자의 원고를 그대로 방치할 수도 없는 형편이었고, 본래의 취지를 잃어 가는 것 같아 그저 속앓이만 하였는데 늦게나마 스스로 포기하겠다는 말을 전해듣고 안타까운 심정이었으며, 어려운 출판사가 그저 하루 빨리 옛 모습으로 돌아와 활발하게 활동하는 모습으로 되돌아 올 것을 기원하면서 우리는 재출발하기로 하였다. 이즈음 다행히 한 출판사에서 선뜻나서 출판을 제의했고 이전 출판사와의 교섭도 마무리되어 총서를 계속 출간할 수 있게 되었다. 그러나 그 출판사에서 이미 내고 있는 총서 안에 고려대학교 중국학총서를 포함시키는 바람에 본 연구소 총서로서의 특성을 제대로 살릴 수 없었다.

중국학연구회로 출발한 우리도 그동안 대학 본부로부터 중국학연구소로 설립인가를 받아 널찍한 공간과 지원자의 협조를 얻어 훌륭한 도서실을 꾸미고 연구자들에게 활용토록 하고 있다. 뿐만 아니라 연구회 때부터 내기 시작한 학보도 한 해를 거르지 않고 내고 있으며 중국학자들을 비롯하여 외국 학자들과도 활발하게 교류하고 있다. 그리고 『중국인물총서』를 계획하고 첫 출간을 보게 되었는데, 그럴수록 전부터 내오던 『중국학총서』가 중단된 것이 큰 아쉬움이었다.

최근에 이르러 인문학에 대한 관심도가 갈수록 떨어지고 있어 시장성이 약한 『중국학총서』를 출간하기가 정말 어려웠다. 그러나 연구자에게 연구 의욕을 불러일으키고 중국을 올바르게 알아야 할 우리나라의 입장에서 보면 중단할 수 없는 일이었다. 이러한 때 고려대학교 출판부에서 중국학총서의 필요성에 공감하고 흔쾌히 출판을 허락해 주어 너무나 기쁘다. 이에 우리의 『중국학총서』를 속간하여 처음 시작할 때 마음으로 돌아가 중국학의 대중화에 노력하고자 한다.

그리하여 21세기 중국을 중심으로 할 국제 질서 아래 우리가 취하여야 할 자세를 옳게 하고 지나간 19세기를 교훈 삼아 중국을 제대로 알도록 뜻있는 총서를 꾸미고자 한다. 연구자의 노력과 독자들의 적극적인 지원을 기대한다.

2002년 11월

고려대학교 중국학연구소

중국학총서·25

근대 중국과 일본

초판1쇄 2002년 12월 20일
초판2쇄 2011년 8월 29일
지은이 王曉秋
옮긴이 신승하
펴낸곳 고려대학교출판부
www.kupress.com
kupress@korea.ac.kr
136-701 서울특별시 성북구 안암동
02-3290-4230, 4232
Fax 923-6311
찍은곳 한국컴퓨터인쇄정보

ISBN 89-7641-461-6 94900
ISBN 89-7641-456-X (세트)

값 12,000원

* 잘못 만들어진 책은 바꿔드립니다.